PennyPress®

PUZZLER'S GIANT BOOK OF SUDOKU™

IMPROVE YOUR SUDOKU SKILLS!

SudokuSolver is our exclusive online tutor that can help you complete the Sudoku puzzles in this magazine at *ANY* stage of the solving process. Learn helpful techniques, terminology, and hints. Select a puzzle and **SudokuSolver** can show you:

- **Which cells are easily solvable (and why)**
- **Specific deduction techniques you can use, along with detailed explanations**
- **All the candidates for a given cell**

Online Step-by-Step Help!

Or you can solve puzzles online without any help at all. If you're ready to take your game to the next level, log on to **pennydellsudokusolver.com**

PUZZLER'S GIANT BOOK OF SUDOKU™

CONTENTS

SOLVING DIRECTIONS

Standard Sudoku: To solve, place a number into each box so that each row across, each column down, and each small 9-box square within the larger diagram (there are 9 of these) will contain every number from 1 through 9. In other words, no number may appear more than once in any row, column, or smaller 9-box square. Working with the numbers already given as a guide, complete each diagram with the missing numbers that will lead to the correct solution.

EXAMPLE

		7	9					1
	2	3	8			6	7	
		6		2	7			
	7	8		5				
	5		2		6		3	
				1		9	5	
			6	3		8		
	8	4			9	2	1	
2					1	3		

EXAMPLE SOLUTION

8	4	7	9	6	3	5	2	1
1	2	3	8	4	5	6	7	9
5	9	6	1	2	7	4	8	3
9	7	8	3	5	4	1	6	2
4	5	1	2	9	6	7	3	8
6	3	2	7	1	8	9	5	4
7	1	9	6	3	2	8	4	5
3	8	4	5	7	9	2	1	6
2	6	5	4	8	1	3	9	7

GETTING STARTED

Look at the ninth column of the example puzzle to the left. There are clues in the puzzle that will tell you where, in this column, the number 3 belongs.

The first clue lies in the eighth column of the diagram. There is a 3 in the fifth box. Since numbers can't be repeated in any 3 x 3 grid, we can't put a 3 in the fourth, fifth, or sixth boxes of the ninth column.

We can also eliminate the bottom three boxes of the ninth column because there's a 3 in that 3 x 3 grid as well. Therefore, the 3 must go in the second or third box of the ninth column.

The final clue lies in the second row of the diagram, which already has a 3 in it. Since numbers can't be repeated within a row, there's only one box left for the 3 — the third box of the ninth column.

Continue in this manner, using the same type of logic and elimination, until the puzzle grid is completely filled in.

For more puzzle fun, visit our website at
pennydellpuzzles.com

1

3			6			4	2	8
8	7				1			
				8	4	9		
2	5	8			6			7
	3			2			4	
4			5			8	1	2
		5	4	3				
			7				8	5
9	2	1			5			4

2

	5				2		6	9
6		3		1	5		2	
			9			1	5	
		5			3	7		2
8				4				1
7		4	1			6		
	4	2			1			
	6		2	7		4		3
1	8		3				9	

3

8			1			6		3
		6		7	4		5	8
5			8				4	
	9	8			1		3	
			9	4	7			
	1		5			2	9	
	4				8			6
7	6		3	1		4		
2		9			5			7

4

1	9				8	2		
	7	6			3			4
	8			6			5	9
	5		9		4			6
6				2				8
3			6		1		7	
7	6			3			9	
4			7			6	2	
		1	5				8	3

5

		5	3		2	8		
2					1			7
		9	5	4				1
9		1		5		7	4	
7				3				9
	8	4		1		2		3
3				7	6	9		
4			1					8
		6	8			3	4	

6

		3				8		
6		8			1		2	7
				7	3			5
	2	1		6		9		4
	5		3	4	2		1	
4		7		9		5	3	
9			5	1				
2	8		4			1		9
		4				6		

7

1			6	4			3	9
					8		5	4
3	4	7	5					
9		3		6	1		4	
	6						8	
	8		7	2		3		6
					5	1	2	8
5	7		1					
8	1			3	4			5

8

3		1			7		9	
4	9				2		7	
	2		9		4	1		
6				1	9		4	
		5		7		9		
	7		4	2				3
		3	6		8		5	
	5		2				1	6
	6		7			8		2

9

		4	2					
	9	7	1	5				6
1	8				6	4	3	
	3		5			9		
		5	9	8	2	1		
		1			7		4	
	7	8	6				1	9
6				1	9	8	2	
					3	6		

10

6	9		7		5			4
						8	3	5
5			2	1				
8		5	9	1		7		
	3			4			5	
		6		5	3	9		1
						6	4	2
3	6	7						
4			5		8		1	6

11

6		2	5		4			
1			3		9		7	2
4							1	5
	6			4	7	1	3	
	8						2	
	1	7	2	3			6	
7	9							1
8	2		4		3			6
			7		1	2		3

12

		4	1	3				
		7					9	
9	2	5			4	6		
2					8	1	3	6
4			2	1	6			5
6	7	1	5					4
		3	4			2	8	1
	4					5		
				2	1	3		

13

8						7		9
2	9		5		7	4		
	3		8		9		5	
5		7		8	2			4
		3				1		
6			3	4		5		8
	4		1		5		3	
		6	2		4		1	7
1		2						5

14

4		9		3		7		
	2		7			9		1
	3		6		5			
	1				4		7	2
	5		8	1	3		9	
6	4		9				1	
			2		6		4	
8		2			1		5	
		4		5		2		6

EASY

15

7					4	3		
1	8	6				9		
3			2	1	6	8		
		2	4	7			8	1
				6				
5	6			9	8	4		
		1	8	3	7			5
		4				7	9	3
		3	5					8

16

4			1		3		8	2
			5	9				
2	9		4					1
		6		2	4		9	
3		8				2		6
	5		7	3		4		
8					9		4	3
				7	5			
5	6		3		8			7

17

2				5		8		7
	1	7	6				3	
				7		6	1	
		8	3			2	6	9
	2		8		1		5	
5	6	4			7	3		
	9	2		3				
	8				6	4	9	
3		1		9				6

18

	7		2			9	5	
9			4	7				3
8		2	1			6		
5	6	4		2		7		
			8		1			
		8		5		4	2	9
		9			2	3		4
6				9	8			2
	2	1			4		9	

19

	7		1	4		9	2	
	8		2				6	
					6			3
	3	4	9		1	7		
6		7		2		3		1
		2	7		3	6	9	
1			4					
	5				8		4	
	2	8		7	9		1	

20

2	8	5			3			6
	6				4		1	3
4				7				
8	1				7		6	
		4	8	6	5	7		
	5		2				3	4
				2				5
5	4		9				2	
6			4			3	8	9

21

6	3		7	2	4			
2		1		3				7
8			9			2		
9					2	3	5	
		3	8		6	7		
	8	5	3					1
		6			1			3
7				6		5		2
			5	7	9		6	4

22

3					2		1	9
		4	5		1		6	
2				9		7		
	6	7				8	3	
	2		3	5	7		8	
		8	4			5	2	
		5		4				3
	4		9		3	1		
6	7		1					8

23

			7	6		2	4	
	2			3		7		
4	3		2		1			9
	4	6	5					7
		1		4		5		
9					7	6	3	
1			9		8		5	6
		4		7			2	
	6	5		1	3			

24

7	3	6			9			
5			3		1		4	
		4		2			9	
2	6	1			5	4		
	8			7			2	
		5	8			9	6	3
	4			9		5		
	9		2		6			4
			1			6	7	9

25

		9				5		7
8			7		6	2	3	
			5	8	3		6	
3			4	5				9
7	2						1	3
4				3	2			5
	1		6	2	4			
	6	8	3		9			2
2		7				3		

26

	8			2	3	6		
	6		1		8	9		7
9		1	5					
		5		1	4	3		
7				9				4
		8	7	3		2		
					6	1		3
6		9	3		1		2	
		3	4	5			8	

27

	3		8	4		5		1
	5	6			9	4		
	8				3		2	7
	6			9				4
1			4		6			8
3				8			5	
6	4		1				9	
		9	6			7	4	
7		8		5	4		1	

28

					5		2	4
	4	6			9		1	
8	2		1			3		
1					7	6	4	
		3	4	2	8	5		
	8	9	5					3
		4			2		3	7
	9		7			1	5	
2	1		9					

29

2	7			8	3	9		
1	5	8		9				
					2	5	4	
	6		1		8	2	3	
7								5
	1	2	4		5		9	
	3	7	8					
				4		8	5	9
		5	2	6			7	1

30

				7	5	1		2
	7	1	2					3
2		3	4			8		6
5				2			9	
	3		8		6		1	
	6			5				7
1		9			7	5		8
6					1	4	2	
3		5	9	8				

31

8		7		2	4			9
		6				3	2	5
	5				1			4
		1		8	5		9	6
		8				2		
9	2		7	6		8		
4			8				3	
7	9	5				6		
6			1	5		9		2

32

💬		6	1		9			
		1					4	2
		3	8	2			1	
	9		5		2	4		7
	1	7		6		2	8	
6		2	7		4		9	
	6			5	8	7		
7	2					1		
			4		1	9		

33

	7	9		3	4			1
	8		7		1	4		2
			8				3	
6							4	8
	4		3	9	6		7	
7	5							3
	6				3			
8		4	5		7		1	
9			1	4		5	8	

34

7				9	2		3	
		1			3			
	3				8	6		4
2				6	5		1	7
1	5			3			8	6
9	6		1	4				3
8		4	3				6	
			9			7		
	1		5	7				8

35

	1		3		2			6
	3		4	8				2
2		4		9			3	1
4		6			8			
		1	7		4	5		
			2			1		8
9	5			4		8		3
1				5	7		9	
7			9		3		1	

36

		1	7				2	
	9	4	1	3			6	
3	5				4	9		
	4	5	9		2			7
		8				5		
7			5		6	8	1	
		3	8				4	6
	1			2	9	3	7	
	8				3	1		

37

		9	8	7			6	5
2				4	5			
8					3		9	
	7	2	3				5	8
			7		1			
5	6				8	9	7	
	2		5					1
			1	9				2
6	1			8	4	7		

38

6		8		9			4	
3		1	7					9
		9			8		3	7
2		7	5		6			
		4		2		5		
			1		9	4		2
7	1		3			9		
5					2	8		1
	8			6		7		3

39

		7			5			
9	8			1	7			
6			2			7	1	4
7	5			9	3		2	
4	9						8	1
	2		1	5			7	3
3	1	9			2			7
			3	7			5	9
			9			6		

40

	3				7	1		4
5	2			1			8	
1			8					2
	6		1			8		9
	1		3	4	9		7	
9		4			5		2	
2					4			8
	9			6			3	7
7		3	9				5	

41

		2	3				7	8
4					6	1	9	5
1		7			8			
			8				1	6
			2	6	5			
2	3				4			
			4			6		3
6	7	8	9					1
3	5				1	9		

42

		2		5	3	7		
3		6		7		5		4
5	7						8	
4					5	6		
	9		3	8	4		2	
		3	1					8
	2						6	3
1		5		9		8		7
		8	4	3		2		

43

		2		9	8		5	3
	3			7				8
	1	5	4					
	6	8	9		7			2
7		1				9		6
3			6		4	5	8	
					3	7	9	
5				6			2	
2	9		8	4		6		

44

1		8			9		7	
	2			8	4	9		
9					1	4		3
7				2	6	3	5	
	5						6	
	9	3	7	5				4
2		9	6					1
		1	8	3			9	
	3		1			8		7

45

3	8			6		1		4
4				7			6	2
	1	6	2				9	
9		4			2		1	
			7		8			
	7		4			9		5
	6				9	2	5	
5	2			1				9
1		9		2			8	7

46

	1		9	4				
	6	4		5		8	1	
			8		1	4		2
		9			3	6		7
			2	7	4			
5		3	6			1		
7		8	1		5			
	2	1		6		9	5	
				9	8		7	

47

	2	6			7	9		3
		8			3		1	5
			9	1		8		
	7			9	6		5	
4				2				9
	8		1	3			2	
		3		7	4			
2	5		3			7		
9		7	8			3	6	

48

		5				9		3
8	7				6			2
2		9	5		7			
3	2			7			9	
	9		2	6	1		4	
	6			8			1	5
			6		8	5		9
4			9				3	8
9		2				1		

49

7	5	4		3				
			1			5	4	3
				2			6	9
	4	8			9	2		1
	1			7			3	
9		3	6			8	5	
1	2			6				
8	9	6			5			
				9		6	2	5

50

3	1				7			
		4	1			9		
	2		4	8		6		1
8		9		6		1	2	
	5		9		3		6	
	4	6		2		5		3
4		1		5	6		8	
		5			8	7		
			7				4	5

51

3			8			5	7	
		6	5				1	
8	5	9		2				
1			9		7		6	
7	9			1			4	3
	6		2		4			7
				7		3	2	6
	8				2	4		
	3	2			6			9

52

	4	7		5	1			3
1	3				8	4	6	
			3		4			8
2	1							
	9		5	1	6		8	
							5	7
4			2		5			
	2	9	1				7	4
5			4	7		6	2	

53

3		2			7			
9					1	4	7	5
5				8		1		
7		6	8	1			9	
	4			5			6	
	5			6	2	3		1
		3		7				4
4	2	5	1					8
			4			2		6

54

1	5		9			7		
7				5	3	8		
		4	7		8	2		
6	8		5			3		4
				7				
3			9		4		6	1
		5	8		7	1		
		3	4	1				7
		7			9		5	3

55

8			3	5	7			
	1		4	6				3
3	4					9		7
		5	7		8	1		9
	8						4	
9		3	6		1	5		
7		8					1	5
2				7	6		9	
			9	1	5			2

56

	5		7					
1	7					4		3
			3	1	6	8		5
3					5	7	9	8
		6	1		7	3		
2	9	7	4					6
9		5	6	3	4			
8		2					3	4
					9		5	

57

1		2		8				7
			3		7	9		5
		3		6				8
7		6	5		1	4		
	1			4		7		
		8	9		2	6		1
6				5		8		
2		5	6		4			
4				9		1		6

58

	7	2	4					
5	8	1					4	3
			5	2	3		8	
	1			8	2			
	9	6			7		3	4
				3	4		6	
	2		8	6	1			
7		8				9	1	6
					7	8	5	

59

	9	2			7	6	5	
3					4			9
6	7			5				
	3		4		8		2	5
		1		9		8		
5	8		6		2		3	
			8				9	2
9			1					8
	6	4	3			5	1	

60

	4		5		2	3	7	
	3	6	8					9
					9	4		8
		1		5		9	2	6
			6		3			
6	2	5		8		7		
9		7	2					
2					5	8	9	
	1	8	7		6		3	

61

	1			8	2	3		9
	3		4					7
	6		5		7			2
7			3	6		1	2	
		6				9		
	9	8		1	4			6
2			1		3		7	
4					6		8	
6		3	8	2			9	

62

		1					3	5
	4	7	6		3			
	3	6	9	1				
2	6	9	7				4	
			3		2			
	1				8	7	9	2
				4	7	1	8	
			5		9	4	2	
4	9					3		

63

	1	8	2	3		7		
2		4		7	5			
5			8				6	
8			4		7		3	
	4	3				8	9	
	5		3		9			1
	6				8			2
			9	2		6		8
		2		4	6	3	7	

64

4	8				3			
2	5		6		8			
			5	2		4	3	8
3	7	9		6	5			
		4				9		
			3	9		1	7	6
5	1	2		3	9			
			7		2		1	9
			8				2	4

65

	5		4		8	1		
7	4				9	3		
		1		5	6	7		
2		3	9			8		
1			6					7
	8		3			6		9
		9	6	4		2		
		2	9				6	4
		4	2		5		1	

66

8	7	3			9		4	
			7	4			3	
4	1					5		
5	8		1	9				4
		4		5		8		
9				2	4		5	7
		2					8	5
		4		6	5			
		3	4			1	9	6

67

9				2	6		5	8
			4			3		7
		4		5	1		6	
					3	1		4
5		2		1		7		9
1		7	8					
	7		2	4		8		
4		1			8			
2	9		1	6				3

68

2		3			7	4	6	
	6	9		5			7	1
1						8		
			1				9	8
	1		3	8	6		4	
7	8			5				
		1						2
6	2			9		3	5	
	7	5	2			9		6

69

		9	6					
3		2	7				5	6
	6				9	2		7
	1		8	7			4	2
4		6				8		9
8	3			2	4		1	
6		1	2				9	
2	5				3	7		8
					8	4		

70

				7	2	8		5
7			6	5			3	4
	4				1	9		
		6	2			7		9
2			7		3			6
1		7			8	4		
		3	1				7	
6	8			3	7			2
4		5	8	2				

71

	3		9			8	7	
		6		3		2		
7	9		2	5		4		
	1		6			3		8
2			8		1			4
8		4			9		5	
		9		6	4		8	2
		5		8		6		
	4	8			2		1	

72

2	9	1			5			6
	5			9	7	2		3
								4
		5	7	8		6		
7		8		2		4		5
		4		5	3	1		
1								
5		7	4	6			2	
3			1			5	4	8

73

				9		1	8	
	8			4	7	5	6	
9		7			6			4
		8			5	4	9	1
			2		3			
7	5	6	9			2		
6			7			8		5
	7	2	5	6			4	
	9	1		3				

74

9			5			1		
5		7	8		1		9	
4					9			6
		5		8	4	3	6	
2		6				9		7
	8	9	6	7		5		
8			2					3
	2		7			8	4	5
		1			6			9

75

	9	7			1			6
	1			6				5
		3			5	7	1	8
4	3		8	1				
7				3				2
				9	7		6	3
3	7	5	2			8		
8				7			5	
9			1			2	3	

76

		1		7	8	5		
9							4	
	7	5			1	6		9
	8	9		2			6	
	2		6	8	4		7	
	6			1		3	2	
8		7	1			2	9	
	1							3
		6	2	5		8		

77

9	7		5	4				8
			9			7	5	
5		4		3		9		
			7				6	5
2			8		1			3
1	3				9			
		3		7		8		2
	1	2			6			
7				9	4		1	6

78

	8			4	7		1	9
1					9		5	6
9			3	1			7	
5				2	4	6		
	3						4	
		6	5	1				7
		1			2	9		5
8	5		3					2
7	4		9	5			3	

79

	1			5	8	9		
				1	4	7	8	3
	6	7			3			
	4		8		6		7	1
		2				6		
6	3		1		2		9	
			4			5	6	
9	8	1	2	6				
		6	3	9			1	

80

	9	4		3	8	2		
	7		2				8	
6		2	1					3
	5				1	9		6
		7		6		5		
1		6	9				3	
2					9	1		7
	6				2		4	
		5	7	8		3	9	

81

		6	5			3	7	1
	5	1	4				2	9
	8							
				1	8	7		3
1	2			6			9	4
3		7	9	4				
							3	
9	3				7	1	5	
6	7	5			1	4		

82

		6		4				
	7				6	9	4	8
	4			7	5			2
	2	5	4				9	
7		8		5		2		4
	1				9	5	3	
4			8	9			7	
9	5	2	7				8	
				3		6		

83

1	6	3				8		4
		9		8			2	
8				6	5		9	3
	8	2			1			
5			3		8			9
			9			4	1	
6	4		2	9				1
	3			1		9		
7		1				6	8	2

84

		5				6		4
3		1				8	9	
	6		2	4	1			7
	7		8		3		2	6
				6				
9	8		1		7		3	
1			6	5	4		7	
	3	2				5		8
4		7				9		

85

3			6		7			5
	1				3	4	7	
9		7			1			
5	9		1	4			8	
7		8				9		1
	3			8	9		4	6
			5			2		9
	7	1	9				5	
8			2		6			4

86

9		2	1					
	7	6	9				2	
1			8	7		6		5
3	4			5	1		7	
				9				
	6		4	8			5	1
8		3		1	7			2
	1					9	8	6
						8	3	9

87

9	3		2					4
	6			9	1		2	3
	2			7		8		
		4	8				6	
8		6		4		9		1
	7				3	4		
		7		2			8	
5	9		1	8			7	
6					7		4	5

88

8		7		5	2			
				4		1	8	3
	6	1			8			
3	5		8					6
	4	9		7		8	3	
1					3		9	2
			5			9	6	
7	1	4		2				
			3	8		2		7

89

	6	2						7
			2		7	5		
				4	9	3		2
	3		5		1	7	8	
	5	7		2		6	3	
	8	4	7		6		9	
7		3	6	5				
		9	8		2			
5						4	7	

90

	5				8	4		
8		9	3		7			2
		1		2		6		8
				3	9		7	
7	9			4			2	5
	3		6	7				
1		7		5		2		
9			7		6	1		4
		4	9				8	

91

	9	8				5	6	2
6			5	2	3			8
5		7						
	5				4	2		6
			1	6	7			
9		6	8				1	
						8		4
8			3	4	5			1
1	4	3				9	7	

92

	1	5	4			7		2
	2		7				8	
		3	1	6				4
	5	9		3	7		1	
6								7
	7		6	2		3	9	
3				4	8	2		
	4				1		3	
8		2			6	5	4	

93

	4	5	2					
2	1						9	
			3	4	1	5		7
	7				4	2		1
1	3			2			8	5
5		8	9				7	
7		1	4	8	6			
	8						6	9
					2	7	4	

94

		8	6	3		9		1
2		1			4		7	
	9	5	2					
			7	8				9
	2	7		5		4	6	
1				4	2			
					3	6	8	
	8		9			3		7
3		4		6	8	1		

95

					6			
	2	9	5				4	
7	5	6	1					2
9					1		5	7
3			4	5	8			9
2	8		7					3
1					5	3	9	6
	4				2	1	7	
			3					

96

	3		9	6		4		1
		2	7				8	
	1							7
8					4	1	9	2
3			6	1	8			4
1	5	4	2					3
5							4	
	8				9	6		
4		6		8	5		1	

97

1	3		4		2		9	
	7				5			
2	9			1		6		4
					4	7	8	
4		3		5		2		1
	5	6	1					
5		9		7			1	8
			5				2	
	6		3		1		7	9

98

		8			3			7
	3		9		7		6	
7					6	4		1
1	2	7	3	6				
8				5				2
				1	2	6	8	3
2		9	6					4
	1		2		4		5	
5			8			9		

99

9	3		8		4	1		
				9	7	6		
	6		3				9	7
	1		6	5				2
6	4						1	8
8				2	1		6	
2	9				5		8	
		6	9	4				
		1	2		6		5	4

100

8				1		6		3
6			5	2			4	
	5	9			8			
	1		6		4		7	8
4		6				5		1
7	9		8		1		6	
			3			9	1	
	4			8	6			5
9		2		4				6

101

	8			6			4	9
	5	1				3		7
	6		4		7			1
			9		5	6	3	4
		6				7		
3	9	2	6		4			
6			3		9		2	
1		4				9	5	
8	2			4			7	

102

	6	1	3	7	9			
2			5				9	
9		7				1		8
3		9		5	4		8	
4								1
	1		2	8		4		9
6		2				8		5
	3				5			7
			9	6	1	2	4	

103

	3							7
8	2		1				6	
	9	7	3	5		4		
		1	9	3		8		6
	5	9				2	3	
6		3		4	1	7		
		8		6	2	9	1	
	6				8		7	4
7							2	

104

	8				3	5		
6	3				4		8	1
	4			7	1	3		
		3	1	8			4	
7								2
	6			9	2	7		
		4	6	1			2	
2	1		3				5	7
		5	7				1	

105

5	7		2					
2	6		4		8		7	
		1			3	6		2
	3	2		9			6	1
			1		7			
9	1			5		4	3	
4		6	7			9		
	9		3		5		4	6
					6		1	8

106

				7	1		6	
		1	4				9	
4		5	2		6			3
6	2			8				9
	8		6	4	3		2	
7				5			4	8
8			3			9	5	6
	3					5	4	
	5		8	6				

107

2	1	5			8			9
	3	9		2	1			
						2	6	
1	6		7			9	2	
		3	2		6	7		
	2	4			9		3	6
	8	2						
			8	6		5	7	
5			1			4	9	8

108

8			2	7				
7	5		9					1
	6	9			5	3	7	
	4	6		2		8		7
			1		3			
9		5		4		2	3	
	8	7	6			1	2	
4					2		6	5
				5	7			8

109

2		7			1	3	6	
1	6	4		3				
					7			9
6	5		7				2	
		8	2	9	3	6		
	2				6		4	1
5			3					
				4		5	7	8
	7	2	9			1		4

110

	8						2	
7		4		5				9
6		9	3	2		7		
5	9				1		3	7
			2		3			
2	4		7				9	8
		7		1	8	9		2
1				4		8		3
	6						7	

111

1			7	3	5			
8			4			7	9	
7				8			4	5
6					4	5	2	
	7		6		9		3	
	3	2	5					7
2	6			4				3
	9	1			6			4
			1	9	3			2

112

6			9		3			
9					1	8	3	5
2			8	4		9		
	9	2	4	3			1	
				2				
	5			1	8	3	2	
		1		7	4			8
7	8	4	1					3
			5		6			7

113

2		9	1		5		6	
		4				1		
5			6			2	8	9
4		8	5	7				
1				6				3
			9	3	8			1
3	4	5			2			7
		1				4		
	6		9		4	5		2

114

			7			6		
7	3	6				2		5
2	8				5	1		4
	9			2		7		5
			1	3	6			
8		2		7			4	
5			3	6			2	7
	1		2			5	8	6
		8			7			

115

9			4				3	
	3			1	2	5		8
8		6	9			7		
	4			5		8		
	5		2	9	6		4	
		9		8			5	
		7			9	1		6
5		2	7	6			8	
	6				3			5

116

	9	3	7	2				6
	1				3	5		7
7			4			3	8	
6		1	2				3	
			1		9			
	2				6	1		4
	6	9			7			3
5		2	3				7	
3				1	2	6	4	

117

4			6		3			
2		8			7		5	9
		1		8	9			
	9		7	1			3	5
5				9				4
7	1			6	4		2	
			8	7		5		
6	4		9			2		1
			4		6			3

118

		1	4			9		8
			1				6	
2		8		3	5			4
3				1	9	4		
4	7			2			8	3
		5	7	4				9
1			2	9		5		6
	4				7			
6		2			1	8		

119

4						9	1	6
	6		9	4				3
	1	7			6			8
					3	4	6	1
		9		5		3		
6	4	3	7					
3			2			7	8	
8				7	5		3	
2	7	4						9

120

	8				7	6		
3				8		5	4	
4	2		6		1		3	
		8			6		9	
2			8	4	5			6
	1		3			8		
	7		9		8		2	5
	5	2	6					9
		3	5			6		

121

8	4		5				3	7
			2			1	6	4
	6		1	3				
2		7		9	8			
9		6				5		3
			6	1		9		2
				4	1		9	
4	7	8			6			
1	9				3		4	8

122

5	9		1			4		
	2	7	4	9				
	3						6	9
9		4		7	3			6
				5				
7			8	1		5		2
1	4						7	
				2	1	3	4	
		9			5		2	1

123

1		4			8	9		
6		3			9			4
			6	4	2	3		8
							4	2
	1		2	5	7		3	
9	6							
5		7	9	6	1			
2			7			4		1
		1	3			5		7

124

	5	9			2	1	7	
2	8		1					
7			3	6	9		2	
9	1	4		3	7			
			9	5		4	8	3
	7		5	2	3			1
					4		5	2
	9	2	6			7	3	

125

			1				7	9
	6		5	9				
	4	1	7			3		5
2	9				5	8		6
			2	6	9			
6		5	8				9	4
5		6			8	4	3	
			3	2			8	
3	2				7			

126

	6	7			2		3	
5					7	9		6
	8		6	1	9			
7		4		8	5			
		2				4		
			1	7		3		2
			5	2	8		1	
3		6	7					8
	2		9			5	4	

127

	6	9		1		7		4
					8	1		5
7	1		4				6	
5			6				2	8
		2		7		4		
1	9				2			3
	8				7		1	6
2		1	9					
3		6		5		2	8	

128

3					2			9
1		2	8	6	3			
		5			9	1	2	
4				8	5	3		
	1	3				8	9	
		9	3	7				6
	6	1	2			4		
			1	5	7	2		8
2			4					1

129

	7	1			5	3	6	
		9		6	3			1
	6		8			7		2
		3		7				9
			6	3	8			
7				5		8		
1		8			6		4	
6			2	1		9		
	9	4	3			1	5	

130

		6					7	4
			1	4	5			
5	8				6	1	2	
				2	4			9
	6	9			1		5	8
	3		5	8				
	7	5	2				9	1
			4	7	8			
	2	3				6		

EASY

131

5			2	7	9			
			4	8			3	
2		9				5	7	4
		5			4		2	1
	6		1		2		5	
9	1		5			3		
1	2	4				7		3
	9			2	1			
			7	4	8			2

132

	9	3						
		4	7	6	8		2	
		6		3			1	7
1			5					4
		8	2	1	7	9		
9					3			8
8	2			9		7		
	6		8	7	5	4		
						6	8	

70

133

	1				2	9		
8	5		9				4	2
4				7	8			
		9	4		6	8		3
		4		3		1		
7		3	1		9	2		
			3	2				8
2	7				4		1	9
		8	7				2	

134

4	3			1			9	
	9			4		8		
		1	7			6		
1	5		2				6	8
		3	4	8	6	5		
6	2				3		7	4
		9			1	7		
		7		2			3	
	1			3			5	6

135

	2	8	6					3
		7	5	2		1		
	9		1	3			8	
			9				6	7
7	4			8			5	1
2	1				5			
	3			4	9		2	
		4		5	1	9		
9					3	8	1	

136

7		4				6	1	
9			8			2	3	
			4		9			
8		3	9	2			5	
4	2			7			8	6
	9			8	4	1		3
			7		8			
	3	8			1			2
	7	9				3		8

137

5			6		7		9	8
	9	7				3		
		6			3		5	1
8			2	4			6	
		1		7		9		
	4			3	1			2
9	2		7			5		
		5				6	4	
3	6		1		5			7

138

				3		1	6	
1			9	2			3	
	6	8			4	2	7	
		9	6				2	1
5			2		9			7
8	2				1	9		
	7	4	8			3	1	
	1			9	2			4
	8	3		4				

139

6			1			7	9	
		4	5	3	2			6
8	1				9		5	
				4				5
	5	8		7		2	4	
9				1				
	3		6				1	8
1			4	5	8	3		
	8	2			1			4

140

9			8				4	2
			4	1	2		7	3
		2	7					8
		4		8	1	7	3	
		5				8		
	3	8	6	7		5		
6					8	4		
4	7		9	6	3			
5	8				7			6

141

		7	1	8		3		
5	3					8		7
4			7				1	2
		5	4				8	
9			8	2	5			3
	6				1	5		
1	5				7			8
2		3					7	6
		8		3	9	1		

142

9					7	4	8	
		4		1				
		3	6	4	5			2
	4		2				5	7
	2		7	8	1		6	
3	6					4		1
7			1	6	3	5		
				7		8		
	3	1	8					6

143

9	6		8					
	3			7	9			6
4	7		6			2		
	2		9				4	7
			4	3	8			
6	8				1		5	
		7			6		3	1
3			1	5			2	
					4		8	5

144

1		5			4	3		
	3			5	1		6	
					9	5		8
	1				2		5	6
6	9			3			2	1
5	2		8				4	
4		9	7					
	5		9	6			3	
		2	1			6		9

145

6	7	1			9	3		
		8	2	5			7	
		3	1					9
8		4			2			1
	1		3		7		6	
3			6			2		4
9					1	4		
	4			2	5	9		
		5	9			6	2	7

146

4	7			6	2			
2			4		8			9
	6	9		3				4
			5			3		7
		2	3		9	5		
3		1			7			
1				4		8	3	
5			8		3			1
			1	9			4	2

147

	1	5			4			3
	6					2		1
			6		2		4	
	2	6	5					7
			4		9			
7					6	8	3	
	9		8		3			
4		7					5	
3			9			1	8	

148

9	7	2				8		6
1					4			
	5				7	2		1
	6	9	7		3			
2	4			6			3	9
			4		9	5	6	
6		5	3				8	
			8					3
8		1				7	5	2

149

9		8		5	2	7		
				4	3		8	6
	3					5		
5	8		7				4	2
1				9				3
3	2				4		7	5
		7					5	
2	4		5	8				
		1	4	6		3		9

150

3	2				6	8	7	
1				2				
7					5	6	4	
		4			7	9		
9	1			8			6	3
		8	9			1		
	7	1	2					6
				3				4
	5	3	6				1	8

151

	4			8				7
	1	6	9					
	2		5					3
	3	7	6					8
4			8		9			2
2					4	6	3	
9					2		4	
				1		3	8	
3			9				5	

152

2	6		9			3		7
		8				1		
9			3	6	5		8	
	1				9	6		
	2		6	3	4		7	
		9	1				3	
	8		4	2	3			6
		2				7		
5		6			8		2	3

153

		4	8			7	1	3
3		8		4				
	7		9		1	2		8
	4		5	2				
6				1				5
				7	8		2	
4		2	1		3		8	
				9		4		2
7	5	9			2	6		

154

	2		1	6		9		4
8			4		7		6	
				8			2	7
	1	5			8	6		2
				5				
4		6	2			1	5	
7	3			9				
	6		3		4			5
2		9		1	6		7	

155

					5	1		2
	3	4	8				6	7
		5	1	3				
6			3		9		1	5
9				5				4
5	8		7		1			3
				2	8	3		
3	2				4	8	7	
8		6	9					

156

2	9	5					1	
			1	8				4
		8	5	9		6	3	
5			3			2		
	2	1		6		8	7	
	8				5			9
	3	7		2	6	5		
1				5	9			
	5					2	6	7

157

			6		2	9	7	
		9	4	8				
	6	2				3	8	5
	3			6				8
1	4			3			2	9
8				7			5	
9	8	4				5	1	
				9	8	4		
	2	3	5		1			

158

				1	3			
4	1		8	6		7		
2					7	6		1
5	9		6		4			
7				3				4
			7		8		1	9
9		3	5					7
		5		7	1		4	6
			3	8				

159

9		4	1	6				8
			5				7	9
3	8	7			4			
	1		6		2			
4		6				7		2
			3		5		8	
			2			5	4	7
7	9				3			
8				5	6	9		3

160

1		2			5	8		7
	5				3	6	2	
8			6				5	
7				2	9	1		
4		9				7		5
		5	4	7				9
	3				7			6
	9	1	8				7	
5		7	2			3		8

161

3	1					2		
		4		3	2			8
			9		4	1	7	
7	6		5			8	2	
9				2				7
	5	8			1		9	6
	9	5	4		8			
6			2	9		5		
		2					8	9

162

								9
7	2			5		1	6	
	6	1	9		2		4	
5		6		2	9		7	
4		8				2		1
	1		4	7		6		3
	4		8		7	9	1	
	9	3		4			8	2
6								

163

		8	1				6	4
	1	7		8		9	5	
3			2	9		1		
5					7	6	2	
				1				
	4	6	8					5
		1		5	8			6
	5	2		3		4	8	
8	9				2	5		

164

	5	2	6			9		4
			8			5		
1		9	5		4		2	
2		3	1					5
			3	2	8			
6					9	1		2
	2		8		5	6		7
	6			3				
7		4			1	5	9	

165

1	5		9			4		
8		6	2					
4			3	6		8	1	
7		4			9			1
		9		8		6		
3			7			9		2
	1	7		3	6			8
					7	1		3
		8			2		9	7

166

	6	4	5	3		7		
				9			5	3
		1			7	8		4
	2		7			1		9
			3	2	6			
4		5			9		3	
1		6	9			3		
2	9			4				
		7		8	5	9	6	

167

					9		4	5
	4	6	5			3	9	
5			3	1			6	
4		5		3		6		
	1		7		8		2	
		7		9		1		3
	2			7	3			8
	3	8			2	4	1	
1	5		8					

168

1		6	3				4	
		7		8	9	3	6	
		8		6		9	2	
			1		7			
7	2			3			5	4
			6		5			
	7	3		1		2		
	6	2	8	9		4		
	1				4	5		6

169

1	8	6			2			
				8			5	2
9	5			4	7			
2					9	1		3
	9	7		1		2	6	
6		3	7					8
			2	9			3	7
4	3			7				
			3			9	1	4

170

		8	3	9			6	
2					6	9		8
	6		2			4	1	
5	8		7				4	
1			5		9			6
	9				4		7	3
	4	6			7		5	
7			1	9				2
	2				1	3	7	

EASY

171

6		3	1			9		
2		1	6	9			5	
9					3	6	7	
1	3				8			9
			9		6			
4			3				6	5
	1	2	7					4
	5			3	1	7		6
		9			4	2		3

172

		6			4	5		2
		4			8		1	6
3		5		9		8		
	3			2			7	
			6	7	1			
	6			8			2	
		1		3		7		4
5	7		8			2		
2		8	1			9		

173

	9		2		3		4	
4	3		8					
			7	5		9	8	
7						8	2	4
		9	1	4	7	5		
3	6	4						1
	2	6		7	5			
					1		5	9
	4		3		8		7	

174

	5	2	3	4		1		
		3	6		1	5	4	
8			5					
	2	4	9				7	
3				1				9
	7				4	6	1	
					6			1
	1	8	4			3	2	
		5		8	9	7	3	

175

7		8		1	9			3
	5				8		2	
		9		3		4		7
	4		9		5			8
	6			2			9	
3			6		4		1	
1		6		9		5		
	3		1				7	
9			2	5		1		6

176

				2		3	8	
1		8	7				2	5
3	7	2		5		4		
					3	1		9
	1		2		8		3	
9		6	5					
		4		7		8	5	3
5	8				2	7		4
	9	3		8				

177

9		1		6		8		5
7			8	5	1			
5					7		6	
	7	9			5	1		
	5		6		4		2	
		3	1			5	4	
	6		5					3
			2	9	3			4
3		5		4		2		8

178

	1	2			4			3
4			5	8		9		
3	5			7				8
	8		7		9			
		7		1		5		
			8		6		2	
7				4			9	1
		8		9	5			6
9			1			8	4	

179

5				1	9		2	
			2	6	5			9
9						5	1	
7	4		9				3	8
			4	3	1			
1	5				7		9	2
	8	5						3
6			5	4	3			
	2		7	9				4

180

	9			8		7		4
	4		1					
5		8	3	9				
7	6		2		8	4		
	5	3		4		8	9	
		2	9		5		1	7
				6	1	3		8
					9		6	
6		5		7			4	

181

8		5			2			4
4					1		9	5
	2	3	7	5				
				7	8			
	6	9		1		8	4	
			4	9				
				4	9	6	2	
6	8		5					9
2			3			5		7

182

	7		4	3	6			5
	5		1				7	6
	2					1	3	
2		8		5		3		
1			3		4			2
		3		9		7		1
	3	5					4	
9	1				3		8	
7			5	2	9		1	

EASY

183

5	2			7		1		
	4	8		9		3		
6			3			7	5	4
					9			6
	1	7		5		4	3	
9			1					
4	5	6			7			1
		2		6		5	4	
		9		1			2	3

184

				7	2	5	3	
3	9					6		8
			3	8				
1	3		6			9		4
			8	3	4			
6		4			1		2	7
				4	9			
4		8					6	9
	5	7	1	6				

185

	3				7	4		8
1		5		8				9
	8	9	3				5	
9			7		1			5
		4		9		1		
8			6		3			2
	4				8	9	6	
3				6		2		4
2		6	1				8	

186

3			6	4	2	5		
						7		3
2	8	5		7	3			
1		3	9		4			
7		8				9		5
			7		5	8		4
			4	9		2	5	8
5		7						
		4	5	1	6			7

187

6	3			9		1	7	
1		9		2	7			4
	7						8	9
		1			2		5	
		4	7		3	9		
	2		6			8		
5	1						9	
3			9	7		5		2
	9	8		4			3	7

188

6		3			9		2	1
8	7			2				
			3		4	9		
3		2			8	7	1	
7			9		6			2
	5	8	2			6		3
		7	6		2			
			4				6	8
5	8		1			2		4

189

	7	1	8			6		2
				5	2	1		
	5		9		1		3	4
5				8	4		7	
8								5
	1		2	7				3
4	8		5		7		2	
		3	6	2				
1		5			9	8	6	

190

				9	1			3
					3	2	5	4
	7	4			2			8
9							8	
	2		8	7	6		9	
	1							7
4			1			8	7	
1	8	9	5					
7			2	6				

191

				8	4		6	
		1				8	5	
		6	9		1		4	3
9			6			3	1	
		7	1	5	3	4		
	3	5			9			2
5	4		7		2	9		
	6	3				1		
	1		3	6				

192

1		8	9	7			4	
			3	1	5			
	9	4	2				7	
	6	9	3		2			
	2		4			9		
		1		5	4	6		
	1			3	8	2		
		2	5	1				
	4			2	9	7		5

193

6		5			3		1	
	9					4		6
2			6	1	7			9
		3	2					8
			9	4	5			
5					8	7		
7			5	6	9			3
3		8					9	
	2		3			1		5

194

	2				1	9		4
9		3		2		8	7	
1	7				8			5
				6	9	5		
	1			5			4	
		2	3	1				
2			5				8	9
	6	8		9		7		2
5		7	4				3	

195

	5			8	2	7		1
		2	3	9				
	6						3	2
5		7	2				8	6
9				6				7
4	8				9	3		5
6	4						7	
				4	3	6		
7		8	5	2			4	

196

7				8	5	4		
					7		2	8
		8	4				3	9
	9		2			1		4
		1	8	7	4	3		
2		4			1		7	
4	2				8	9		
6	1		5					
		9	6	4				1

197

	5		4		9		7	6
	6	7	2					
1						4	2	5
	2	3	5		1			
9		4				6		1
			6		4	7	3	
5	8	1						7
					2	5	4	
3	4		9		7		6	

198

	6		1		8			9
1	4						8	
			2	9			1	3
4		1	3		7		2	
		6		2		5		
	7		5		9	1		6
5	3			8	6			
	1						6	7
6			9		3		4	

199

9		7	4	3			1	
8		2	5					
		1				2	4	7
6				4		3		
	9		6	2	8		7	
		4		5				6
2	5	9				8		
					1	7		5
	1			6	5	4		9

200

			6		2	5	4	9
4	6	7	1					3
								7
9		2	5			4		
	1		4	2	3		7	
		5			1	6		2
7								
5					4	7	1	8
8	2	1	9		7			

201

		4	7			2	9	6
9							8	
	2	5		3			7	
2			4		5	8	6	
5		3				7		9
	8	6	9		3			2
	5			6		1	2	
	4							8
3	6	8			2	9		

202

		1	3		9	2		7
					8	4		5
5	2		4	6				1
	5			4		3		9
			8		3			
6		4		1			2	
2				3	1		8	6
9			3	6				
8			5	7		2	1	

203

					7	1		4
2		4	9	1				
5	1				4		7	
1					6	2	4	
		9	2	8	5	6		
	2	7	1					3
	9		8				3	6
				9	3	7		2
4			3	6				

204

3	2		9					
		6	4		5	2		1
			8			3	5	9
5		2			8	9		
	6		5		4		2	
		9	3			8		5
1	4	8		7				
6		7	8		9	1		
				6			8	7

205

5	8		4	1		7		
	1	4	8					
	2				9	8	1	
	5			4	6	1		
3		1				2		6
		2	3	9			5	
	3	7	9				8	
					3	9	4	
		8		7	4		3	2

206

6		3			7		9	
		1	2				8	
8		4		9	3		7	
		6	8			7		
			5	3	1			
		5			2	9		
	6		3	1		4		9
	3				6	5		
	9		4			6		8

207

6	3	4					2	
		1	4				6	
			1	6	2	4		
	5	7			9		4	1
3			5		6			7
9	1		7			3	5	
		3	8	2	7			
	2				4	8		
	7					2	3	4

208

	4	3	2		1			
	2	8		4				
7				9		2	4	8
2		7			9	5		
			3	5	4			
		6	8			3		9
6	9	5		2				3
			3		8	9		
			9		7	1	2	

209

	6			8	2	1	7	
	3	8	6	1			5	
				9	6			
		7	2			4		1
			1	9	3			
1		3			5	2		
	9	3						
	2		4	7	5	1		
	7	5	9	2		6		

210

						7	9	
	1		6	4				5
6			7	5		3		
7	9	4			5		6	
		8		9		2		
	5		4			9	7	8
		9			3	5		2
3				5	4		8	
	6	5						

211

2				4	3	1	7	
		5	9			4		
7		9					5	
	9		8	1				2
	8			5			4	
4				6	9		3	
	5					8		7
		6			5	3		
	2	4	1	7				5

212

3				5			4	
6	7		8		4			
	9			2		7	3	8
9			4		7			
	8	5		9		4	6	
			5		8			1
8	4	6		7			5	
			2		1		8	3
	3			8				4

213

5	9				1			3
	7	6		3	9	5		
		3	2	5				9
			1		5	4	9	
		4				6		
	5	1	4		8			
2				9	4	8		
		9	3	8		2	4	
6			5				3	7

214

	4	7		8			3	2
					7			6
		1	2			8	5	
		9	3	4			2	8
	5			2			1	
2	3			5	8	6		
	1	6			3	2		
9			4					
7	8			1		3	6	

215

	2		6	3	7			
						3	2	
7		9	8				4	5
		5	1		3		6	
4		3				2		9
	6		9		5	7		
8	9				1	4		2
	4	7						
			3	8	4		7	

216

	1	6				5		4
9	8		1				2	3
	3		5	7				
	5	8	4		2			9
4								8
1			8		3	4	5	
				9	5		1	
5	2				1		4	7
6		1				2	8	

217

	3					2		
	4		9					5
	1		5	3	2			8
8		3	2	1		4		
4	6			5			1	9
		9		8	6	5		3
6			1	4	8		5	
5					7		8	
		1					9	

218

	2		6		8	7		
1			3		2			
	9	4					6	2
5					9	4		8
	8	7		3		2	5	
6		2	7					9
7	3					6	1	
			1		6			3
		1	9		3		2	

219

2		7	4			9	6	
		5					7	
		3	9	7	8			4
4	7	8	3	1				
				2				
				8	6	4	1	7
1			8	4	5	7		
	9					2		
	5	6			7	1		3

220

5		2	1	6		3		
	9		4		7			
1	4		5			7		
			9	8		4	3	
3		7				2		9
	1	9		3	2			
		6			9		4	3
			8		5		7	
		4		7	6	9		1

221

	6			4	3		8	
	2			8			3	6
3		7	6					2
	5		1		8	9		7
8								3
9		4	3		7		2	
1					6	2		4
7	4			1			5	
	3		5	7			6	

222

	2		1			8	4	
			6	3	9			1
1		7			4	3		9
4				2		6	3	
			4					
	9	5	8					2
8		9	5			2		3
6			3	2	7			
	7	2			8		6	

EASY

223

	1		3			9		5
	6	5	4	9			3	
9				2				
1	8		9		4	2		
		6		3		7		
		9	5		6		4	1
				5				3
	4			1	8	5	7	
5		1			3		8	

224

			9			3	5	
7			5	8	3			1
	5	8						6
6				4			1	9
		1	6	3	9	5		
8	2			1				3
5						1	6	
9			8	5	1			4
	1	3			7			

225

		1			7	2	9	
	5		1				4	6
8		2		9				
			9		2	3	7	
2	3			1			8	9
	9	7	4		8			
				7		6		8
4	7				1		2	
	2	5	3			4		

226

2			9	7		6	5	
7	1		3			9		
	8		5				4	7
			6		5	4		8
	5						3	
4		8	2		9			
8	6				2		1	
		7			6		2	3
	2	1		4	3			6

227

						2	1	8
	8	5	7					
			8	4	6	7		5
	5		4	6				2
8	9			2			4	3
4				9	1		8	
5		2	6	8	9			
					5	4	2	
1	6	7						

228

7					5	1		6
9	4	6						
			4		3	9	8	
		4		2		8		1
	1		8	4	6		7	
2		8		7		5		
	5	2	6		8			
						6	3	2
6		7	9					8

229

8	4				5		3	
7						1	2	
		3	7	6	4			8
		2	4	9		7		
	9			1			6	
		6		7	3	9		
2			3	5	9	8		
	3	8						5
	5		2				1	9

230

		9					1	
5	4			3		2		6
3			6	5	1			
	1	3	9				2	
7		2		8		9		3
	9				7	6	5	
			5	1	2			4
2		5		6			8	9
	3					5		

231

4			3			6		
2				8	9	7		
	8		1			5	9	
7	2		4			8		
	6		5	1	8		2	
		8			2		1	9
	4	3			1		7	
		9	2	3				5
		2			6			4

232

		7	4		2			9
	1					5	8	
	9		5	1		4	2	
7			1			9	4	
3				4				6
	4	5			8			1
	8	3		7	4		9	
	5	9					3	
2			9		3	1		

233

1		7	4	6		3		
					8	7		
	5	9			3		8	
6			1	8			5	
	9	1		4		2	7	
	3			9	7			4
	6		7			4	9	
		5	6					
		2		3	4	5		7

234

	1	3	8		5			
2	4			9				3
				7			2	
5	9	6	7		4			
1				5				6
			1		9	8	5	4
	7			3				
6				1			3	8
			2		8	5	6	

235

		6	3		4			8
	9				7	1	4	
5		2				3		6
			2		6	8		1
				5				
6		4	9		8			
8		7				6		5
	2	1	6				8	
9			8		3	7		

236

		4	3					9
8		7	4			5		
	5				1		4	7
9	4			5	3			2
		2		8		3		
5			2	1			9	8
6	8		1				2	
		1			8	6		3
7					9	4		

237

2			9				4	
		4	6					
8			4		1		7	6
	7			2			9	4
			5	4	3			
6	4			8			2	
1	5		6		4			8
				7		4		
	9				8			2

238

		3				4	7	6
	2		4				9	8
		4	7	6	9			
4				8	2	3		
	1			3			5	
		6	9	4				1
			2	7	6	5		
5	6				8		4	
3	7	1				6		

EASY

239

	5	3						
6					9	8	3	5
9		8	3		7		4	
7		4	5				6	
		1	6		4	5		
	6				8	4		2
	4		1		3	9		6
1	7	9	4					8
						2	1	

240

3	2					5	6	
	8						1	9
		1	9	6	7			8
	9	4			2			
		2	7	9	5	8		
			8			6	9	
9			2	5	8	1		
6	3						8	
	1	8					7	5

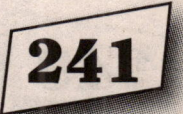

241

7		1				5		3
	8		5			2	4	
				6				9
5	3				6		1	
			2		9			
	1		4				2	6
3				7				
	6	8			3		5	
2		9				1		8

242

	6	8		7	4			1
5				6		2		
		3	1		2			
	3		5		1		4	2
		4		2		6		
1	7		4		6		8	
			7		3	8		
		9		4				6
4			6	8		3	2	

243

		7		3		8	6	5
1				5				9
		9	4		7			2
3			8		5	4	9	
		4				5		
	9	2	7		4			6
9			5		3	2		
2				4				3
8	7	3		6		9		

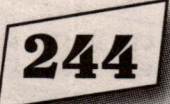

244

7		6				9		
				7	5	6	4	
	2	5			8			
2			3				7	6
	4		6	1	2		9	
6	5				9			4
			4			8	6	
	8	2	5	3				
		4				2		3

245

		9		4				
	5		8		7	9		6
	1	2			3		5	4
	4	3	6		9	7		
				3				
		7	1		2	6	4	
9	3		4			2	6	
2		5	3		8		7	
				1		5		

246

2	3		9				1	7
				3		8	5	
8				2	6	4		
3			4		1	9		
		4		9		1		
		6	3		2			4
		3	7	6				1
	4	8		1				
1	2				9		4	6

247

8		7	9				4	6
			7	8	2	1	3	
						8		
7	4		8				2	1
			1	6	7			
6	1				3		9	5
		5						
	7	4	5	2	1			
9	8				6	5		3

248

	1	7			5		3	
2			1		9		6	7
	8		6	3		2		
		2	5	7		9		
				6				
		4		9	2	3		
		8		1	3		5	
7	3		2		6			8
	2		9			7	1	

249

				6	3	9	7	
		7				8		3
3	8	5	7		2			
		8	9				5	1
			2	1	6			
9	2				7	3		
			1		9	5	4	2
4		9				1		
	5	2	3	4				

250

2	5				3	1		
					2		8	4
4				1		3	5	
	9	5	6	2				
1	8			7			9	5
				5	9	6	3	
	3	9		8				7
8	2		7					
		4	2				1	3

251

6			1			3		
	7		6	8			5	
5	1	8		9		6		
2			3		7	4	9	
		7				8		
	4	9	5		8			2
		5		4		1	8	6
	2			3	6		7	
		4			1			9

252

7	1		8			9		
4		2	1			6	3	
			4	7			8	
1			2		6	7		
	4			1			2	
		6	3		4			5
	6			2	8			
	2	7			5	8		9
		4			1		6	2

253

6	4			9		1		
2						3		
	1		8	3	6		2	
	7		9		2		1	3
8								2
5	3		1		7		9	
	6		4	2	8		7	
		9						5
		4		1			3	8

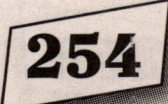

254

1			9				7	
8			1		6	5	3	
	2			3				1
3			7			8	2	
5			3	4	8			7
	8	1			5			3
4				2			5	
	7	3	6		1			8
	5				7			6

255

	8	1	6					
		7		3		2		
9	5						6	1
7	3				1		8	5
		8	5	9	6	7		
5	4		7				2	6
8	2						1	4
		5		4		6		
					5	8	7	

256

			8				3	6
	6		4	7				1
	3	7				9		8
5	8		9				2	
3			2	1	8			5
	2				6		7	4
1		2				3	6	
7				6	4		8	
6	5				2			

257

9		6	3			2	7	
	7			2		3	6	
		3	4		6			
4			2	6				
7	5			4			8	6
				9	8			2
			9		2	4		
	2	5		8			1	
	4	9			7	6		3

258

			3		7			
6		7	1				4	
4	5			8		9	3	
3	1		7		4			
2	8			1			7	6
			6		8		1	9
	2	3		6			9	4
	4				1	5		2
			4		2			

259

					8	2		3
8		1	5		3		9	
7				9	6	4		
	8	7		3		9		
	3		6		9		8	
		2		5		3	6	
		8	9	6				2
	9		3		1	5		6
5		6	4					

260

7			5					4
8	2			6		5	1	
3				4	2			
		3			6	9		7
		7	8	2	1	6		
4		6	7			1		
			2	7				6
	7	2		8			5	1
5					3			2

261

			6				2	5
9				2		3		
	8			4	5	6		
		1	4				6	3
5		3		7		1		8
2	6				1	4		
		7	9	3			1	
		5		6				4
6	9				4			

262

2	5			1		6		
				9	8	2	7	
9	7					8		1
			2		4		8	3
5	3						6	7
4	8		3		5			
1		7					5	6
	2	5	1	3				
		3		5			2	9

263

7				6	4	8		
3		6	8					
	8			1	3			5
5		9	1		6	3		
		4				1		
		3	7		9	6		4
2			6	9			8	
				2	4			9
		1	4	3				6

264

8	5		7				4	2
		7		5				
		9	4	6	8			3
	6	4		7	2			
5				8				9
			5	4		1	2	
4			3	1	7	6		
			6			5		
6	7				9		3	4

265

			9	8				4
1						6		5
2			5		3		9	
	9			5		2	4	
	7		8	4	2		6	
	1	2		3			8	
	5		2		6			8
3		8						6
9				7	8			

266

		6	9	4	2		1	
2			7				6	
7	4			5		2	9	
			8				7	2
			4	3	5			
8	1				7			
	9	7		6			5	4
	2				9			1
	5		1	8	4	9		

267

		9	1					
3		2	6			4		
	7	1			9		8	
	3	7	9	2				4
6	9			4			7	3
2				7	6	5	1	
	2		8			9	4	
		8			2	1		6
				5		7		

268

		6			8		4	
				3	4	5	8	
		8		9	1		7	3
1	9				7			5
		7		6		8		
8			3				9	4
7	2		1	5		6		
	5	3	2	8				
	8		4			9		

269

		2		1	8			4
9					3	2		
	8	6	4					5
				4	9	1		
	5	4		8		3	9	
		3	7	6				
6					4	7	8	
		7	5					1
4			8	2		5		

270

	3	6			5	9		8
			8					3
9				2		1	5	
1			4	5		2	7	
	7			6			8	
	2	9		8	3			4
	9	5		4				1
3					8			
4		2	9			8	6	

271

	1	6	3				8	7
			7	6	4			1
4							2	
		2		4			3	6
9			8		1			2
3	4			7		5		
	2							3
8			6	1	9			
6	7				3	8	1	

272

4	6	2					3	
1					6		4	2
7			3	2		6		
3			6	4			8	
	5			1			7	
	2			8	5			4
		3		9	1			8
5	1		4					3
	7					4	5	1

273

				8	6		1	2
3			1		5		8	
	4	8				9		5
					7	1	4	
	1		2	6	3		7	
	6	7	8					
6		1				8	2	
	8		7		9			4
4	5		6	2				

274

3			9		4	8		
1	4		2					
	9	8		5	3			6
4	5		3				8	
		1		8		3		
	8				2		1	7
7			8	3		1	4	
					9		5	3
		2	6		1			8

275

	6	5			2	8		9
7						3	2	
			4	6			5	
		3			6		2	1
2			1	8	7			3
4	7		3			5		
	4			3	1			
		2	8					4
6		7	2			1	8	

276

		5					9	8
7				9	6			
8	9		3		5			6
		3	4	2		8		
1	5			8			4	2
		4		5	1	3		
4			5		2		8	1
			7	4				9
3	2				7			

277

	8	2					5	7
				4	2	3	8	6
	3		5					
			4		5	2		9
	5	3				8	1	
1		9	2		3			
					1		7	
3	1	5	9	2				
8	6					1	9	

278

6	8	5		3				7
				7	8	3		
		7	4			6	8	1
2			7		3			
		8		2		7		
			5		9			4
1	5	9			4	2		
		3	9	5				
4				1		8	9	5

279

		9				4	7	
4		6			8			5
			4	3	6			
1	6	3			5		4	
	9		6	8	4		5	
	4		7			9	6	2
			8	2	9			
9			5			8		1
	5	2				6		

280

7	1				6	4		8
				9	7	2		
	3		4		8		5	
				4	5		6	7
4		8				1		5
6	5		7	2				
	4		5		9		8	
		7	1	8				
8		5	6				7	1

281

		9	1	8	3			4
	1					5	2	3
			2		7	9		
		2	4	3				5
	4			1			3	
5				2	9	6		
		6	8		5			
8	9	5					1	
3			9	7	1	8		

282

6		9	2				5	4
		5			4	1		8
		1		3				
	5	3		4	2			9
8				6				7
1			7	5		4	2	
				9		7		
3		4	5			9		
9	2				3	6		5

283

2					6	9	8	7
					1		3	
	3	6	2					1
	9		7	2		6		3
	2	4				7	1	
6		7		8	3		9	
8					5	3	7	
	7		9					
9	4	3	8					5

284

	6			1	9			7
1				4	3	2	9	
		4	2				5	
		3	9				4	5
			7	8	1			
8	2				4	7		
	3				5	6		
	4	7	6	3				1
6			4	2			3	

285

3	7		1	2				
	6			3		2	7	
2			4			9		
4	8				3		5	
		1	8	5	2	6		
	2		6				9	8
		7			1			9
	4	9		6			8	
				4	7		1	6

286

			3					
		6			9		1	
2	4			7		5		9
6		7	1			2		8
		1	8	2	5	9		
8		5			6	4		1
9		2		8			6	7
	1		9			8		
					2			

287

5	1		3					2
		4					8	
				5	1	9		4
9		1	5	6				
8		5		4		6		7
				3	7	8		1
7		8	6	2				
	4					5		
2					5		7	8

288

	3			4		6		
	2		8			3	5	4
	8		3		5	1		
	1		4		9	7		5
7								3
5		4	1		3		8	
		1	9		8		7	
8	5	3			6		4	
		6		1			3	

289

9		8			3	1		
5						9	7	
	1	7		5		2		3
1	7		8				2	
	9		3		2		6	
	5				9		1	8
4		9		6		8	3	
	8	5						2
		1	2			5		7

290

					3		2	
7	9					4		3
3	1	2	4	6				
1		7			4			9
			7	8	6			
5			2			7		6
				1	7	6	4	8
8		9					1	7
	7		5					

291

	7	3	6					2
	9		3			5		
	1		2			7	9	
7	5			3	4			
9		4		6		1		7
			7	8			5	4
	4	6			1		7	
		9			6		3	
1					3	9	4	

292

		4	2				1	5
2			1			8		
1	6	9	8			7		
	1	6	3		8			
	9			7			8	
			9		5	3	6	
		3			2	6	7	8
		2			6			9
6	8				3	2		

293

					1		9	
6	2			9	8			7
9			2	6		8		1
8		5	4			6		
			1	5	6			
		7			3	5		4
7		4		1	2			5
5			6	4			8	3
	9		8					

294

		2				3	8	
7			4			9		
				9	2		4	5
	3	8			5	1		9
2			1	6	3			4
5		4	7			2	6	
8	5		3	1				
		6			4			7
	2	1				6		

EASY

295

4	2	1		9				8
8	7		6		3	2		
						9	7	
9			1	5				
3		5		2		4		1
				8	6			9
	9	8						
		6	2		9		8	7
1				7		5	9	6

296

	7		1			5		
4	5		3					
	6			5	9	1		3
6		4			5	3		2
		2		9		8		
9		7	2			6		4
8		5	7	4			3	
					1		6	8
		6			8		2	

297

	6	3	5			7	8	
7	5					2	3	
1			3	8				
	8	4		5	2			
5		6				9		8
			1	9		4	5	
				6	9			5
	4	9					1	2
	2	5			4	6	9	

298

			5					
	5	6	7				8	1
7	2				8		5	4
9		8		7		3		
	7	5		4			2	8
		2		8			5	7
6	1		8				2	3
	4	3			1		6	7
				6				

299

8				9	4	2		
2			8			6	1	5
3						8		
	3				2		7	1
	2		7	1	5		8	
7	4		3				6	
		2						6
6	5	9			3			8
		3	1	5				9

300

9							8	1
2			3	4	9			
7	5			8	1		4	
	7		8		5		6	
5		1				4		9
	9		1		4		2	
	2		5	1			3	4
			4	2	8			6
6	4							8

301

		9	3	8			6	
		8	2				5	9
	7	4			6	3		
6	4		7					3
5				3				6
9					5		1	7
		3	6			9	7	
8	2					1	4	
	9			4	3	6		

302

	4	2			7			1
			1	9			8	7
7		1	5					3
	3		7	8		9		
	7	6				3	5	
		8		6	5		7	
1					3	7		9
5	6			1	9			
3			8			1	4	

MEDIUM

303

		3			7			9
	4		3	2			7	
9		7			5	2		
7			1				6	2
		6		8		4		
2	9				3			7
		5	2			9		1
	1			5	8		4	
8			4			3		

304

3			5		4		1	
2	6					9	5	
8			9			7		
	7	3			2			6
		1		5		4		
5			7			1	3	
		2			1			9
	3	9					6	1
	8		4		3			5

305

		6	8				7	
		1		5		8		3
	8	3	9		7			
	5		1				2	4
6				7				8
1	9				6		5	
			6		9	4	3	
2		4		3		9		
	3				2	7		

306

		3	1	9			5	
1				5		9	8	
	7	9	2				4	
9			6		2			5
7		2				8		4
6			8		3			2
	5				9	6	2	
	9	4		6				8
	6			2	7	4		

307

1					8	5	6	
5	4	2		7				
				5	1		9	
			5		9	6		3
9	3						5	4
6		8	4		7			
	1		8	9				
				6		3	1	8
	8	4	1					6

308

		9	2		1			
6				9	3		4	
7		8				9	1	
3			5	7			9	
2		4				1		8
	5			4	8			7
	6	5				7		1
	2		6	1				9
			8		7	2		

309

9	6			1			7	
		8	2		9			
	4				7	9		3
	1		5	2				8
5		2				3		4
4				6	3		2	
1		5	8				3	
			7		6	2		
	2			5			8	7

310

		6			8	5		4
	1		4	6				8
8	3		5			1		
	6		3				5	7
		5		2		3		
4	8				1		9	
		7			6		1	5
2				3	5		7	
6		8	2			9		

311

	5			1		9		7
	2	9	5			3		
7			4	2				8
2		7	1				3	
	8		7		2		6	
	9				5	2		1
8				7	1			2
		1			4	7	8	
5		2		6			4	

312

		8	3			5		9
		4			7	2	8	
7	6		5	2				
6			8				5	2
	9			5			4	
2	3				6			8
				7	5		2	1
	7	2	6			8		
5		3			2	4		

313

9			8	4			7	
	7				3	5		2
8	2		1			4		
		2	5			3	1	
3				2				7
	4	9			8	6		
		8			1		4	3
4		1	2				5	
	3			8	5			1

314

	8	4				7		2
		6	7		2		4	
7				4	6			5
	9	2			8		3	
1				7				6
	6		2			5	9	
2			9	5				8
	5		6		7	4		
6			1			9	5	

315

8		9	2				1	
		1	8	9				5
2			3			9	4	
	1					8	5	2
			1	8	2			
3	2	8					6	
	4	3			5			6
6				7	1	5		
	9				8	4		7

316

5					1		2	9
		8	4	6				1
1	3			5				
		7	2			4	8	
	2		6		7		9	
	9	4			5	7		
				7			5	4
7				9	4	2		
4	1		5					8

317

7					1		5	8
1		4	2	5				
		3	9			2	4	
	7				2	5		9
	9			4			3	
6		1	5				2	
	1	6			4	7		
				9	5	6		3
9	5		1					2

318

	2	1	6			3		
			7	2			8	1
8	4		1					6
			9			5	6	2
		5		8		9		
1	9	2			6			
7					2		3	4
6	1			5	9			
		3			7	6	9	

319

5		1		3	7			
	2				5		7	
	7		1			3		2
				7		5	9	3
4			5		3			6
3	5	7		6				
7		4			8		2	
	1		6				3	
			7	9		6		5

320

			8		7	9	1	
5	9	7	3					
1				4			7	5
		4	2	3		5		
9	3						2	6
		5		9	4	7		
6	7			2				8
					3	2	4	7
	5	2	1		8			

321

9	5			4			3	
2			3			6		
		6			7		2	9
	7	8		6		5		
		7		5				
		9		3		1	6	
7	8		4			2		
		5			1			6
	1			7			5	4

322

2				7		3	8	
	9		5			4	6	
5		1				6		9
4	1		9			8		
9				8				7
		5				3		1	6
	3		4			5		9
		9	3		7		4	
	5	4		9				8

MEDIUM

323

	2	7	4					6
	4	9				1		2
			2	5	9	4		
	6				4		8	3
3				6				4
1	7		3				6	
		8	1	4	5			
2		1				8	4	
4					8	3	5	

324

7		8			1	9		
5	6		9					1
			8		5		3	6
		7		4		3	1	
	9			8			5	
	4	5		1		8		
2	7		6		3			
3				8		7	2	
		9	1			5		3

325

2			4	9			5	
5					7	2	1	
	8	4	2					7
			8			7	3	9
		1	6		9	8		
8	9	5		7				
9					4	5	6	
	5	6	9					2
	2			6	3			1

326

2		7	6	1				
		3	5			7		6
	9		4				8	2
9		8			3		5	
	6			9				7
	7		8			4		9
7	3				2		9	
1		2			4	8		
				5	6	2		7

MEDIUM

327

		4	7	9		8		
3	7						2	6
2				3	4	1		
	3				9	2	7	
5			4		6			1
	4	2	3				6	
		6	9	1				2
9	1						4	8
		3		4	8	6		

328

9			8	1				3
	1	5			9	4		
		2			5		1	6
4	2	8	5					
	7			6			3	
					1	2	4	7
2	4		1			7		
		7	4			1	2	
5				2	8			4

329

	8		1		5	9		
	1			3		7		
	4		2			1		3
4				2			6	1
		7	8		1	3		
8	5			9				4
3		8			2		1	
		4		1			8	
		2	9		8		3	

330

		4	8	5			1	
9	5					7		3
	1		9	7				5
	4	2			7			1
		9	1		4	3		
7			2			8	9	
4				3	1		2	
6		3					5	9
	8			2	9	4		

331

9		7	3			5		
2	8						7	1
			7	1	6	2		
7	2	1			4			
	6			3			8	
			9			1	6	2
		5	1	7	3			
1	9						3	7
		8			9	4		5

332

		8	4			1	2	
		7		6	8			4
3	1		7				8	
		3	5				4	6
4				8				1
5	7				4	3		
	3				5		1	9
6			8	3		4		
	4	5			1	8		

333

		3	9	5		1		
7	5		3				9	
8					7	6	3	
2		1	6					4
	8			4			2	
9					3	7		6
	9	4	5					8
	6				2		4	9
		2		9	4	3		

334

	9		3	6		2		
	3	4	2					8
2			7			9		3
	6	2	5					4
	5			4			8	
8					3	1	2	
5		8			6			7
9					5	4	1	
		6		3	7		5	

MEDIUM

335

	3	7				4		8
		6	9		8		1	
2			3	6			7	
1		5			2			7
				9				
8			1			3		5
	1			2	3			6
	6		4		9	7		
3		2				1	5	

336

	3	9	1					8
			6		4	3		7
	7	2		9				6
	5		3	6		9		
9	6						2	1
		4		1	9		6	
2				3		7	8	
3		6	9		7			
5					1	6	3	

172

337

		1	9	4		2		
3			1			6	7	
5	2				7			4
2				8		4	6	
	6		5		2		8	
	1	8		6				2
1			3				4	6
	5	3			4			7
		9		5	8	1		

338

			2		8	3	9	
7	9	1	3					
2				1			6	7
		9	5	2		7		
1	7						2	5
		6		8	1	9		
9	1			4				3
					9	5	4	2
	4	2	6		7			

MEDIUM

339

	5	7			8			2
	9		6	1				5
					4	9	8	
6		2		3			9	
		9	4		5	1		
	8			6		7		4
	2	6	9					
9				2	7		4	
3			1			2	5	

340

	2		9	3		5		
3					1	9	2	
	9	1	7					4
		7		3		9	2	
2				1				5
6	5		2			1		
1					4	8	5	
	7	8	6					1
		5		2	8		4	

341

2	8		7					5
		5		6		8	4	
6			3		5		1	
9		6			4		5	
		2		3		6		
	5		1			2		4
	2		4		3			6
	4	8		1		9		
3					8		2	1

342

4	7		8				5	
1						9	2	7
9				7	2	8		
				9	6	3		7
	3	6				5	2	
5			4	7	2			
		9	2	4				5
	4	5	6					2
	2				5		1	8

343

8	5		1					2
			5		6	4		1
	6	1		4		3		
1			8			9	2	
	9			2			3	
	2	7			1			5
		5		6		2	4	
2		3	4		9			
6					7		8	3

344

3	4		8				7	
6				1	4		8	
			3			9	5	
2				9	8			6
		4				1		
5			2	3				9
	1	3			5			
	2		9	8				5
	5				7		6	2

345

```
9 1 . | . 3 . | . 2 .
4 . . | . . 9 | 8 . 6
. 2 . | 5 . 8 | 9 . .
------+-------+------
8 . 1 | 9 . . | 3 . .
. 7 . | . 6 . | . 8 .
. . 9 | . . 7 | 2 . 5
------+-------+------
. . 2 | 3 . 6 | . 9 .
7 . 4 | 8 . . | . . 2
. 9 . | . 5 . | . 3 8
```

346

```
3 . . | . 1 4 | . 2 .
. . 2 | . . 8 | . 4 3
4 . 8 | . . 3 | 6 . .
------+-------+------
5 9 1 | . . 2 | . . .
. 4 . | . 5 . | . 9 .
. . . | 4 . . | 5 8 1
------+-------+------
. . 7 | 8 . . | 2 . 4
1 5 . | 2 . . | 7 . .
. 8 . | 7 3 . | . . 5
```

MEDIUM

347

	2			1			5	6
	8		9		5	4		
4		9	3			7		
5	3	1			6			
9				5				2
			4			5	9	1
		5			9	1		4
		4	1		8		7	
2	1			4			8	

348

3			5			8		4
		4			6	2	3	
8	5			3	4			
2	8	7	1					
	9			2			1	
					9	6	2	7
			3	7			4	6
	4	3	6			7		
1		6			8			3

349

		6	4		2		8	
4	9					7	2	
	7			5	9			4
6		1			7	8		
8				1				6
		7	3			4		2
7			8	9			3	
	4	3					9	8
	8		5		3	6		

350

			1		7	4	6	
		6		8	2		3	
9	4	8						7
7							1	3
			7	6	1			
4	5							6
8						3	7	2
	1		8	2		5		
	2	3	9		4			

351

		1	3	4			7	
	9	7			1			5
		8		2				9
3			9		4		8	
7		4				1		6
	1		7		2			4
6				7		9		
9			1			5	4	
	4			9	8	7		

352

	6		2			4		8
8			1			9		2
	9	2		4	6			
	4					8	7	1
			7	8	4			
5	7	8					3	
			3	5		7	2	
2		7			1			9
6		5			2		4	

353

6		5					1	
		3	8	5	4			
	7					5	8	9
9		6	2					1
	3		6		5		4	
7					1	2		5
3	1	9					5	
			1	7	9	3		
	2					1		4

354

				9		6	2	
8		7	4		2			
	9	1			8			4
7	8	6	1					
	2			5			8	
					6	1	4	2
6			2			4	5	
			6			3	8	9
	3	8		1				

MEDIUM

355

2			3	5	8			
	9					7	3	
4		3		1				5
6	8				1	3		
	7		8		4		2	
		4	6				5	8
8				9		5		6
	3	6					7	
			4	6	2			3

356

		7		4	6		2	
8	2				1	4		
4				3			6	1
					3	8	1	5
		4	8		9	2		
1	3	8	7					
7	8			9				4
		1	6				8	9
	9		3	8		1		

357

			4			6		3
	4	1		8				5
6		2	7				1	
5			8	1			3	
	9	8				5	4	
	6			7	9			2
	1				7	4		8
2				5		3	6	
9		6			3			

358

5	9					2		3
3				1	2	8		
		4	3	6			5	
1		2	8				3	
	3		7			5		9
	5					3	7	2
	1			3	8	5		
		5	6	7				8
7		3					1	6

359

1			6	7		4		
5		7			3			9
	6				5	1		3
	1			2		6	9	
			1		8			
	4	3		5			1	
4		9	8				3	
3			7			5		2
		1		3	4			6

360

1	8				9			7
	2		5			9		8
4				2	3	1		
	1	8			2		7	
		9		5		8		
	3		1			5	9	
		3	2	6				1
8		2			1		6	
6			3				2	9

361

8		5				2	7	
7			1	3	8			
	1		5				4	
3		9		1	2			
6		1				9		2
			7	9		3		4
	5				3		6	
			6	4	1			7
	6	3				4		8

362

2			7			9		4
		7	5		4		2	
4			6				3	
	5	6		7		2		
	7			9			5	
		3		4		8	7	
	3					1		2
	4		3			7	5	
5		9			2			7

363

8		7		4			3	
			2	7			6	8
	3	2	6			7		
9					5	2	8	
3			9		7			1
	4	8	1					6
		3			1	8	2	
2	8			9	4			
	1			2		3		5

364

2		3	5				7	
		7	2			3	4	
5		3	8			9		
3			9	2			7	
1	8						2	4
	7			1	8			9
		8			9	2		6
	1	5			2	4		
6				4	3		8	

365

			6	5	3			1
7		1					2	
						8	6	
5	7				9			6
	9		3		7		4	
8			1				3	9
	2	8						
	1					2		7
6			2	9	1			

366

		2			8	5		1
		1		9	2		6	
9	8				5			7
	4		1	5		6		
5	3						1	9
		6		8	7		3	
2			5				8	6
	9		8	7		1		
3			8	2		9		

MEDIUM

367

				9	5	1	8	
1		7			4			6
6	8			7			5	
3		4	5		7			
	2	8				7	3	
			4		3	9		5
	7			5			4	1
8			7			5		2
	4	5	3	6				

368

1			7		2			9
	4			3	8	2		
	2	3				8	4	
		1			7		3	4
6				2				8
7	9		3			1		
	7	9				5	8	
		5	4	8			6	
8			5		3			1

369

	1	9	4			2		
5					2	9		
8				6	3		4	
		7		9			5	4
1			8		4			9
9	4			1		3		
	6		2	7				3
		1	5					6
		8			1	7	9	

370

		2	6			7		4
		4			8	6	9	
6	7		5	1				
4			9				5	7
	5			8			2	
9	2				7			6
				6	9		7	8
	3	6	7			9		
7		5				1	2	

371

	5		1			9		6
	7	4			2	5		
1				5	7		2	
6		3		7			9	
2			6		4			7
	4			9		6		5
	6		7	8				2
		9	3			7	5	
3		7			5		6	

372

	3	5			8		1	
7				3	1	5		
	9				4	7		2
	5			7	9			6
3		9				4		7
6			8	4			9	
9		3	1				6	
		7	5	6				4
	6		4			1	7	

373

1	9	8	7					
			2	1		3	7	
3				9		6	8	
		1			5		3	6
5			4		1			8
2	3		8			4		
	1	3		5				2
	8	2		4	9			
					2	9	6	3

374

8			7	1	9			
	4			6			8	
5		7					6	1
	5		4			1		8
		4	1		8	2		
3		8			7		5	
7	2					6		5
	6			9			1	
			6	7	4			2

375

		9	7				4	6
3	2		1			7		
		7	2	5		9		
8	6				2			
	5			8			6	
			6				8	7
		8		1	7	6		
		2			3		9	4
6	4				9	1		

376

		5		6			4	8
		7			3			6
6	9		4		8			
	2	8		5	7			
9		6				4		5
			8	9		7	6	
			9		6		1	7
3			2			8		
7	8			4		6		

377

	6	7			2			9
		5		6	7			
		4	8			6		3
7	9		6				1	
1				2				7
	2				9		6	4
3		1			6	2		
			7	3		8		
6			2			7	3	

378

		8		1	3	6		
	9				2		8	
4		6		8				2
	5		2			3		7
	4		6		9		1	
7		9			1		4	
3				9		5		4
	6		1				3	
		4	3	2		9		

379

				7	4	9		6
4	8				1		7	
	7	3				4		
3		8			6		5	
7				3				4
	4		5			2		3
		9				1	2	
	2		9				6	7
5		7	6	1				

380

				8	7		2	
	2	1	3					7
	8	4				6		3
3				2		8	1	
2			9		8			6
	1	8		6				2
8		7				2	4	
1					4	3	9	
	9		1	5				

381

3			1	7			5	
4		9	2				1	
		6	9				8	7
9				8	1		2	
		1				5		
	6		5	3				4
7	9				4	8		
	3				7	9		5
	2			9	5			1

382

1				7	8	5		
	5				1	6		3
6	2		5					
			4	3		8	2	
2	8						4	5
	3	1		2	5			
					4		8	7
8			4	9			3	
		2	1	8				4

383

1			7		4			8
5	6			1			7	
		7	2			3	5	
				2	1	9		
9	1						8	5
		6	9	3				
	9	5			2	7		
	7			9			1	2
8			4		6			3

384

3		5				2	1	
		6	9			5	8	
	8		3	6				
		4	6	8		2		
2	6					4	5	
		8	5	2	1			
			3	7		6		
6	4			5	9			
7	2				5		3	

385

4					5		9	6
	9	8			6			2
3			9	2				
				7		4	3	
	7		2		8		1	
	1	4		9				
			3	2				8
8			1			5	7	
9	6		8					3

386

9	3		2			8		
4					3		5	
	7		4	6		9		
				8	4	2	7	
8		7				6		9
	6	4	1	7				
		3		9	1		8	
	9		8					7
		8			5		9	6

387

				6	4		8	2
5	4		8			7		
	8	6						3
9			1			2	5	
		5	4		2	8		
	7	4			3			6
4						3	2	
		1			8		7	5
8	9		2	5				

388

	4			5	7		1	
7					3		9	4
3		5		9				
	7	4	1			6		
		1	3		2	4		
		8			5	1	7	
			3			2		1
1	6		5					7
	9		7	6			5	

MEDIUM

389

		8	7	1				3
5	6						2	
		9		5	2	7		
4	1		9		7			
8	7						9	2
			5		3		1	7
		2	6	4		5		
	8						7	9
3				7	9	6		

390

8		2			1			9
			5				8	7
	7				2		4	
		8		5	9	1		
	6						7	
		5	3	6		9		
	3		7				1	
2	5				4			
9			1			4		5

391

	9		4	3				2
			5	1		4		
4		2				3	1	
			6		9		8	3
	1	4				5	6	
6	3		1		5			
	7	8				6		5
		3		5	1			
9				6	8		2	

392

	7	3		6	9			
6		5				9	7	
					1	5		6
			4	7			9	
7	2						1	5
	5			1	2			
8		7	1					
	3	2				7		1
			9	3		6	2	

393

1			8	7			9	
	2		3			5	7	
5	7				1	6		
		2		8		9		4
			9		4			
9		7		1		3		
		6	4				3	7
	8	5			7		4	
	9			3	8			6

394

2			3					9
	7	3			4		6	
	6		2	5				8
3		5		4	6			
	9	1				8	2	
			1	2		3		4
7				1	8		9	
	1		5			7	4	
9					2			5

395

2		1	5			3		
8	7			9				
			2		1	5	8	
	9	2			4		7	
4			5					2
	6		8			4	1	
	5	7	1		2			
				6			2	3
		9			7	1		6

396

2	3			6				8
			2		9	3	4	
	6		7			9		
9		7	4					3
	8			1			6	
6				3	4			9
		5			1		2	
	4	2	6		5			
3				7			9	4

397

	8				9	1		
6	3			7				
5			8	4			7	
	6	7	3					9
4			7		1			8
9					6	3	5	
	7			3	5			4
				1			3	6
		6	2				9	

398

6			4	5		1		
5					3		9	2
		8			9		6	
			7	3		5	8	
7		5				2		3
	8	3		2	1			
	5		6			9		
4	6		8					1
		9		1	5			6

MEDIUM

399

		5	2	4				8
	3				8			6
	6	9	1					
6				1	5		2	
5	4						1	9
	2		7	6				4
					1	8	6	
9			8				3	
1				5	3	9		

400

	3	1	4			9		
			5				8	4
	4		7	9				5
1				5	6	7		
4			8		7			2
	6	2	1					8
3				8	6		2	
6	8			7				
		7			4	8	5	

401

	2		9					7
3	5	1	7					
			6			4	1	
1		9					4	3
			1	2	4			
2	6					5		1
	7	2		3				
					7	9	5	4
8					9		3	

402

4			8	5				
	8			7		1	9	
6		5			3			
3	6	7	9					
		8	3			2	5	
					7	3	6	4
			5			4		6
	1	6		2			5	
				9	8			1

403

		8		3		7		5
		3	7		8			4
	2				4	1		
1	7		4				3	
5				2				6
	3				7		1	9
		9	8				4	
3			9		1	6		
7		1		6		9		

404

1				8	3			7
		2		7	1		6	
	8					4	3	
6	5				2	8		
3			8		4			6
		8	7				9	5
	2	5					7	
	7		2	6		1		
8			9	3				2

405

		8	6		7			5
	7	6					3	8
		9		3		4		
2	1		5					7
	3			2			5	
6					9		2	1
		3		5		7		
5	4					6	8	
7			3		8	5		

406

9				4	6	5		
6		8	2				9	
4					1		8	
5					9	4	7	
	8			5			9	
	1	9	7					2
	7		9					5
		6			5	7		3
		5	3	2				9

407

	7			5		4		3
3			6			7		
		1		7	2		6	
1	3				6	2		
	4		1		8		7	
		5	2				3	1
	1		4	2		8		
		8			3			4
6		4		1			9	

408

			5		2			6
6		8					5	2
	5	1	9	6				
		4	1	7		2		
7	6						9	1
	1			2	3	4		
			9	8	5	3		
4	2					1		9
5			4		1			

409

	4		7		3	2		
9					1	7		6
	1	8		6				9
	8	9			6		5	
				4				
	7		5			3	9	
3				8		1	2	
1		2	4					5
		4	1		7		6	

410

3					9	8	6	
		6	5		2		7	
		4	2					3
9			1	5				
7		1				3		5
				4	7			1
6						5	2	
	3		7			5	4	
	5	8	6					9

209

MEDIUM

411

3	5						8	7
	9		3	8				
		8	7		1	5		
6		4			7		1	
	2			3		9		
	8		2			3		4
		7	8		9	6		
				2	4		9	
5	2						4	1

412

5			6				9	2
		1	7	3			5	
	6	7	8			3		
				3		4	6	1
			7					
3	1	4	2					
		6			8	5	4	
	9			4	7	1		
4	5				9			3

413

		3	1		9			
9				3		5		6
	5	8			7		2	
4		9	8				3	
	3		9		5		8	
	8			7		6		1
	2		8			9	6	
8		4	2					3
			5		3	2		

414

		1	3				5	
			2	1				8
	6	8	9				3	
		2	7	6				5
3		4				2		6
9				3	2	7		
	9				8	4	1	
8				2	3			
	1				4	8		

415

8		1				3	6	
	5				2		9	
			3	6	8	5		
	4	5	1					3
1				5				6
6					4	7	1	
		7	4	8	5			
	6		9				5	
	9	3				2		4

416

			5		8		6	
7				2		3		8
4		1	9					2
	1	8			4		2	
	3			6			4	
	7		2			1	3	
2					9	7		4
8		7		1				3
	9		7		3			

417

7	4				6		2	
1				9	2		3	
		9	4					6
	1	8	9			3		
		4		8		1		
		6			4	2	8	
8					9	6		
	9		1	4				2
	3		5				1	9

418

6				3		9		
		3			6		7	8
2	8		1				6	
			3			7	2	
		1		4		8		
	6	4			9			
	4				5		8	9
5	3		4			6		
		7		1				2

419

9			1				4	8
3	4			2	8			
		1			5	7		
8		9					1	
			8	5	6			
	7					5		2
		6	7			1		
			5	3			6	4
4	2				9			5

420

		1		3			4	
	3		7		6		1	
5					2	6		8
3			2				5	
		6		7		2		
	5				9			3
2		7	8					4
	8		9		1		7	
	1			4		8		

421

	4		8	1				6
2		7			4	5		
			2			9		8
			1			7	6	9
				5				
3	6	8			9			
5		4			8			
		1	5			8		7
8				6	1		3	

422

4	6	9	1					
			4				2	
			6	5			4	7
2					5	8		1
	5			3			6	
7		3	8					2
	9	4		7	8			
	7				4			
					2	3	4	7

423

9					2		6	
					3	8	4	
	4	6	1			9		
6				3		7		1
8			7		6			9
5		9		8				6
		8			7	2	5	
	6	2	8					
	1		3					8

424

		8			3	2	6	
9			5	2				
2	7			4		5		
8	4				5	3		
			2		4			
		5	9				1	6
		9		7			4	1
				9	6			5
	8	4	3			9		

425

	4				9		5	
	7				6	8		
3		9	7					6
8				9		5		2
		3		1		9		
1		5		8				7
9					4	3		1
		7	9				8	
	1		8				6	

426

				7	9	2		4
3						6		
2			5		8		7	
				8	2	9	1	
9	7						6	3
	1	8	6	9				
	8		9		5			2
		5						6
7		9	1	3				

427

7			2				1	
2		6	9					
		1	3	7				8
	7				9	6		2
	5			3			4	
3		4	8				7	
6				2	8	1		
						3	5	7
	2				5			6

428

4					1	5	9	
		9			6	7		
5			7	4			3	
6			3	2		1		
	9						5	
		3		1	7			2
	4			9	3			1
		1	4			6		
	8	6	1					5

429

		5			1			
		2		5			9	7
7				2			1	
	1	8	4					9
3			2		6			1
5					7	3	6	
	8		7					5
4	3			9		1		
			1			6		

430

3			4			9		6
	6	2						8
	5		8		7	2		
	3			8			4	1
			9		6			
6	2			5			8	
		4	2		5		6	
2						7	1	
5		3			8			2

431

1		5			6			2
	8						1	9
			3	1	7		6	
	4				2	9		
		3		6		2		
		6	9				5	
	1		6	3	8			
5	2						8	
3			5			1		7

432

		8		2	1			5
4		1						9
	6				5	8		4
	7		1			4		
	9			4			2	
		6			7		5	
3		4	7				9	
5						7		8
6			8	5		3		

433

3		1					4	
	8				2			7
		2	4	6	9			
	5	7				9	1	
			8	1	7			
	1	4				8	7	
			6	8	4	1		
9			5				3	
	4					2		8

434

		1						2
	2			4		8	9	
7			2		1		5	
2		8		7				4
		6	1		4	9		
1				8		3		5
	7		3		5			8
	3	4		6			1	
6						2		

MEDIUM

435

	8		6			7		4
3	4	7					8	
				4				1
	1	3			7	4		
4			5		3			2
		6	2			9	1	
7				2				
	5					2	4	9
9		2			1		3	

436

	3			2	6			9
	7						8	
	1	9		3				5
6			8			3		
		8	9			3	6	
		5			2			4
9				6		1	4	
	5						2	
7			1	4			3	

437

		8					6	
				4	9		2	5
2		4	7		6			
	7				3	6	1	
		2		6		4		
	4	3	2				9	
			6		2	8		7
7	9		5	3				
	2					9		

438

		6			3	1		
1				7	8		2	
		8		5			3	9
	2	1			4			
	3		8		6		4	
			2			3	5	
8	1			6		2		
	7		1	4				8
		9	7			5		

439

	8			2			9	5
	5			6	8			
		1				3		8
		7	4			8		6
9			6		5			1
2		5			7	9		
5		3				6		
			3	5			1	
6	9			8			7	

440

			5		8	7		6
2		6				3		
		5		2	7		1	
9			7	4			6	
1								7
	3			8	1			2
	9		8	6		2		
		3				9		1
7		4	1		5			

441

		5	3					4
2		1	7				8	
	8			1	5		6	
				9	7	3		
	1	3				5	9	
		9	4	5				
	9		6	3			7	
	2				8	6		9
3					9	1		

442

8				2	6	3		
7	5			3			1	
6						8	7	
		7			5		6	
			9		2			
	6		4			1		
	4	3						1
	9			7			3	6
		6	2	5				9

443

	5				3	9	1	
6				5	7	2		
	1		9			3		
9				6				
	8		7		9		5	
				8				1
		2			8		4	
		1	5	9				8
	4	7	3				6	

444

7	2		4			6		
			2				1	
	6	5				4		7
2				1	3			4
	4	1				7	9	
5			8	9				1
6		8				5	7	
	3			6				
		7		2			4	6

445

	6	3			8	2		
1		5			4			
				5			9	1
	1	6	4				8	
9				6				7
	8				1	4	6	
4	2			8				
			3			7		2
		9	6			8	1	

446

				8	6			9
7	9	6					4	
	5		9		1	3		
					2	5		3
	4			1			2	
6		5	7					
		2	3		5		8	
	3					6	1	7
4			1	9				

MEDIUM

447

		7	8				1	
4						2	7	8
	9	8	6		7			
		1			4		6	9
			2		8			
3	6		9			5		
			8		2	3	9	
8	1	3						5
	7			3		8		

448

		2			3		1	
	4		5	6				7
	3	8			1			6
		5	4					8
		4		5		9		
6					2	4		
3			2			6	8	
1				3	9		5	
	2		1			7		

449

3	9			5				7
		2			4	9	5	
			6			1		
	8		7				2	1
1				4				6
7	4				3		8	
		4			6			
	1	7	9			2		
2				8			9	3

450

4				9	5	6		
			3		4			8
2	5						9	
				1	9	7		
9	7						1	2
		1	6	8				
	6						3	1
5			1		2			
		2	4	3				9

MEDIUM

451

	9			8				3
			9	1	7	5		
5		3				6		
6	7				2			4
		5	9		6	8		
1			5				7	6
		1				4		5
	8	7	1	5				
9				4			1	

452

	6	9			4	3		
	2		3	5				
			6			8	5	4
		3	4				1	2
			8		9			
4	5				3	7		
1	9	7		4				
				9	7		4	
		5	1			2	7	

453

2			3				7	
	7	3					1	
1			4		7	2		
		2		7		6		1
	5		6		1		3	
9		6		8		7		
		7	1		8			5
	9					8	2	
	3				4			6

454

7		6				4		1
	5		1	7	4			
		3	9					
		7			8		9	5
	3			6			8	
1	2		4			6		
					3	7		
			2	9	1		5	
9		5				3		2

455

	9	2				3	7	
6				2	9			
		4			7			
	1			4		7	5	
7			8		6			2
	4	6		5			1	
			4			1		
			3	7				5
	5	7				6	4	

456

	4	7	8		1			
6			7				2	
3				2			5	1
	9				3	5		
		8		4		9		
		6	9				4	
8	1			6				9
	7				5			3
			4		7	2	1	

457

	7	8				3	5	
5			7					9
1			5	6				2
	2	1				5		
			1	5	4			
		9				8	6	
7				4	1			5
8					2			7
	6	4				2	1	

458

		1			6		7	
			8	9				4
5		3			7		2	
7			5			9		1
		8		6		4		
4		9			3			5
	8		3			7		2
9				7	8			
	1		4			6		

459

9						4	2	3
	4		6		3		7	
			2	1				
4					7		9	8
		7		4		3		
8	5		9					4
				7	8			
	8		3		2		4	
3	7	2						1

460

	6					3	4	
		8		7		9		
3	4			8	6			
6			4				9	3
1			6		8			7
7	8				5			4
			9	5			2	1
		5		4		7		
	3	1				8		

461

	1			5	8		7	
	7					5		1
2					3	9		
7		2	8		9			
1	4						9	8
			7		1	6		3
		3	6					7
4		1					3	
	5		9	3			6	

462

6	5	8		2				
	2		9					
					8	2	5	1
1			3	9		4		
	9	5				1	8	
		4		8	7			3
4	7	2	8					
					9		2	
				4		3	7	6

463

		5		2		1	7	
		7	5		3		4	
1	8				6			
9		6			1			
7				8				5
			3			2		4
			1				6	9
	1		2		5	7		
	9	8		7		5		

464

			5			3		1
	7					4	5	
5			7	1	9			
		4		9			6	2
2			4		8			3
7	3			2		8		
			9	4	1			6
	9	8					3	
1		6			5			

465

8		5	7					4
9	2					1	3	
			3	6			9	
2				3	5	7		
	4						5	
		8	2	9				3
	6			2	8			
	9	7					2	5
3					7	6		9

466

9	8			3			1	
	2				7	8		
			8		1	6	7	
5			7	9				2
6								8
2				4	6			1
	9	4	1		3			
	5		4				9	
	1			6			8	4

467

					5			4
2		4	3			8		
9	8		1				5	
6				2		7	1	
	2			4			9	
	3	1		5				2
	7				2		8	3
		8			7	4		9
1			4					

468

	1	9				3		4
			6	4	7			2
4			1				8	
2		3	7	5				
		5				7		
				3	6	2		9
	7				1			5
3			4	8	5			
1		6				8	4	

469

7				2	4		8	
2		3	5				1	
				7		3	5	
4			2		7			
6	7						2	3
			9		3			7
	5	6		4				
	4				5	1		9
	9		1	8				5

470

1			2		9			
8						9	5	1
7	4			6				
	7		5	9		3		
	9	8				7	2	
		4		2	3	6		
				3			4	2
2	8	5						7
			6		2			8

MEDIUM

471

8			2	4			7	
	2	6			3		1	
4				5		8		
		8	7			3		
5			1		2			8
		3			9	1		
		4		2				1
	1		9			4	6	
	5			1	4			9

472

8		3						4
		7	4			9		
5			7	2			6	
9	5			8			4	
		2	1		6	5		
	1			5			8	2
	9			3	4			8
		5			9	3		
2						4		9

473

	1					2		7
		3	4		7	9		
	4				5			6
4	6			7		1		
	3		8		4		7	
		7		1			6	8
8			3				2	
		6	7		9	8		
3		5					1	

474

3				7	1			
	1		2			7	6	
	2	5			6			4
1		3		2				6
			9		4			
2				1		9		3
9			5			8	3	
	6	2			9		7	
			1	4				5

475

				4	9	6	8	
	5	4					7	
7				3	5			4
	3	2			6			
		6	9		3	2		
			2			5	6	
2			5	6				1
	7					8	4	
	9	3	4	2				

476

		5			6			4
	2			3	8			6
	9	7			1		3	
1	6	9	7					
				4				
					5	9	6	8
	4		8			6	5	
9			3	6			2	
2			5			4		

477

		1			2			
	4		9		8	6		
		5				1	3	
	8			7			1	6
3				9				8
4	1			2			5	
	6	8				4		
		2	1		6		8	
			5			7		

478

			4	8				
4		6			5		1	
9		5				4		2
	9		8		2		4	
2	6						5	1
	3		5		1		6	
3		9				7		6
	1		6			5		9
				3	9			

479

	5				1	8		2
		4		9				
6			2		4			3
	2				9	3	6	
	1			5			7	
	9	3	7				8	
5			3		2			6
				6		7		
3		9	1				2	

480

2		1					8	
9		6	1		3			
					4		1	7
				4		5		1
		9	3		8	7		
5		4		2				
8	6		5					
			4		7	2		8
	5					9		3

481

2			3	5				1
		5		1	2		6	
7							8	
	6	2	9			1		
			6		1			
		8			5	9	4	
	5							9
	8		1	4		5		
1				6	3			8

482

	9		1					4
	8		2				7	
		4			8		2	5
		7		1		9		3
			7		6			
1		2		8		6		
4	7		8			5		
	1				9		8	
5					4		9	

MEDIUM

483

		4			2		7	
	1	5					6	4
			5	9				1
		9	4	3				
	2	3				5	1	
				5	9	4		
9				2	7			
3	7					8	5	
	4		1			7		

484

				6		9		8
8			9					4
2	7			3		6		
	1	2	5				6	
			2		6			
	6				9	1	4	
		5		2			1	9
6					3			5
4		3		9				

485

			3	1		2		9
4	2					6		
	8		7			1		
7						5	9	
			9	4	6			
	3	2						6
		8			7		6	
		6					7	1
1		3		8	5			

486

9			2		3	4		
							7	6
	1	2	8					
				3		1	5	
8				7				3
	2	6		4				
					4	7	2	
1	8							
		4	3		1			5

MEDIUM

487

3			6				4	
	9	6			5			1
		2		9				3
	2		9			7		4
			3		2			
1		8			6		2	
5				8		1		
4			5			3	8	
	8				3			5

488

3	2		4					1
					9		2	
		5		8		6		7
	9		6		4	8		
1								4
		7	2		8		5	
4		1		6		2		
	7		5					
2					1		8	5

489

		8			4			
5	2					1		3
				8	1	4	2	
		3			9		1	7
			7		3			
4	8		1			5		
	9	6	2	3				
7		1					5	2
			6			3		

490

		7					4	8
			1			5	2	
		9		2	6			
2	1		6					4
8				4				7
4					2		6	3
			9	1		3		
	3	1				8		
6	4					9		

491

							7	2
	2		4	1				9
9					3	1		
3		1			7		5	
		9	8		4	3		
	5		6			4		7
		3	5					6
2				6	9		4	
5	6							

492

	1		3	8	4			
3		9					8	7
		4			5			
	3		6					9
	7			3			2	
4					2		6	
			2			5		
6	9					2		1
			4	7	1		3	

493

			2		9	1	8	
	2	6		1				
7					8			2
9	8				7			
5				6				3
			1				7	5
1			8					7
				3		6	2	
	5	9	7		4			

494

8			1	9				
		6				1	9	
3				5	4		2	
2		3			5			6
			8		9			
5			2			4		8
	6		4	7				1
	3	4				2		
				1	2			4

495

4		5		9				1
7			6				9	3
			2			8		
	8	1		3				
		2	7		9	3		
				6		2	4	
		6			8			
1	3				4			7
8				1		9		2

496

	6					4		
			1	6	8			5
7		9				2		
	5			8			6	3
1			3		5			4
2	3			1			7	
		3				8		7
5			2	3	4			
		1					4	

497

2			9			3	5	
		8		7				1
		4	2				8	
	1				5	4		
	9		6		2		7	
		5	1				9	
	7				1	5		
6				5		2		
	4	2			6			9

498

						2	8	3
		7	3					
6				2	5	1		
	4		9			6	5	
7	9						6	4
		5	8		4		9	
		9	2	4				7
					8	3		
1	2	3						

MEDIUM

499

9				3	2		7	
				1				4
4		5				1	3	
					4		1	6
	8		3		7		9	
2	4		6					
	7	8				6		5
5				7				
	6		5	4				7

500

5		9	2				7	
3		4	5				1	
			1	6				
	2				6	7	3	
			4					
	8	1	9				2	
				9	1			
	4			8	1		7	
	3			7	2		4	

501

	2					5		6
		8		3		2		
			8		7			1
	8	7			3			2
	4			5			1	
3			4			6	9	
2			6		8			
		5		7		1		
9		1					6	

502

3		2					6	8
7		4		2	3			
			7				4	
				8			3	5
	4		6		7		1	
6	9			1				
	5				8			
			9	3		5		1
1	3					4		6

503

3				4		7	6	
		8	1		7			2
	7	4			2			
				6	3			
6		2				1		3
			5	9				
			8			5	7	
1			7		6	8		
	9	7		5				6

504

		5				3		6
		2	8		3		7	
			2	5				4
9					6	7		3
				4				
4		3	7					1
2				9	5			
	9		6		8	5		
7		1				6		

505

8				9		6	3	
			5		6			
	7	9	2				8	
				2	9		7	
9		1				5		4
	3		8	4				
	2				8	7	1	
			3		7			
	4	7		6				3

506

5		6	4					
		7		6	8			2
	3				2		6	
7						5	4	
			3	2	7			
	8	1						9
	9		1				8	
4			2	3		6		
					9	4		7

MEDIUM

507

		2	4					5
	7				1		2	8
	3				8	1		
			4		9		3	
3		7				8		9
	2		8		5			
		4	3				9	
7	1		5				6	
5				6		7		

508

2			8		3			
		4		2	9	5		
		1	9		4	3		
			2	1				7
	1						6	
4				6	8			
	6	7		2		5		
	4	9	7			8		
			6		5			9

509

2	7					9	4	
			1		8			
6			9			8		
		9	2	1				7
	8	1				3	2	
4				8	5	1		
		5			7			9
			5			1		
	9	2					7	5

510

		9	1		5			
					8	4	6	
		4				9		3
4				8			1	2
	2		4		7		3	
7	1			3				5
5		2				1		
	7	8	6					
			8		4	3		

511

			3		5	8	2	
		4		2				
7						4		6
	5				3	2		9
2				7				8
4		9	5				3	
1		5						2
				6		3		
	2	8	7		9			

512

		4						
			8			6	7	1
		9	6		5			4
	7			8	1		5	
4	9						1	7
	2		9	5			3	
9			5		6	2		
8	6	2			4			
					7			

513

1					2		6	9
	4				6			
	5		3	7		4		
5	7			1				
6			9		8			4
			3				2	6
		1		6	7		4	
			8				3	
4	2		1					8

514

9			5				4	
	7	1	2			8		
2				6			1	
	1	3	6					
8				1				9
					3	4	2	
	5			3				4
		4			6	2	9	
	3			2				5

515

	1			5			4	
		8	4			7		
4						9		5
9	4			6			7	
5			8		1			2
	6			2			5	9
2		3						7
		5			6	2		
	7			3			9	

516

4		8	3					9
	6			2	1			
	3				6		8	7
		1	6					
		9		7		5		
					5	7		
7	5		1				2	
			7	9			5	
6					3	1		4

517

7			6		2			1
4		9					6	
				3		2		
1	9				8	5		
	6		7		5		3	
		3	4				7	8
		2		7				
	1					7		6
5			2		9			4

518

			7		8	6		
2		7						
9			6			3	1	
		3	1	5				2
8	1						7	5
5				6	9	1		
	3	5				1		8
							2	1
			8	3		4		

MEDIUM

519

	7			4				
			9			4	3	
8	4	1			3			
9	6				1			4
7				6				9
5			2				7	3
			4			2	6	8
	5	8			9			
				7			1	

520

		7	9			6	8	
5	1				4			
4			7					
			8	3			1	5
1		4				8		6
3	6			4	1			
					8			3
			4				7	1
	4	1			9	2		

521

	7			8				
			1				2	6
1			6			5	3	
		9	4			1		8
	6			3			5	
4		5			1	9		
	3	2			8			9
8	9				7			
				4			8	

522

		3	6		7		4	
7						2		9
4			1	9				
		1	7	2				8
	9						7	
6				3	4	1		
				5	8			7
5		8						4
	4		9		1	8		

MEDIUM

523

	3	4						8
2			7			6		1
			2		8		7	
		2		4			1	9
			5		9			
6	5			8		3		
	2		8		3			
4		5			1			2
9						1	6	

524

	1				6	9		
	2			4	5			8
7		9						
6		2			7		4	
	4			6			5	
	8		1			6		3
						7		9
8			7	9			2	
		5	4				8	

525

3		2			4		5	
7							2	
			3		5			6
		5		9		1	8	
		9		1		5		
	2	4		7		6		
2			8		7			
	8							3
	4		1			8		5

526

	1	9	2		3			
	2				5		8	
	5			1				2
				3		4		6
		7	8		6	1		
1		2		7				
6				9			5	
	7		5				1	
			4		1	8	9	

527

9			6				1	
	7		4				5	2
2					7		3	
		8	5			4		
		6		9		8		
		7			6	1		
	8		3					6
1	3				4		8	
	4				2			1

528

		5		3			8	
9					2	6		4
7			5				3	
			7	9		3	6	
2								1
	1	7		5	6			
	2				3			5
8		9	6					3
	3			4		8		

529

3			1		4	8		
8	6	4						7
				8				9
	7	5	8			9		
			6		9			
		9			1	6	5	
4				1				
5						2	7	8
		7	2		8			4

530

		3		4	1		8	
6		4			7			
						3	4	1
7				6			2	
2			9		8			7
	9			2				5
1	7	8						
			2			5		8
	6		8	7		4		

531

6				7	1	8		
	4			3		7		
	8		6			3		
	1	4	5				3	
			1		2			
	7				3	9	8	
		2			6		9	
		8		4			6	
		9	3	5				4

532

2				8		3	4	
1				7				5
	5	9		1		8		
			4			9		
	7		9		6		1	
		1			2			
	1		6			2	5	
8			1					3
	2	3	9					8

533

5	4		6				1	
2			3	1				
		7		5		9		
7			4		6			3
		9				6		
8			2		9			4
		3		6		2		
				4	5			9
	8				3		7	6

534

	2			8			1	
1		4						
				3	1	4	8	
		5			8	6	4	
2			7		9			8
	4	7	6			1		
	3	9	4	7				
						9		2
	1			9			6	

MEDIUM

535

		7			3			
	9				2	3		1
6	4				1	2		
	7	1			5			4
				2				
8			6			7	9	
		4	1				7	9
3		6	7				8	
			2			4		

536

5				4		7		
	9		3			8		
4				7	6	3		
8	4		6				1	
			2		9			
	6				7		9	8
		7	1	6				3
		3			8		2	
		4		3				6

537

6	9			5				1
5		8	9					4
			2				9	
			8	3		4		
	3	1				6	7	
		4		6	7			
	5				3			
2					9	1		5
4				2			3	8

538

4	6	1					7	
			2	4		6		
		3			9			
		5	4	9			3	
8		7				4		5
	4			5	2	1		
			5				8	
		3		6	1			
	1					5	6	9

MEDIUM

539

	7	5		8				2
					3	4		5
2	3		1					
		1	6					7
		9	7			1	3	
4						5	2	
					8		5	6
5		8	9					
6				1		7	4	

540

	9					1		3
		6			7			
	3		9	5	8			
		8			1	7		5
1				2				4
4		2	7			6		
			1	4	2		5	
			6			8		
3		9					6	

541

	6	2			4			
	4	9	6					3
				2		6	7
		6	3	8		7		
1								2
		8		2	9	3		
6	1		7					
5					1	8	7	
			2			6	1	

542

		1	6			5		3
	8		9	7				2
	3						7	
	1		2			3		8
			7		6			
2		5			9		1	
	9						3	
3				6	8		2	
1		4			5	6		

MEDIUM

543

				9	3	5	4	
	9		2					
	7	3			5			1
		8		2	1		6	
3								7
	5		6	4		8		
2			1			6	8	
					8		2	
	8	1	9	6				

544

9		1		8		2		
		8			3			
			9		5			4
	6			5	1		3	
4		5				8		1
	1		3	7			6	
5			4		9			
			5			7		
		6		2		5		9

545

3		4			9			
	6				4			2
1			7	3		8		
		9	4			2	3	
				2				
	5	7			8	4		
		3		1	7			4
9			6				1	
			2			5		9

546

9		1				2	4	
					5			
	2		9	1		5		
5			4				8	3
7			3		6			9
3	4				8			6
		3		6	4		9	
			1					
	6	9				3		5

MEDIUM

547

	7	4						5
	9		3			1		8
			7	5	6			
2				1	8		5	
7								1
	4		5	2				6
			2	6	9			
6		7			5		8	
1						3	6	

548

	6				5	7		
		1					4	8
	4			1	6			3
4	1	7			9			
			7		8			
			3			4	9	7
9			1	7			8	
6	3					2		
		2	6				5	

278

549

		7				3		4
	6	5		9				
				4	5	2	6	
3			1				8	
	8		2		6		4	
	1				8			7
	5	1	9	2				
			8			7	1	
2		3				5		

550

9	5					1		7
		6	3			5		
	7		8					
4	9				6	7		
	3			2			1	
		1	7				4	8
				8		5		
		2			1	4		
6		3					9	1

551

		5		7	3			
		1	6			7		3
	4				2			
	9	3	8					7
8				5				9
1					7	3	4	
			5				2	
5		4			9	8		
			4	2		1		

552

8				5				1
	2				7		8	5
		7	9		3			4
		8		3		4		
			5		4			
		5		2		1		
3			4		5	8		
6	5		2				9	
1				7				2

553

		9			1	5		
							3	1
4				3	6			8
			8	9		1	5	
9	2						8	3
	8	6		5	4			
8			1	7				2
6	5							
		4	2			3		

554

			7			3		
8	2	4				5		
		9	8	5				2
	7			8				6
9			1		2			3
2				3			4	
4				6	8	7		
		5				4	6	1
		7			1			

555

6			9		1	4		
		4	5				6	9
2	7							3
		2					7	
			4	7	3			
	3					1		
3							2	6
8	6				2	7		
		7	1		4			5

556

	7	1				4		
5			7		2			8
6				8				
	1			9	7		3	
	3	7				6	1	
	8		3	5			2	
				3				1
1			2		4			3
		4				7	8	

557

		3		9			4	1
		1		8				7
6			2				9	
			4			1	6	
		6	5		2	4		
	3	9			8			
	6				7			4
5				4		9		
9	7			1		3		

558

	4					5		6
8		5	6					9
	3			4	2			
	7		2			3	9	
	2						1	
		8	7		4		2	
			4	2			5	
4					8	7		3
1		6					8	

559

		4			3	8		
6		2	4				3	
			6				4	2
9				8		2	6	
				3				
	2	5		1				7
8	7				5			
	9				2	3		4
		1	3			5		

560

9	6				5	8		
						7	3	
		3	1	4				
	4	7			6			5
3			9		4			2
6			5			4	8	
				7	8	1		
	2	8						
		4	6				2	8

561

1	4		3	7				
					6			7
	9	6	4					8
	5	3		9	1			
		7				3		
			8	3		2	5	
6					9	8	2	
9			6					
				5	8		1	6

562

	9		3			5		
3				8				7
6			9		1	8		
	8			5			1	
7			8		9			6
	1			3			4	
		3	1		2			5
4				9				1
		7			8		3	

MEDIUM

563

	5		1			4		8
	1	8			3			
		7	5	2				
			3	4				5
6	9						7	4
1				7	5			
				3	6	5		
			9			2	6	
3		4			1		8	

564

	6		8		9			
	7					8	2	
9		3		7				
4		6		5			3	
		7	6		4	5		
	2			3		4		7
				4		2		8
	5	1					9	
			2		6		1	

565

	8		1			6		
	4		5				2	
	5			2		9		7
8					3	5		2
			7		2			
1		7	9					3
3		5		9			4	
	1				6		9	
		2			8		1	

566

6		9			5			
		4					6	8
2			3		8		9	
1		3			4			
		8		7		5		
			6			2		3
	9		8		2			7
5	1					8		
			7			6		1

567

8						4	2	
7	2		5					1
		3			8			
6				3		5	7	
		8	2		1	6		
	9	4		8				2
			9			8		
4					6		9	3
	8	1						5

568

4					5		7	
	7		9	1				
1				4		3	8	
	3	4			1	5		
			2		9			
		7	5			6	9	
	6	8	7					5
			9	3		6		
	1		8					3

569

4	5					8		3
			3	1	9			
2			8					6
		1	9				2	
	9			2			6	
	8				1	7		
5					7			1
			4	9	3			
9		8					3	2

570

		3		7				4
6	8				5			1
	2		4			6		
5			3				4	
		2		5		8		
	1				6			5
		7			1		8	
9			8				5	2
4				3		9		

MEDIUM

571

5	7						6	
1		9			4			
				6	7	2		9
4				5		7		
	1		2		9		4	
		5		7				6
6			3	8	9			
			1			9		2
	2						8	4

572

1			3		4		8	
6						4		
	9	5			7	1		
3			2					6
	5			4			7	
2				1				8
		6	9			7	3	
		8						9
	4		7		5			1

573

```
. . 5 | 4 . . | . 3 8
. 8 6 | 2 . . | . . 9
. . . | . 9 8 | . . .
------+-------+------
. . 4 | . 5 6 | . 8 .
3 . . | . . . | . . 7
. 1 . | 7 4 . | 2 . .
------+-------+------
. . . | 5 1 . | . . .
4 . . | . . 9 | 8 5 .
5 9 . | . . 2 | 6 . .
```

574

```
8 1 . | . . . | 4 . .
. . . | . . 3 | 6 . .
. 7 . | 8 9 . | . . 5
------+-------+------
. 2 . | 9 7 . | . . 4
4 . 7 | . . . | 5 . 1
5 . . | . 1 2 | . 9 .
------+-------+------
6 . . | . 3 9 | . 8 .
. . 5 | 7 . . | . . .
. . 1 | . . . | . 5 2
```

291

575

	2	1					7	
	8			3	5	9		
					8	4		2
	5	3			9			
2			7		1			3
			4			5	6	
1		2	3					
		5	8	1			9	
	6					7	3	

576

	1			3		2		
		7			6		5	
9					8			4
1					2	9	4	
	4		7		3		1	
	6	8	4					7
5			6					8
	3		2			6		
		4		9			7	

577

1			8			2	3	
7							5	
	6		2	9				
		8		7		9	2	
			9		1			
	1	5		8		7		
			6	9			1	
	9							6
	2	4			3			5

578

	3	2	9		6			
	4			7		1		
	1		8			3		
3				6			1	5
			5		8			
6	7			2				9
		1			5		8	
		8		9			3	
			6		2	5	7	

579

	2		3				9	7
		3	8					5
				5	7			2
		9		7		5		
	5		9		4		1	
		2		8		3		
6			2	4				
8					9	2		
2	7				6		8	

580

				3	1		8	2
3		8						
	1	7			2			4
				2		8		5
	5		4		6		9	
1		3		7				
2			1			9	5	
						4		7
7	4		9	8				

581

							5	2
	7	2			3		8	
1	3			8	4			
9		3	4		8			
4								3
			1		9	5		8
			5	6			1	4
	8		3			7	2	
2	6							

582

	8	9		4				
					8	4	9	2
			2			5		
			5	1			7	6
4	5						3	1
1	7			8	3			
		5			6			
8	6	2	7					
				3		6	1	

MEDIUM

583

1				4		7	8	
		2		3				1
	3		5					9
	8		3		7	4		
7								6
		4	1		6		5	
6					1		9	
9				2		3		
	5	8		6				4

584

8			1			3	7	
		3	5	7				
6		5		2		4		
			4		1		8	
	2						6	
	3		6		2			
		9		6		1		2
				3	4	5		
	6	4			9			7

585

		8		4	2		3	
4		9						7
		6	7				8	
			3	5			4	
	3	5				6	9	
	4		1	8				
	8				4	7		
1						8		2
	9		6	5		3		

586

	5	2					3	
	7			9		1		
		3		7	6			8
5			9					1
		4	3		8	9		
2					7			4
4			7	2		8		
		7		1			6	
	9					7	5	

587

	8		6		1			
6		2						
5			3			4	7	
8	4			5			3	
		3	1		7	6		
	5			6			2	4
	9	8			5			2
						1		9
			4		9		8	

588

		4	3	1				6
	5					7		
1		9	6				8	
	6			8		4	2	
			7		6			
	7	2		9			5	
	3				9	2		1
		6					7	
2				6	7	9		

589

4				6			7	
2			7		1		3	
5		6				4	2	
				9		1		4
			5		4			
7		9		1				
	2	4				8		7
	1		8		9			2
	8			7				6

590

1			7	2		8		
9				8				
7	3				6		2	
	2	1	4			6		
			5		1			
		9			8	1	3	
	5		1				8	2
				5				1
		4		9	3			7

591

				7	5	8		9
			1			4		2
7		3						
	6			4		5		3
	3		8		6		9	
2		8		5			1	
						1		7
8		2			7			
6		5	9	2				

592

				2		6	5	
		1	6		7		9	
		2	3					
	6	3			4			7
	9			1			2	
8			7			1	4	
					2	4		
	8		5		3	2		
	3	6		4				

593

	1				7			9
	5				2	1		
9			4	5				3
		8		9		6		
5			7		3			2
		2		1		9		
2				3	6			7
		3	8				2	
4			5				6	

594

7	3			6	1			
								4
		5	2			3	8	
	6	9		2	7			
	1	3				7	5	
			9	5		2	6	
	4	8				5	9	
6								
			7	4			3	8

595

1					6	2		
7	6	4						9
				3		8	1	
	7				8	3		4
				5				
4		1	9				5	
	9	6		4				
5						4	6	8
		3	8					5

596

3					6		9	
7	4		9		3			
5			6			1		
	3	9	8					
	1			3		4		
				1	8	3		
	6			9				8
		1		8		5	6	
2		3						4

597

6			8				9	4
					1	7		
5		9		2	4			
	7		2			3		
		5		3		9		
		1			9		2	
			3	6		4		2
		4	1					
3	5				7			1

598

		3			1	8	7	
	2		8				6	
9	4		2					3
		9		4	7			
3								8
			5	8		2		
8					4		2	6
	9				8		4	
	6	4	1			5		

599

	3		6	4			1	
		9	5					
		4				6	3	5
8			1	2			6	
2								9
	9			3	5			4
9	7	6				3		
					7	8		
	8			1	4		5	

600

	9			2				
1		3		9				2
	7			1		4	6	
		4	3					5
	3		7		6		2	
8				2	6			
	4	9		6			8	
6			2			9		1
				3			4	

601

2			6					9
5			9			2	1	
		9	1			7		
	9				5		6	1
				8				
8	6		4				3	
		3			2	1		
	8	2			1			3
6					3			7

602

		2		8		1	7	
3			7		5			8
	8					5		
			2	3				7
4	7						9	6
6				7	9			
		9					5	
7			5		4			9
	3	6		9		8		

603

		6		2			5	4
	8	5						
			9		8	2		1
9					2		4	
	6			4			3	
	7		5					9
6		1	8		7			
						3	1	
7	4			9		5		

604

		4		5		6		
			6				4	3
6	7	9		2				
5			9	6				7
		7				1		
2				4	1			6
			9			3	5	8
3	9				4			
	1		5			4		

605

					5			9
		4	2			3	6	
	9		4	1				5
1			5				2	
4				3				6
	8				2			1
8				9	3		4	
	4	6			8	5		
3			7					

606

7					3	6		1
	6	9					4	5
				8	6			
	1			3	9			2
		8				7		
3			2	4			1	
			7	9				
1		2				9	5	
9		3	5					7

607

5			3		9	8		
3				2				
2	9		6				5	
					7		6	8
		5		1		9		
7	6		5					
	7				8		1	4
				7				5
		9	2		4			3

608

		3			5			
			4	5		8		
	1	9	6				2	
4	7		8					
		6	3		7	8		
				9		1	5	
9				3	2	4		
	3		9	8				
		7				3		

609

		4	9		7			
	2	6		4				
	7		3			8		9
7	4			1				
2			7		9			3
			3				2	7
1		8			4		5	
				8		9	7	
			2		5	1		

610

	3		8				2	
4				3	1	6		
		9					8	3
		1	4				6	5
			5		6			
6	8				9	2		
8	2					1		
		7	1	2				4
	5				4		9	

611

3					8	7		6
		6		7	9		4	
4		1						
	9			2				3
	2		7		5		9	
1				3			5	
						3		4
	1		2	6		5		
5		8	1					7

612

	8	3	2			7		
		6		4				
1				5				8
	6		5		4			9
7	3					2	4	
5			3		9	6		
2			6					3
			9		1			
		1		7	9	5		

613

5	7							1
9				1	3	2		
	8			6			4	
					8	5		4
			7		2			
3		9	6					
	6			3			5	
		4	2	7				3
1							2	9

614

2		6					9	
4				1		6	7	
8			5	7				
			7				5	2
		7	8		1	4		
5	6				2			
				9	5			7
	8	5		3				6
	4					9		5

MEDIUM

615

			5		2	6		
		8		9		4	5	
		5		6				9
			6				4	1
7			2		8			3
8	4				9			
6				2		1		
	5	2		1		9		
		1	9		4			

616

		5	7			8	2	
	1			2				6
2				4	1			
					6	3	5	
8			4		9			7
	3	1	2					
			3	1				9
1				5			4	
	6	4			2	5		

617

6	5			1				
		3			9		4	7
	7				4		3	
5				2	1	4		
		6				2		
		2	4	9				6
	8		9				2	
9	2		7			5		
				4			9	8

618

2		4			1		9	
		3		6	8	4		
	8				5			
3	5		1	2				
		8				3		
			8	9			2	7
			8				5	
		6	5	1		7		
	1		4			2		9

619

2		4			6			1
	9			4				
	3				2			6
	8	7			4		2	
1				3				8
	6		7			5	3	
5			4				8	
				7			9	
6			9			4		2

620

				6	8	4	5	
	4							
2		9	1				8	
1	2			3		8		
7			8		6			4
		3		1			2	5
	7				1	2		8
							1	
	6	1	2	5				

621

		8						6
	4				6		3	7
			7	9	5		2	
3			4			5		
		5		8		6		
		1			2			8
	5		2	3	7			
1	7		6				9	
2						7		

622

	3	9			4			8
			6				2	
	2			3		9		6
1		8		7				
	4		1		8		6	
			4			1		3
5		6		1			4	
	1				6			
4			2			6	9	

623

		4	5		2		7	
1			9					
6	5			4			2	
3				8	5			
7		8				3		2
			2	7				9
	8			2			9	6
					7			5
	3		6		9	1		

624

			3					2
	2		6	8		4		
9	8		1			3		
		6		1	3			5
1								9
8			7	4		1		
		9			7		3	1
		3		2	6		7	
7					1			

625

				4		7		8
	7	6	9					
	4	8	3					
	5		4	9				2
	2	9				4	7	
4				1	2		5	
						3	1	8
						4	5	6
1		3		6				

626

2		8						
	9		5					7
	6		2		7		3	
9	4	3	6					
		7		1		2		
					3	5	6	9
	2		1		9		5	
7					4		8	
						1		4

627

		4			9	5	2	
7		8		5		1		
	3				8			
			8	9			7	2
	8						3	
9	7			3	2			
			6				5	
		2		8		4		7
	4	5	1			3		

628

	8							
		3				5	1	7
1			3	5	2			
	4				5		6	9
7			2		1			3
3	9		7				5	
			5	4	8			1
4	5	6				3		
							4	

629

3		5	7				9	
1		6		3				
					6	7		4
				8		3		9
	9		6		4		2	
8		2		1				
4		1	8					
				6		4		8
	8				2	9		3

630

	6	4	8		2			
		2			9			
5				6		4	7	
7			9	1		2		
	5						8	
		3		2	8			7
	1	9		5				6
			1			5		
			7		4	9	1	

631

5		1					6	
				2	5		8	3
	3	7			6			5
6	2			4	1			
			3	7			5	9
4			8			1	3	
7	1		2	5				
	9					5		2

632

		9				1		
			2		6		3	
8	3				4		9	
3	1			8		9		
5				2				3
		8		7			2	4
	9		8				5	1
	4		9		7			
		1				7		

633

				9		7	2	
7			2					
6		9			1	8		
	9				4	8	5	
8				5				4
	5	2	7				3	
	6		3			9		5
					7			6
5	3		6					

634

6	2							
		4		3		8		
			6	4		5	3	
2		1	9				8	
	3		4		7		1	
	6				3	2		9
	4	2		1	9			
		8		7		9		
							2	1

635

9		7	6				1	
		2	8			3		
	8		4				9	
				9	1	4		
1	3						7	5
		6	5	7				
	4				3		2	
		9			5	6		
	6				8	7		3

636

			4			6		
5	8		7				9	
		7			8			4
		9		8		2		7
	2		9		3		5	
3		1		2		8		
4			3			9		
	7				9		2	3
		3			1			

637

2	1					8		
			5	6			4	
9			7			2	6	
1		8						
			3	1	7			
						3		4
	9	5			4			8
	8			2	9			
		1					3	6

638

				3	9			2
6		9					5	
		4			2		8	
	8		1	2				9
	9	2				5	6	
5				6	8		4	
	4		7			1		
	6					8		5
2			5	9				

MEDIUM

639

			5	1	4			
	3				2	8		1
		1				9	6	
	6	8			3			
5				8				7
			2			4	1	
	8	9				5		
6		4	8				9	
			9	3	6			

640

9	4						2	
3			4	5		1		
8			9			4		
	9		6	8				
6		8				3		2
			9	5		8		
		9		7				6
		4	2	9				3
	2					4	7	

641

		2				8		4
		6	4				5	
4	5			3	2			
	6	4		1			2	
			7		8			
	8			2		7	3	
			3	6			9	5
	7				1	3		
1		3				4		

642

	7			8	4		9	
		9					2	8
2			1		6	7		
4	2			6				
			8		2			
				7			3	2
		8	5		3			4
1	5					6		
	9		6	1			5	

643

			1	4		6		5
4	5				9			3
		3					1	
	4				2			1
		2		6		8		
8			5				4	
	8					1		
5			3				9	4
2		6		7	1			

644

2	6				4	3		
4			3	8			7	
	3				7			4
	2				1			3
				5				
9			2				6	
6			8				9	
	8			2	9			5
		3	1				8	6

645

6			7		8			1
5				9	6			7
	4					8		
				1	5	2		
	2	8				7	1	
		5	9	7				
		4					5	
1			5	3				6
8			6		1			2

646

	9	8			6			4
			3	9				7
		3			7		1	5
	2	7			5			
				1				
			7				4	2
8	4		2			5		
9				7	8			
2			4				6	8

MEDIUM

647

	8	4	1			3		
7			6				2	
				4	3			8
					8	5	6	
	2			9			3	
	7	8	5					
6			8	3				
	3				7			9
		9			1	7	4	

648

	9					4	3	7
7		1		3				
3			8			2		
8	2					6		
			9	5	6			
		7					1	4
		6			2			5
				9		7		8
4	7	2					6	

649

4			8			7		
5				7		1	6	
7			4				2	
		1	6				5	
	3			5			8	
	5				7	4		
	6				1			5
	4	7		9				6
		5			2			9

650

	8	7	6				2	
	9		4				1	3
				2		5		
1			7	9		8		
		2				6		
		9		3	2			5
		1		4				
9	3				1		8	
	6				9	2	5	

651

6						3		
				9	5	8	4	
	5		1				9	
		6	2			4		3
7			3		8			5
3		2			4	9		
	6				2		1	
	3	4	5	7				
		7						8

652

9			6	7				
		8	3		5			
6							1	8
			4	8			7	6
	3	1				5	4	
4	7			5	3			
2	8							7
			1		9	6		
				3	7			2

653

	4					8	3	
1				6		9		
9	8		3					6
		7	2				8	3
			7		6			
3	6				9	2		
6				1			5	4
		8	4					2
	3	1					9	

654

1	8						5	6
4			6			8		
	9				3			4
	6	1	7			9		
				2				
		2			8	3	6	
6			5				8	
		9			7			2
2	7						4	1

655

		6		7	8			
	8		5		3	4		
							7	8
6		2		5	1			
8		9				7		1
			2	9		8		5
4	3							
		8	3		9		5	
			7	4		2		

656

		8			9			1
	5	7			6			9
	3			1	7			
	6			2	3			
3		1				6		4
			6	4			5	
			1	9			8	
8			3			9	4	
2			5			1		

657

			3			2		8
	8				6		1	4
1		3						
	2		1			4	6	
			7		5			
	1	5			9		3	
						6		9
8	3		2				4	
5		4			8			

658

		1			4		7	
	4		7		9			
				1			4	5
3	6	4	1					
		7		4		6		
					7	4	5	3
9	2			5				
			9		3		8	
	3		4			2		

659

	8				9	7		3
	5		3					2
9	1		2					
				9		8	2	
8				3				7
	2	7		4				
					7		8	9
5					3		6	
4		9	1				7	

660

	2		3			5	8	
		4	5			9		2
3			4					
	1				2		9	
5				3				8
	3		1				4	
					5			7
8		2			6	4		
	6	5			3		2	

661

	9			2	4			
		4	8			3		
	8	5					4	9
	6		3	7				4
9								1
3				4	2		9	
7	2					1	8	
		8			7	4		
			2	1			7	

662

3				4		5		6
	8				3	1		
6		2					9	
				7			6	9
		6	1		9	4		
4	5			8				
	1					2		7
		8	7				4	
7		5	2					8

663

	9		7	8		4		
2	5						8	1
			5					
		3		6	5			
9		2				6		5
			9	4		3		
					7			
6	1						7	8
		7		5	6		2	

664

		8				9		
9		7			3			5
	5				1			
		3			8			7
	1		2		4		8	
4			3			5		
			9				6	
3			8			4		2
		9				8		

665

7		6		5				3
					9		8	
2			3			5	7	
		2	9					5
	5		4		3		6	
3					2	1		
	8	3			5			7
	4		1					
1				9		3		4

666

8					4	3		
		4	2		3			7
7		1					6	
2			5				8	
		8		4		6		
	4				8			5
	1					5		9
9			4			1	2	
		3	9					6

HARD

667

6		4			9			7
	9				8			1
	8			6		4	3	
		8	9					
	2			1			4	
					3	2		
	4	9		3			7	
5			6				8	
7			8			9		3

668

		8	7		3			
					8			3
		9		1		2		7
6	2		5				3	
8				9				2
	4				2		7	6
1		2		3		6		
5			8					
			2		9	3		

669

		6		1		4		
	2	1		7	4			
3			5				9	
	1		2			5		
2			8		1			4
		5			3		7	
	9				5			3
			6	3		7	4	
		4		8		9		

670

9		8			2	5		
	1		9					8
	6		5				4	
		1	4					9
5				7				6
6					9	1		
	8				4		9	
2					3		6	
		7	2			8		4

671

9			8					6
	5	3					9	
		1		9				
3		4		7		2		
1			9		6			3
		8		3		5		1
				2		6		
	3					1	7	
4					7			2

672

	8				1	6		5
				4	5			
5	4	9					8	
8		1	4		7			
			3		2	7		1
	6					8	1	3
			1	5				
9		7	6				5	

673

		1		2	3			5
	7						1	
9			7			4	3	
					8	7		3
	3		9		7		8	
7		8	3					
	8	3			9			1
	9						6	
6			8	4		3		

674

2				4	3			
		3	7				2	5
		4				9	3	8
		2	8					1
				9				
6						7	8	
	6	7	9			2		
5	3					2	1	
			1	3				9

HARD

675

						8		2
	6		8				3	
		3	2	4			7	
			7			5	8	1
9				6				7
7	2	1			3			
	4			3	7	6		
	9				5		1	
5		6						

676

				3	4			9
4			5				2	
	8	1					5	
5	4				9			6
		7		4		8		
9			6				4	7
	1					3	7	
	5				2			8
7			8	1				

677

1			3			9		4
2			5		7			
	8						6	
				1			5	3
			2		6			
9	1		5					
	5					7		
			9		5			2
8		1			3			5

678

2			1			4	5	
	8			4				2
		3	5			6		
	2				9		8	
		8		1		3		
	5		2				7	
		2			7	8		
8				3			6	
	6	9				2		3

679

3					1	9	5	
		7			3			6
1				6	9			
	7	1	9					
		3		7		4		
					5	2	7	
			5	9				2
9			6			8		
	1	8	4					7

680

|
|---|---|---|---|---|---|---|---|---|
| | 5 | | | 6 | | 4 | | |
| 6 | | | | | | | | 2 |
| | | | 5 | 9 | | | 7 | 8 |
| | 8 | | 1 | | 5 | 7 | | |
| 7 | 9 | | | | | | 4 | 5 |
| | | 5 | 7 | | 2 | | 8 | |
| 5 | 1 | | 6 | 2 | | | | |
| 4 | | | | | | | | 1 |
| | | 2 | | 3 | | 6 | | |

681

	4		9	5				
5					8		6	3
	8	6				9	4	
		9	1					2
				3				
1					9	4		
	6	8				7	2	
4	2		8					6
				4	2		8	

682

1							7	6
7			1		4	9		
	9			5			3	
	1	9	3			7		
				1				
		8			5	2	6	
	6			9			4	
		1	4		8			7
8	7							9

683

9		3					8	
				4	9	1	3	
	5		3					9
		5		7	1			2
	7						1	
1			4	5		3		
5					7		6	
	2	1	5	3				
	9					2		3

684

	6			9		2	5	
	4	2			5			
3			2					7
	3				1	5		
		1		3		7		
		4	5			9		
2				8				3
			1			8	6	
	5	6		4		2		

685

1								
	3		8	7			1	
	2		6					4
		4	5			9		
		9	2		8	7		
		3			9	2		
9					6		2	
	8			5	7		9	
								6

686

		9	1			5		3
1			2	9				
3					7			
		8			5		4	2
	9			6			1	
5	4		9			8		
			3					4
				2	6			9
	8		6			9	1	

687

6					4	7	3	
				9			6	
3		4	7		6			
		8	1				4	
9				5				6
	4				7	1		
			9		3	8		7
	9			6				
	2	3	8					5

688

	8	2	9				3	
				7				8
1		5					4	6
		1		6	8			9
2			5	3		4		
6	2					1		7
8				9				
	3				2	6	9	

689

			1		4			
3				8			4	
5	4					7		1
	9	1			2			6
		3	8		1	4		
6			3			1	2	
2		7					6	4
	3			9				2
			2		8			

690

	2							4
		1			3	2		
3		6	7					9
2			5	7				
		5				6		
				8	6			5
8					4	7		2
		3	8			9		
7							4	

HARD

691

	2							6
7				9	6			
	1		2				7	9
1		5	4				6	
		4	8		5	7		
	8				9	2		5
3	7				8		2	
			9	7				8
9							5	

692

	3		7			9		
		5	4					2
	2	7			6			8
							9	5
			3	8	5			
8	5							
3			2			1	6	
1					9	5		
		9			3		7	

693

		4		6		2	3	
6			1		2		4	
8								
		1	8				2	
3				4				9
	5				9	8		
								7
	1		4		5			2
	2	3		9		5		

694

4	2	9	6					
				5	2	3		
								4
9	5			1		6		
		1	7		4	5		
		2		6			3	9
8								
		4	5	7				
					8	9	7	2

695

	3	7			5			1
		6		7				9
	8		2		1			7
	5		7	4				
		8				7		
			8	9			4	
5			8		3		7	
8				1		5		
2			5			1	8	

696

	6	8		9		1		
		9			1			
			3	5			4	9
			1					8
		1	7		9	6		
5					3			
6	7			1	2			
			6			2		
		3		4		7	1	

697

5	8					9	4	
		9			5	2		1
			9					
1	3	5		6				
2			7		9			5
			1			8	3	2
			7					
3		4	6			7		
	7	1					2	6

698

8	4						1	6
	7							
		9	6	4		2		
	8	3	5					4
				2				
9					8	5	3	
		1		5	2	3		
							5	
5	6						9	7

699

			2				6	
		7		9				8
	5		4		3			
4	7	8	3					
	9			2			7	
					6	9	4	3
			8		7		1	
9				3		7		
	3				5			

700

8					5			4
3					2	1	5	
			8	1			3	
	7		4	9		6		
4								9
		9		7	1		4	
	4			8	3			
	9	6	1					7
7			6					1

701

5			2		1			
6		4					3	
	1			6		2		5
	7	5	1					
	3		5		9		1	
					3	5	7	
9		6		1			8	
	4					7		6
			6		2			9

702

	7	9						2
3				1		8		
	8		3	2				
					2		8	7
6			1			8		3
9	5		7					
				8	5		4	
		1		3				8
8						2	6	

703

8								9
		3	4				7	1
	1	4			9		2	
7				5	8	4		
		6	3	1				8
	8		9			7	3	
3	7				6	1		
6								5

704

	3		9			5	1	
9								8
		5			7		6	
5		1		2				9
	6			9			2	
4				6		7		3
	5		2			8		
3								5
	4	6			1		9	

705

6								
		5	6		8		2	
1						3	4	
9		1		3	7			
3	6						7	2
			1	6		4		3
	9	6						7
	1		8		3	6		
								8

706

9						5	8	
			4	7	5		1	
5	3							
		5			6		9	
6				2				4
	1		8			6		
							7	3
	2		7	9	4			
	6	7						1

HARD

707

3	4				7	6		
	9		5				2	
7			6					4
1		6	3					
	3			2			1	
					1	3		8
2					8			1
	1				6		7	
		3	2				6	9

708

2		9					6	1
	1		7	8				
3			1			5		
	9			5	7			2
4			9	2			3	
		4			3			5
				4	9		8	
9	5					6		4

709

		9		5				
	8				7	2		
4		7					1	9
6		1	2				8	
	9			6			4	
	7				1	9		6
8	4					6		1
		6	3				9	
				4		7		

710

			6	3				4
		6	4					8
9						6	5	
	9	5					8	3
			9	2	8			
2	7					9	4	
	1	9						2
8					2	1		
6				9	1			

711

		2	8					9
8			2				1	6
		6			3	8		
	7					4	5	
			7	2	4			
	6	9					8	
		8	3			9		
5	2				6			8
6					5	7		

712

6	8			1				
	1		4			8		
4			2			9	6	
		4			3			7
		6		9		2		
7			8			3		
	6	9			2			8
		8			5		7	
				4			3	2

713

		8	4				3	
		4		3			2	
	6				9			4
	3	2	9					6
7				8				3
1					7	2	4	
5			7				6	
	2			5		9		
	8				1	4		

714

		4	8			2		9
6								7
3			7	8			4	
				5		1	9	
	9		8		4		6	
	3	6		7				
	5			4	8			1
1								8
4			5			9	3	

715

		8			9	6	3	
	3	9	4					
		6		1	3			4
	4				2			
1				8				5
			5				1	
9			2	7		8		
					8	1	5	
	6	1	3			2		

716

	6		8		3			7
	3				1		4	
		9		6				5
7					9			
		8		7		3		
			6					1
9				2		4		
	5		9				1	
8			5		6		2	

717

7				1	8	2		
	8					9		6
		6	9					5
8		1		9		5		
				2				
	2		7			6		1
4					2	3		
6		5					2	
		2	8	6				9

718

1			2					
8					9		5	1
			6			9	7	
	6	4		7		3		
				2				
		2		8		5	1	
	7	8			3			
3	2		4					5
					2			9

719

							7	8
	2		7	4				
6		9			8	5		
8					1		6	
3				7				5
	1		5					2
		5	1			7		6
				6	5		2	
4	3							

720

	7	4			5	9		
	1						2	8
			6	8				
			8			3		4
	9		7		6		8	
5		8			3			
				6	4			
4	5						7	
		2	9			6	4	

721

			1		8		2	
8	5			6			3	
		2	3					7
		6				5		1
			2	9	5			
5		8				2		
3				7	4			
	7			1			5	3
	8		5		3			

722

		1	9			8	4	
			4		3			
	4			2		6	3	
			2			4	9	5
				1				
2	9	5			7			
	3	4		6			7	
			3		2			
	2	6			4	9		

723

9			1	7	2			
	1					2		
		2		5			3	6
		9	5		6			2
		1				8		
2			8		9	3		
6	4			9		7		
		8					5	
			3	8	5			4

724

		8	6	7		4		
9			3		8			
						8		9
				9	1		7	3
7		9				5		1
1	5		7	3				
6		1						
			4		7			5
		4		6	3	2		

725

		2	4		7			
6	4					7		9
		1			3			
7			5				4	8
		9		3		5		
2	5				6			3
			3			4		
5		6					1	7
			9		1	6		

726

	5		1	2				4
		4				5		
	1		6					8
				5			3	7
			3		6			
2	8			7				
6					9		1	
		5				2		
1				3	2		4	

727

1				4	9	5		
			6					1
9						6	8	
			1					3
	1		5		6		9	
2					7			
	5	3						8
7					5			
		4	3	1				6

728

			7			2		
		4	6			8	1	
2	9				8		4	
		8	1					5
	4			8			6	
5					3	7		
	7		3				8	2
	6	2			7	9		
		3			1			

729

1	9							2
				1		3		6
			3		8		9	
		5			3	1		9
		2		5		7		
4		1	2			8		
	1		6		5			
3		6		9				
8							5	4

730

			7	1		8		4
4		9	6					
	8				2		5	
			1	8		6		
	2	4				3	8	
		8		2	4			
	1		9				2	
						1	5	3
2		5		6	3			

HARD

731

			4					9
		2				7	5	
8			7	5		1		
6	8		3					7
	2		8		7		9	
1					5		8	2
		1		7	8			6
	4	7				2		
9					4			

732

	8	4				5		
3		2		6				7
				1			3	
4	5		6					8
	2		4		9		1	
6				2			4	5
	1		9					
9				2		8		3
		5				4	9	

733

					2		4	7
		1		3				9
		5		9		8		
5			2			9	3	
3			9		1			6
	9	4			6			2
		7		2		1		
2				6		3		
6	5		7					

734

					6		1	
	8				5	7	3	
9		3	4					
		4			9			2
	6			4			7	
2			8			3		
					7	5		3
	3	5	1				9	
	9		3					

735

			3		4		9	
4	3			8				
6		9				7	3	
	6	2			8			
		8	7		3	9		
			6			8	1	
	4	3				6		2
				5			4	7
	2		4		6			

736

9		2			3		1	
	5					6		
		4		7	9			
					4	1		8
6				3				7
4		5	2					
			1	8		9		
		1					4	
	3		4			2		1

737

8				1		9		
				7	6	1	2	
	1							8
			1			3	4	
			5		3			
	4	5			9			
9							8	
	3	4	2	8				
		7		5				4

738

2			8					
	9				7			5
		7	6	1				8
9	5				1		4	
		2		7		9		
	7		2				5	1
3				6	2	5		
6			1				3	
					8			4

HARD

739

	6		9		2		3	
2						1		
	1		6			8	2	
6		1		5				
3			4		6			1
				3		6		8
	3	6			5		8	
		8						2
	9		7		4		1	

740

				9		4		7
		2		6			9	
		4	1		5		8	
	5		8		3			4
	4						5	
8			9		4		1	
	3		5		2	6		
	1			4		8		
4		8	1					

741

		4	1		8		7	
6			7			8		5
	8			6				9
1					2			
	5			9			3	
			5					7
7				8			2	
8		2			3			6
	6		2		4	7		

742

	3	4			5	2		
				9	4	8		3
			2				9	
3					8	7		
5				1				9
		9	6					8
	7				1			
2		5	4	7				
		1	5			4	8	

743

4	7		2					3
				6		8		
1			4		3			7
	9	4		5			7	
			8		2			
	3			4		1	5	
9			1		6			5
		1		9				
3					4		6	1

744

		6	2	7			8	
9	1				8	4		
					1			
		4	1			3	6	
	6			8			1	
	2	1			5	9		
			3					
		8	4				2	3
	4			9	7	6		

745

		8	6					4
					1	8	2	
		7		8	5			6
6				2			7	
	7		9		8		6	
	1			6				3
7			8	4		6		
	4	6	3					
5					6	4		

746

	9				7	1		
3					5		8	
		6	3			5		
7				8		9		1
	8			3			7	
6		1		4				5
		2			4	3		
	3		8					2
		8	6				1	

HARD

747

	4		5				2	
7	9		2					
		2			4	3		5
		8			9			3
		9		5		2		
2			3			6		
5		4	6			9		
					5		7	8
	1				3		6	

748

	2		6			4		
3			2				6	9
	8				5			
		2			1		7	8
		6		5		9		
5	3		8			2		
			5				9	
1	5				8			4
		9			6		8	

749

	6		3	7				
	5	2			8			
				2	7	1		
		6	2				7	
		8		9		3		
	4				3	9		
	9	7	8					
		9				1	4	
			6	4			9	

750

				1		7	5	
4	5	1	2					
			6			1		2
	6		7	3			8	
		5				3		
	7			8	6		9	
6		2			4			
					7	5	6	3
	1	7		6				

HARD

751

			9			6		
	7	6	4				5	
				6	7		4	8
	8				9	1		
4				5				9
		5	7				2	
3	2		6	7				
	5				1	2	7	
		1		2				

752

		8					4	
			2			7	3	
6			4		3	2		
4				6			7	3
				8				
5	6			9				1
		1	5		9			4
	3	6			1			
	4				3			

753

2	4	5				9		
			5		3			
1						8	5	7
3	5		7					
	9		4		8		7	
				9			2	5
4	1	8						6
			1		6			
		6				1	3	2

754

				6	5		7	
	5		1					
	6		3				2	1
6		8		4				5
	3		8		1		2	
9				5		1		8
1		4			6		3	
					7		6	
	7		4	3				

755

9							4	6
			3	2				
		1	6			2	3	
8	1				5	3		
		7	1			4		
		9	7				5	1
	7	8			1	5		
			3	2				
6	3							4

756

		1	4	2			9	
						5		8
7	6					2		
3			5			2	1	
8				4				3
	5	6		9				4
	9					3	2	
2		8						
	7			1	2	8		

757

7				2			9	5
			6		1			
		8			9	7		
					7	9		4
		4		6		8		
3		7	8					
		6	7			2		
			3		4			
9	1			8				7

758

					5		1	6
2		6		9			8	
1			3					
	2		1			9		4
	1		9		8		2	
9		5			2		3	
					9			8
	9			2		7		3
8	4		7					

HARD

759

		2		7	9			6
		7				1		
9	5				8			
7			3			6		
2			9		6			4
		6			2			5
			8				5	7
		3				4		
4			6	1		8		

760

	5			9		2		8
8		2				3		
3					8			
2			4			5	1	
	1		9		5		7	
	3	7			1			9
			1					4
		8				6		1
1		5		7			3	

761

2		3	4				8	
	6	9				7		
			9	6				1
		4			2			9
	2			9			3	
3			5			4		
9				5	6			
		2				3	9	
	7				9	2		5

762

		5		4			2	1
2	6		1				4	
				2	6			
8			6			9		
		6	3		9	4		
		3			2			6
			2	9				
	2				1		7	4
1	5			7		2		

763

	8		1	9				
	1				2			5
	2	5	7			9		
	4			5		7		
			4		3			
		9		6			8	
		8			9	1	7	
6			5				3	
				7	4		5	

764

	5		3				1	
9			4		8	2		
3		2		5				
5		1	6	9				
	9						6	
				8	5	1		2
				3		9		4
		3	9		4			6
	4				7		2	

765

3		9	8	6				
	7						6	8
		6			1		9	4
	6	4						
			7	5	2			
						9	7	
4	3		9			5		
1	9						4	
				4	3	1		9

766

		3		7	8			
5						4	3	7
7								
		7		4		3	5	
	3		7		9		8	
	6	2		3		9		
								1
6	8	4						3
			4	6		8		

HARD

767

		4	6				9	7
1			9		8			
6		9				4		
		2		3	9			
	7						4	
			7	8		3		
		8				1		4
			8		3			5
9	1				7	2		

768

		4				5		
	6		1	3	9			
2	9							3
	5	9			8			6
	2			1			3	
1			6			7	2	
9							5	7
			8	7	5		6	
		6				4		

388

769

	9	5	7				4	
	3					8		7
		2	8					5
		4			3			
	8			6			9	
			2			7		
9					2	6		
4		8					1	
	7				4	5	8	

770

5			3	6	7			
							6	4
		8			9	3	1	
9	2				5			
		5		3		9		
			6				5	7
	5	2	9			1		
8	3							
			2	7	6			8

771

	1	3	2					7
					9	2	5	3
			6					
		6		9	1	5		
1	7						4	9
		9	8	5		1		
					8			
7	8	1	5					
5					2	7	6	

772

		8			7	3		
9				5		7		
	4		3				8	9
4		5			6			1
				4				
6			5			4		3
2	8				5		6	
		9		7				5
		6	2			9		

773

3			7	1				8
	1		5					
		8				7	2	
	5	3		4		8		
			3		7			
		4		9		1	5	
	3	9				2		
					5		4	
4				7	9			6

774

		5		3			6	
	6			4	5			
2	8		7					3
8			4			9		
	7		1		9		4	
		9			8			7
9					7		5	6
			5	8			1	
	3			9		8		

775

			3			4		1
		4			2		3	
9	6			1			8	
		8			9			
	4			5			6	
			7			1		
	2			7			9	4
	3		6			5		
5		1			4			

776

		7		2	4	9		
	6	1	9					2
							5	7
	7		1					9
				3				
9					2		6	
8	5							
7					6	2	1	
		6	2	5		7		

777

1						6	8	
6	3			8				
		4			2			
		5			3	9	1	
3			9		7			5
	7	1	6			2		
			2			4		
				9			2	1
	9	3						6

778

8		7	5		4			
					2	4	1	
2				3			5	
					3	9	8	
9				1				4
	7	3	8					
	4			5				2
	5	9	6					
			7		1	5		6

779

	9	5						
		7	1	4		6		
4					9		8	
2		9					1	5
			2	5	8			
5	7					4		2
	6		4					3
		3		2	1	9		
						2	4	

780

			8		3			9
9		1		4				
	6				1		7	3
	5		2			6		
	8			1			4	
		6			8		3	
7	1		6				9	
				3		7		6
6			4		9			

781

1		7	5	8				
			9				8	
2					1	9		5
3	7			1				
		4	8		5	2		
			7				1	4
4		1	6					9
	6				3			
				2	7	8		6

782

				7				2
			6		2	3	7	
1		7	5					8
		9	2				1	
		3		4		6		
	1				9	2		
3					5	7		1
	6	8	1		7			
4				2				

HARD

783

	9							7
5		8			9	2		
		2	4		8			9
	4	9		1				
3				4				2
				3		7	6	
1			7		4	5		
		5	3				4	8
9							7	

784

	5	8			1		3	
		1		3				
			6				1	9
			2			9		8
7			8		3			2
2		9			6			
1	9				4			
			6			4		
	2		1			7	8	

785

	4			9		2		1
			5				7	
6		9			1		5	
3			4				9	
		6		3		5		
	7				9			8
	5		3			6		7
	6				5			
4		3		2			1	

786

9	1		4			5		
		4		2			7	
6			9					
3			2		8		1	
	4						6	
	2		1		4			3
					2			7
	9			8		2		
		7			1		9	8

787

	1	7		3			4	
					1			5
	9		4			2		3
		1	6	2		9		
9								1
		8		7	9	5		
1		9			6		8	
4			5					
	8			9		1	5	

788

7				4				5
		5			7			8
		6			5		4	2
					6	5	7	
		1		7		4		
	7	8	1					
3	1		5			8		
9			7			1		
5				8				9

789

7			8			2	4	
				1	7			9
1					9		3	
5	2					1		
			1	6	5			
		9					5	3
	7		3					2
2			6	9				
	6	4			1			8

790

	1			2				
					7	6		5
	9	7	5					3
9	8	3		6				
2			3		4			9
			9			7	3	2
1					8	3	5	
8			6	1				
				4			8	

791

		6		7	1			8
				3				9
	3				8			1
	6		1			4		
3			8		5			7
		5			2		8	
2			5				3	
6				2				
9			7	1		8		

792

		3			1		6	
				2		8		
	5	1			3	9		
	8				2		5	4
5			4		8			1
1	3		7				8	
		5	1			7	2	
		8		7				
	7		2			1		

793

					4	2		
5	3	7						4
		2	8				5	
		4		8				
2			7		9			1
				4		3		
	5				1	6		
7						4	8	3
		6	3					

794

	5			2		3	7	
2					7	9		
		4	9				1	
				4			6	7
		7	1		2	5		
5	8			9				
	3				4	6		
		2	8					3
	4	5		7			8	

795

4		9			7		5	
					3			
			5			8	3	9
5					1		6	2
	9			2			4	
6	2		7					3
9	4	8			5			
			3					
	6		1			4		7

796

6				3				
	4				9		3	6
	8	7		6	2			
		8			1			7
9			2		4			3
4			6			5		
			9	4		7	6	
7	6		5				9	
				1				5

797

		8	7			9		
			5					4
	5	1			4			
4				9			2	
		9	1		2	8		
	2			6				1
			8			1	6	
3					5			
		4			9	2		

798

		5			4		1	
			8		1			2
9				5		4		
	9	2			7			5
3				6				7
7			4			9	2	
		8		4				9
5			7		8			
	3		5			7		

799

	4				9		5	
6						2		8
		2			1			3
4		8			5	7		
				7				
		7	2			4		9
2			1			6		
1		6						5
	7		8				2	

800

		6					2	3
	2					4		6
		4	5		2			
		2			5		3	8
1				2				9
7	6		3			2		
			9		4	7		
2		8					9	
4	7					3		

801

		6	4		2			9
		8					2	3
	2	9	3					
8					5	3		
	1			3			6	
		4	1					7
					1	9	3	
7	6					4		
9			2		6	1		

802

		1	4				9	
			9	8		2	7	
	8				7	3		
		4			8			9
	9			2			8	
8			5			6		
		5	7				4	
	4	7		9	1			
	6				4	7		

803

	7				1	2	9	
		1						7
6	2			7	4			
	9			8				2
1			3	2				9
7				1			8	
			4	6			3	1
3						6		
	1	6	2				5	

804

	8		4	7			3	
4		3	9			6		
		5						4
6	4		7		2			
3								5
			1		3		6	2
5						4		
		2			4	8		3
	6			3	9		1	

805

			4					7
		1	8	7			2	
6	7						5	4
	8		7	2				
7		2				3		8
			8	1		7		
2	3						9	6
	9			1	3	7		
1					7			

806

4	1		6			8		
	8							
				3	8			5
	6		4			7		2
3			5		2			6
2		7			9		5	
8			1	5				
							3	
		9			6		1	4

HARD

807

3	2			9		7		
9	5				7			
			4				9	6
	9	7		3				4
			5		6			
5				4		8	2	
4	1				3			
			2				7	9
		9		8			1	3

808

6			5		9			2
	9	4	6				5	
	7					6		
5		7		6			3	
				9				
	2			1		4		7
		9					2	
	3				8	5	4	
8			4		3			9

809

	8			9	7		1	
		1		6			8	9
3			8					
	5		6		8			1
7								6
1			7		9		5	
					3			2
5	4			1		9		
	1		9	7			6	

810

				9	8			
8	3			4		9		
	2	9					8	
			8		5		1	7
		7				4		
2	6		4		7			
	9					3	2	
		6		5			4	1
			3	7				

811

3					1		6	
	6				9	2		
5					3		1	9
		4	1	7			8	
8								7
	3			4	6	1		
6	2		5					8
		1	3				7	
	5		6					1

812

		3			9			8
5		6					4	
	2			7		1		
	6		8					5
				6				
9					4		8	
		7		2			3	
	4					2		9
6			9			7		

813

			3		1		2	5
2		1			8		7	
7			2					
3				2		8	4	
			4					
	1	4	6					2
				7				3
	8		5			7		1
9	7		6		2			

814

					1	2		4
	9	4			6		3	
6				4			9	
					3	7		9
	6		4		7		2	
9		1	5					
	1			5				2
	5		7			3	1	
8		7	1					

815

2	5		4	6				
7			1				2	
	4		8					7
		3		1	8			
	1						9	
			3	4		5		
3					1		8	
	7				2			4
				8	4		7	1

816

2	4		9					
		5	4					1
				1	5	2	3	
	2	3	7					5
				9				
7					1	4	8	
	5	7	2	6				
3					7	6		
					4		5	9

817

	8	1		5			2	
6								7
	5		9					1
	6	7	5			2		
5			2		8			6
		8			6	9	4	
1					9		3	
9								2
	2			3		7	9	

818

5	7							
	3				2		6	5
			9		5	2		
6				2	9			3
		3				5		
2			7	5				1
		7	3		4			
8	4		2				1	
							8	2

819

			2					7
	8		5				9	
		5	9	8		4		
6	2		3					4
	5			1			2	
9					2		3	5
		4		9	5	2		
	3				4		7	
2					7			

820

		8	5				3	6
	3		6			9		
	2		9					5
	5			7	6			1
7								4
8			1	3			9	
5					8		2	
		6			1		7	
2	7				9	4		

821

8	9		5			1		
		3		8				2
		2	9		4			3
				4			1	
6			3		2			9
	2			1				
2			7			5	6	
3				6		9		
		6			1		3	4

822

8							1	
		9				7		8
		2	7	6				9
		6	2			7		4
		9		8			2	
3			5			9	7	
7				9	5		3	
9		8					1	
	5							7

823

	1		8		5			
	5					6	1	
4							8	5
5				7	1	4		
6		7				5		1
		1	5	6				8
2	9							4
	7	3					5	
			1		9		3	

824

	4	6					3	7
				7	2	5	1	
7			4					
4			5			7		
	2			1			5	
		7			9			8
					8			5
	7	4	9	2				
8	6					2	9	

825

	7	3	6				1	
						3		
9		1		4				7
	8	6		3				4
	3		2		4		7	
7				1		9	8	
8				9		2		5
		5						
	9				5	1	4	

826

							7	
		3	6	5				9
	9	6	1		4			
		4	3				6	8
		9		4		5		
3	6					1	4	
			8		3	2	5	
5				2	9	6		
	4							

827

6	5		7					
		1			2	4		7
	9					2		
7	4	8	6					
	2		4		9		3	
					8	6	2	4
		5					4	
2			4	8		9		
					4		7	1

828

3				1	9			
		8					9	7
1			8			5		
		6		2	3			
	4					2		
			9	7		3		
		7			8			1
4	2					9		
			4	9				3

829

5		9	1					3
			5		4	8		
8	4						2	
			3			7		1
		1		5		2		
3		5			1			
	8						1	7
		4	6		7			
7				2		5		4

830

3					2		6	
		2	6					4
	5			4	1			
5				2	7			8
	2	1				7	9	
4			8	1				6
			9	3			7	
9					4	3		
	4		2					9

831

						2		8
			5				1	
6	4		1			3		
1		3	6				9	
		6		2		8		
	8				1	6		7
		1			6		8	3
	9				4			
5		8						

832

	8							
		3	4	9		6		
9			8			5		4
	1	8		6				3
4			5					8
7			3			1	5	
8		5		2				6
		2	8	4	9			
						2		

833

	3					9		
5					1			2
8				3	6			
	5			4	9		3	
		8				1		
	6		8	2			4	
			5	1				4
9			7					5
		5					1	

834

6		2	5					8
3			6			5	9	
	8		1					
		4	9				5	
	1			5			2	
	5				2	9		
					5		1	
	2	8			7			5
4					3	7		9

HARD

835

						2	8	
		8		9			6	3
4	2	9			8			
		4			3			1
7				2				4
5			4			6		
			6			1	3	7
3	4			8		9		
	1	7						

836

	5	1		7			9	
	3					6		2
			6		8			1
	4					1		8
			4	1	6			
1		3					6	
2			7		5			
9		7					4	
	1			6		9	8	

837

1				8		3	9	
4			5			7	2	
		5						
5		4			7			
	9			4			8	
			9			5		3
						1		
	1	3			8			6
	5	8		3				2

838

3						9		5
	8		2		5		7	
	5	1		9				
5					2	6		8
			8		4			
8		2	9					3
				8		4	6	
	7		6		3		1	
2		6						7

839

	4		3			2		
3				1				
	1				8	9		4
	8		4			1		5
		2		5		7		
1		4			2		9	
9		5	6				7	
				4				1
		1			7		8	

840

	4	7	2					
	2							7
8			6	7		1		
	5	4		8				6
2			1		7			8
9				6		2	7	
		5		2	8			4
3							6	
					6	7	5	

841

	6				8		3	9
3		4				5		
	9			3		6		
9			6	1		4		
	8						2	
		6		8	4			3
		8		6			9	
		1				2		5
2	7		3				6	

842

		7			8		2	1
6			5			4	9	
		1			7			
	3	6		8	9			
4								8
			4	3		9	6	
			1			2		
	1	4			6			9
3	6		9			1		

HARD

843

					1			6
	8		6			5		
		9		8		1	3	
3			8		2		9	
	2	6				3	5	
	4		3		5			1
	9	3		5		6		
		7			9		1	
8			4					

844

	8				3		6	5
1				5				
3				9	7			
2	6				4	5		
		7		6		1		
		3	2				9	6
		4	5					2
				8				1
5	1		9			7		

845

		8	9			7		5
		1			5			
	2		3	7			8	
		9	1				6	
3				9				1
	5				6	3		
	9			3	7		4	
			2			6		
2		4			9	5		

846

		8	4	7		1		
4					1		6	
5		2	6				7	
				1				2
		3	9		6	8		
8				4				
	8					4	3	6
	5		1					9
		6		2	8	7		

847

1	2				3		6	
				7		4		
		4	8					3
	4	2		6				5
5			1		4			9
6				2		3	4	
2					1	8		
		1		4				
	6		5				9	2

848

5			2				3	7
6				5				
		9		4			6	
			3			8	2	6
		8		9		3		
1	6	3			2			
	4			2		1		
			1					5
3	1				9			8

849

			9		5		3	
9		7			6			2
	8					5		
	2		5			6		3
		8		6		9		
6		3			1		2	
		5					4	
2			8			3		1
	9		3		7			

850

4			7			1		
		9		1			3	6
		6			8			4
	7		1		6	5		
9								2
		6	9		2		1	
6			2				8	
1	5			3		4		
		7			4			1

851

		3	8		7			
				2			6	
4	6					2		8
	1		2		6			5
	3						1	
6			7		9		3	
3		9					8	1
	4			8				
			9		3	7		

852

8			7					
			9				2	8
	5	9		8	3			
7		5		1			8	
	4		8		9		5	
	9			5		4		3
			5	4		6	3	
6	7				2			
					8			4

853

4				1		3		
	2							6
		3	7		6		2	
		8		9		1		
2			5		1			9
		4		8		5		
	4		3		5	6		
3							7	
		1		7				4

854

				2		9	5	
			5					1
1	5				9	6		
4					3	8	2	
	2		8		4		3	
	8	3	9					7
		9	4				6	2
5				7				
	4	8	1					

HARD

855

7	3	8					5	
								2
2			1		3		6	
3					6	7		
	7			5			3	
		5	3					8
	2		5		8			3
9								
	1					8	9	4

856

		5	8					7
	6		9	5				
	4					8	5	
2			1	4			8	
		4				3		
	1			6	3			4
	8	3					2	
				9	7		1	
4					2	5		

432

857

	6	5	7					1
				5	1			2
					3	9	7	
7	2		5				8	
			1					
	3				6		1	4
	1	4	9					
8			4	3				
2					8	4	5	

858

			8					5
2	9	4						6
		8			9	1	4	
		6				5	9	
5				7				4
		2	9				3	
		6	5	8			4	
3						7	6	9
1					9			

859

1			7		6		2	
		8				9		7
	3	7	9		5			
				7				3
	7			6			4	
4				9				
			8		1	5	7	
7		4				2		
	5		4		7			6

860

				3				1
	5		1			8		
3	1		7			9		
	6	8						3
			4	8	3			
7						5	8	
		7			6		4	5
		4			5		9	
2				4				

861

3	2				6			
								8
5		4			2		9	
		2	5			8	7	
4				6				3
	5	1			9	2		
	7		6			4		5
8								
			9				6	7

862

9		3			7	1		
	4							5
	5			4		8		
			2			6	1	
	2			3			5	
	1	5			8			
		1		6			9	
5							8	
		8	5			3		6

863

		4	2					
6					9	7	2	
9	7							5
			7		6		8	9
	3						5	
7	9		1		5			
4							1	8
	6	8	4					2
					3	4		

864

		5						
9	6				3			2
		7	6			5	1	
3				5			6	
		4		1		9		
	1			9				5
	5	6			8	1		
7			1				9	8
						2		

865

	8		4					
6				1			8	7
						4		3
		1		6			5	8
	5			9			2	
2	3		8			1		
3		9						
1	7			8				2
					7		9	

866

3		9		6	2			
			5			7		3
	7						6	
			2		5			9
	5	1				3	2	
4			3		1			
	1						7	
9		7			4			
			8	7		9		1

867

	1	3	8			5		
			4					
5							2	7
1	5			7	2			
		6				2		
			3	8			1	5
4	2							9
					1			
		1			4	8	6	

868

	7		8			9		3
		6		9				
5				4				2
		7		5	6	2		
1								4
		5	3	1		6		
8			1					6
				8		1		
7		4			2		9	

869

	5				2		1	
	2		1					9
		3		6		4		7
		5		1	4	6		
		9	6	5		2		
4		2		7		8		
3					6		5	
	7		2				4	

870

1		2					4	
			9			6		
	3			4	7			
			3		2			8
2		9				5		3
3			7		9			
			5	6			8	
		4			8			
	8					9		2

871

		3	6			2	8	
	5		3	2				
		1			8			
3	8				5			4
				3				
6			9				2	7
			5			1		
				6	9		3	
	2	7			3	4		

872

		1		8	7			5
	2							
4		6	5					1
			1			4		
1				6				2
		4			9			
5					2	9		7
							3	
2			9	4		8		

873

4		6			7		5	
	5			4			6	2
					5			
7		5		6	4			
		1				6		
			8	3		5		7
			3					
2	7			1			8	
	9		7			3		1

874

					4	7	1	
		1			7			
6	7				2			5
	8		9			1		
		5		7		6		
		9			8		2	
5			7				8	3
			3			4		
		6	7	4				

875

					7			
6			4	1			8	
	1	3			6			4
	5	1			3	9		
				9				
		2	1			3	4	
8			6			7	1	
	6			7	1			2
			9					

876

		4		5			1	
5								7
		9	8		2	5		
			9			1	5	6
				2				
8	5	1			7			
		6	4		9	7		
9								1
	7			8		3		

877

					8	1	6	
	8	6						
			2			8	4	
6			9	8		5		
1	4						9	8
		8		1	7			4
	7	1	5					
						9	8	
	2	3	1					

878

3			1					
	2					6	9	5
7				6	5			
	1			9				3
	7		6		3		5	
5				8			2	
			3	2				6
6	4	3					1	
					6			8

879

	7	1			8			
	3			5	4		7	
			6				9	
		7	3			4		
		9		4		1		
		8			2	9		
	1				7			
	9		2	6			1	
			4			8	6	

880

	6		3		7			
	9			4			3	
						4		1
		6			1	2		7
	4			6			1	
1		5	8			6		
6		3						
	2			3			5	
			2		9		8	

881

	5		9					6
				5			7	
7	9			4		1		
			7		4	2	5	
		7				8		
	1	4	8		3			
		3		8			2	7
	8			7				
6					1		9	

882

		5	3	6				
						6	9	
8					1			7
6					3	9		4
		1	6		4	5		
3		2	7					6
7			4					2
	2	4						
			8	2	7			

883

		8	1					4
7				9		3		
	1				2			7
4			7		3	6		
	6						3	
		5	9		6			8
2			3				4	
		4		5				3
1					7	5		

884

		5	6				9	3
				5		7	6	
	1	6						
	5			8				2
	7		1			6		
2			9			7		
						9	2	
	2	4		7				
6	8				4	3		

885

9	3				8	7		
	7			4		1		
1			6				4	
2					4	9		
				2				
		7	9					8
	4				1			5
		2		3			8	
		6	5				3	1

886

3						4	1	5
		6	2		8			
	7		1					
5				7				
		7	8		4	3		
				1				7
					6		2	
			4		1	9		
9	6	3						1

HARD

887

							3	1
3					2	9		
	8	4		6				
		3			8	4		7
5			1		7			2
2		7	9			3		
				9		1	7	
		9	4					3
8	3							

888

			8		2			5
9	2						7	1
			6					
	5	4	3					7
	9			4			2	
3					1	9	8	
					5			
7	3						5	8
4			2		7			

HARD

889

6			3					8
		5			6		2	
3			8			5		
	1		2				5	4
				6				
5	8				1		9	
		7			4			5
	4		9			1		
1					8			7

890

	4				7			8
						2	9	7
		3	2		8			
	7	8			2	6		
				1				
		2	3			7	4	
			6			1	9	
5	9	6						
3			8				6	

449

891

		7			2			
		5	7			6	9	
6	3				5			
	5			6				8
1				8				9
2				3			6	
			1				8	5
	1	2			8	9		
			9			4		

892

6					2		3	
7	5					6		
	1				5			
		5		9		8		3
		7	5		3	2		
3		2		8		7		
			4				8	
		8					7	6
	2		7					5

893

4				9				5
					6	9	4	
	1	3	2					
		7	6					4
	4			8			7	
5					4	6		
					9	3	1	
	5	4	8					
3				6				8

894

	3			9				
		7	1			4		8
	6						3	5
	7	2						4
			9	7	2			
8						7	6	
9	2						5	
7		1			8	6		
				1			4	

CHALLENGER

895

4			9					6
				1	7		4	
		2					9	
	5		2			9		1
		6		8		3		
8		1			9		2	
	3					1		
	1		5	2				
7					3			8

896

					9	2		
	2	1	4					8
				1	2		7	6
	8			5		1		
			9		8			
		2		3			4	
8	1		7	4				
2					3	7	6	
		7	6					

CHALLENGER

897

	6				1		7	
7			4	2				
3					5		1	4
					4	6		
		5		6		7		
		8	1					
5	4		3					2
				1	9			7
	3		2				5	

898

6	3		4					
			2				8	1
		9			3			6
	4	7			8			
				4				
			6			5	2	
5			9			7		
8	9				4			
					2		6	8

CHALLENGER

899

	6		9		2	5		
				7				9
		5		3		7		8
			3				5	
9			2		8			1
	5				1			
5		6		2		4		
8				4				
		4	7		5		8	

900

		4	7	5			8	
	1		8				4	
3								6
9			5		2	4		
5								9
		2	6		7			5
1								4
	4				6		5	
	2			3	4	8		

901

	2			5	3			6
4	3					8	5	
		5			9			
		4		3	7			
		3				5		
			4	8		9		
			3			2		
	5	2					9	8
1			5	7			4	

902

			6				7	
4		9	7				2	
3								8
		3	9				8	6
		4	1		7	2		
1	9				2	7		
2								5
	8				9	3		2
	3				1			

903

			6	8		3		
1	8							2
2			5				6	
	7			9		2	3	
			2		1			
	1	2		5			4	
	4				5			3
9							2	5
		1		3	9			

904

2		9						
			6			1	2	
	1	6	3					
1			8			6	5	
9				2				4
	2	5			7			8
					6	4	3	
	3	2			8			
						2		5

905

						7		4
			6	7	5	3		
	5	3	2					6
	9		3	5				
	8						1	
				8	2		4	
1					3	9	7	
		6	5	2	7			
5		7						

906

	7				6		9	
	5		2					
			4	3		7		5
				5		3		
		1	9		8	4		
		5		6				
7		4		1	2			
					9		3	
	9		8				7	

907

	9		2		3		1	
7						3	9	2
				7		2		8
		7	3		4	5		
8		6		2				
4	1	3						5
	6		9		1		2	

908

3			6					1
7							4	
	6			4	9		5	
		7	4			6		2
			1					
4		6			8	1		
	8		9	7			2	
	2							7
1				2				4

909

					1			5
		2	7				3	4
		9		2		1		
2				5				3
	4		2		3		8	
1				8				9
		7		1		4		
9	6				2	5		
4			6					

910

				9	3			8
3						9		4
	8		1			3		
			3			7		6
	7			4			5	
5			4			9		
		7			1		3	
2		1						7
6			8	3				

CHALLENGER

911

7	2				4			
		9		7	6		1	
	1		3				2	
					1			6
		1		3		2		
5			4					
	5				7		6	
	9		5	6		8		
			8				3	4

912

3			2			1		
	1				5	9		
		4	1					5
	8			9				2
	4		8		6		9	
5				2			8	
6					1	7		
		8	7				6	
		7			8			9

913

	3				6		8	
		4		2		5		
	7				8		4	9
			2					7
		9		7		4		
1					3			
9	5		6				7	
		8		5		9		
	6		7				1	

914

			6		5		2	
6								3
	8	5	2					9
					6	3	9	
7				5				2
	9	1	4					
5					3	9	6	
	1							7
	6		5		8			

CHALLENGER

915

		5	4				6	
	3		9		8	2		
		7						
				2		4	1	8
	7			9			2	
2	6	4		1				
						5		
		2	1		5		4	
	9				7	6		

916

3	9			4		7		
	8				6		5	3
					8			
9			8				4	
1			9		4			6
	4				5			7
			4					
4	2		6				7	
		8		1			6	5

462

917

		8	6		1			5
						1		
	1			9		6		
		1			9		8	2
2				7				1
9	3		8			7		
		3		5			4	
		7						
6			3		4	8		

918

		3		5	7	2		
5	1		9				4	
								3
	4				5			6
		2		8		5		
6			1				2	
8								
	9				2		1	5
		5	8	9		4		

919

	9	4		3			2	
7					6			
				8				7
	3	2			5	1		
1			4		8			5
		9	2			7	6	
9				6				
			7					6
	6			4		3	9	

920

	9					3		
		7		1		5		8
5			6		9			
2	8				7			
		3		6		2		
			2				8	7
			8		4			6
8		6		3		7		
		9				5		

921

			9			4		
		5					9	
	2			3	8			6
		6		8			4	
1			2		9			5
	7			5		6		
8			7	9			1	
	5					3		
		3			1			

922

	7			9		3		
			3				9	4
	5	3			8			1
6			2	5		1		
		9		4	1			6
2			6			4	3	
7	8				3			
		1		8			5	

923

	5	7	2					
	4	1		5				
				4		2		6
7	3		5					
	1		6		4		8	
				1			7	4
3		9		6				
				1		9	6	
					9	8	4	

924

	1				7			6
	5			4	6			
6		2				4		
	7	1	2					
5			9		4			1
				1	7	3		
		5				1		4
			7	6			8	
3			4				6	

925

	6		8			5		
	2	8			9			
					7		8	9
		1	2					8
	4			5			1	
7					4	3		
2	5		7					
			1			6	4	
		6			2		7	

926

						7		6
9				4	3	2		
7			2				1	
6			1	3		4		
	7						6	
		9		7	2			5
	9				8			3
		8	4	9				1
5		7						

CHALLENGER

927

	8				2	9		
9			4	8				
2						8		
		8		1			5	6
3			7		6			2
1	6			5		7		
		2						8
				2	1			9
		7	8				3	

928

		2	1				9	
		3		7				1
1		7	2			6		
				3	2			9
	4						7	
3			4	8				
		6			5	1		3
8				6		7		
	3				8	9		

929

			2	3			5	
2						6		4
	8				1		9	
9				6			2	
		2	1			3		
	3		4					7
	7		9				8	
6		5						1
	2			4	5			

930

		1			4			
					5		9	2
7			1	2				6
		8			7		6	
		7		1		9		
		1		9		3		
4				8	3			5
8	3		6					
			4			8		

931

2			8		7	6		
	6	1		4			8	
5						9		
	5		4	1			7	
	7			9	5		3	
		5						8
	2			8		4	9	
		8	3		4			5

932

		3		8				9
9					1		3	
6			9	5		4		
		8	1					5
			8		5			
2					7	9		
		7		2	9			1
	2		3					6
8				6		5		

933

						9		
	3			9	6			7
2	6				8			1
			9			2	3	
		5	3		2	6		
	9	2			4			
4			1				2	6
6			8	4			9	
		1						

934

5		6	7			2		
	3		4	6				9
						4	1	
			3			8		
	1			2			6	
		4			1			
	8	7						
3				4	8		9	
		9			7	6		3

CHALLENGER

935

		7						9
					3			
	3			9		5	1	
		6		2		4	7	
	9		5		7		3	
	7	8		6		1		
	4	3		1			2	
			8					
5						9		

936

6	9					3		
		8		4				6
			2			5		
		6	1					4
2			6		7			8
9					4	7		
		9			1			
5				3		8		
		3					7	1

937

			8			5		
		4			3			8
	7			1	6			4
9	8						4	
			9	4	2			
	6						1	9
2			3	8			7	
6			4			3		
		7			5			

938

		5		8			3	
6								
	9		2		7	4		
		2	7			6		1
1				3				7
5		7			6	3		
		1	8		3		9	
								3
	2			1		5		

939

	4						1	
5			3		9			7
			8			6		
	5			4		9		1
	9		2		1		6	
1		8		9			4	
		1			2			
6			1		5			8
	7						3	

940

8			1					5
				6		4		3
	4				5		8	
			4			6		2
		4		2		3		
3		1			9			
	1		3				7	
2		9		1				
6					2			9

941

		3			7		5	
					3	7		
	8		5	9			4	
6			1				9	
4				3				6
	3				4			2
	7			5	9		6	
		6	7					
	4		2			1		

942

	9		4					
4		8			5			2
	6					1	4	
			3		8	9		
8	2						3	6
		5	9		2			
	5	2					1	
1			6			2		3
					7		6	

943

	2			1	6			8
	6		4	7				
9						1		
		5	6				1	7
			5		7			
7	3				1	9		
		9						2
				6	9		5	
6			7	4			3	

944

		2			4		9	6
3								
	8		1		6			
	3			7		4		
5				4				8
		9		8			1	
			5		8		3	
								1
1	6		9			7		

945

6				8				4
		9		1				
7	2		4				3	
		8	3				5	
		4	1		7	6		
	7				8	4		
	1				4		6	2
			9			3		
4			7					1

946

	1		5		3			8
	2						1	3
	9							6
	7	5	3		9			
	3						2	
		2			6	5	3	
9						8		
5	4					1		
7			1		5		9	

CHALLENGER

947

2		1	5				8	
	3		1					2
		9				7		
			2	4		3		5
9		8		3	5			
		2				8		
7					6		4	
	4				9	2		6

948

		8	5	2		3		
1							8	9
			3				1	
6					8			
	1		4		3		2	
			2					7
	9				6			
5	8							6
		6		7	2	1		

949

			8				9	
	4	8					6	
		9		2	6			3
			6		9	5		
		2				4		
		4	1		2			
1			7	5		9		
	7					3	1	
	2				8			

950

7				4		6		1
			2		5			
5		9						7
	5		7			3		
			1		2			
		1			9		7	
6						1		3
			5		3			
3		4		9				8

951

					4			6
1	8					4		3
	9		6					
		8		7	5	3		
7								9
		1	3	2		5		
					3		7	
6		4					2	8
5			1					

952

				6				
	4			8		2		
	7	9			5		4	
1			8			7		
6			9		2			1
		3			1			8
	4		5			8	3	
	3		2			4		
				8				

953

	6	2						
			8	7			9	
8		4	1				5	
					3		2	
		6		8		3		
	5		6					
	8				5	2		9
	7			6	1			
						5	1	

954

		7			4	3		
	9		1			5		
8	6			5				
					2		6	8
				7				
6	4		5					
				8			9	1
		5			1		7	
		9	3			6		

955

4		1						7
	8					1		
	2		7	1				
		3			6		5	1
	1		3		4		9	
9	4		5			8		
				9	5		6	
		4					1	
8						9		2

956

	6				7			5
	2			3		8		
8				2				3
		5			1			
	3		6		2		1	
			8			7		
6				1				9
		7		6			4	
9			2				8	

957

8			2		1		5	
5			4					8
	9			8			4	
			6			2		
4				1				6
		8			5			
	8			5			1	
9					2			3
	6		1		7			9

958

3			5	9				6
					4	2	5	
	5		6			1		
			8	6		7		
	6						9	
		3		4	1			
		9			8		6	
	1	7	4					
4				7	6			2

959

	4		8		1			
			2				5	
9		7				1		
8				9		5	6	
7				2				8
	6	3		5				1
		9				3		6
	7				4			
			9		2		4	

960

4		3			7		9	
	2	6			9		8	
						6		1
6					1	4		
				8				
		5	7					3
9		7						
	5		3			9	4	
	6		4			2		7

961

				2	5			1
	8	2			7			
	4		3			6		
		8			4			6
	5			3			1	
2			7			9		
		4			8		6	
			9			7	3	
9			5	4				

962

7						6		9
			4	7			5	
8		1			6	2		
1				9	2	3		
		5	1	8				6
		6	8			9		7
	8			1	7			
2		4						8

CHALLENGER

963

			8			5	3	
		4		1	9		6	
	5			7				2
			1					6
	8		6		5		4	
6					4			
5				3			8	
	6		9	5		2		
	3	7			1			

964

8		3			4			
	6					7		2
				7	8			
	5				7			8
	8		1		2		3	
1			9				7	
			3	2				
2		7					4	
			7			3		9

965

			9	5				4
				4	6			
7		9			1		8	
	1	7	8	6				
6								9
			1	5	4	6		
	7		5			2		6
		3	4					
9				7	6			

966

	6	2	8					7
1					9		6	
			2					3
4	3		5				8	
			8					
	9				2		7	4
7				3				
	8		1					9
5					7	4	3	

967

4	6			7			3	
			6			2		
3	7		8					
				1	6			9
		1				5		
9			3	5				
					8		7	4
		9			4			
	2			9			6	8

968

	4		6		7	1		
							9	5
2		9		1				
	3			7		8		
9			4		8			1
		5		6			2	
				8		3		6
3	6							
		4	2		6		1	

969

			1	9		4		
	5		8			7	1	
	8		7					5
6	9				2			
				5				
			4				7	6
5					7		6	
	2	4			6		8	
		9		3	8			

970

					9	6		
		4	3			2		1
7							3	
6			9				2	5
		9		5		8		
2	4				8			9
	1							7
9		3			7	1		
		7	4					

971

8		2					4	7
				8		1		9
		7			4			
5		1			2			
	3			7			5	
			1			9		2
			6			5		
3		5		2				
9	2					7		6

972

		5	9		4			2
3				2		1		
4		2					8	
8					6			
		6		1		8		
			5					6
	1					7		8
		3		9				5
7			3		1	9		

973

			1	2		9	3	
	2	6	5			1		
				8				
			4			5		7
	9			7			2	
4		2		5				
			7					
		3			1	6	9	
	4	5		8	6			

974

		4			7		6	
				8				4
7	2					1		3
		3	1				5	
9				5				1
	1				3	8		
8		7					2	6
6				4				
	5		2			3		

CHALLENGER

975

			2					5
		2		3			9	
1			6				2	4
				9	2	6		
	4	8				9	7	
		1	7	6				
5	3				7			6
	1			8		2		
8					1			

976

	9							
			9	1				8
7		6			5			1
	7		6			3		
4				5				6
		9			2		8	
5			8			7		3
1				6	7			
							4	

977

		6	5					
4			2				5	
	7	3					9	
1				2	5		4	
9								3
	5		4	8				1
	4					8	1	
	1				6			4
					2	7		

978

			8		2	3		
		1				8	2	
2		8		5				
1				7	3			9
	6						3	
4			1	8				5
				4		6		7
	4	9				5		
		6	3		7			

CHALLENGER

979

			7	4	5			
	5		2				3	7
		6				2		
	4	9	3					
1				5				3
					1	6	2	
		2				4		
8	3				4		6	
			1	9	7			

980

		5						9
1			5		2			
7	4				6		8	
		3			7		4	
		1		2		3		
	6		8			1		
	2		7				6	1
			2		3			5
9						8		

981

8				2	7		1	
	1		6					
						5	8	
4				6	1			3
		6				1		
2			9	3				7
	9	5						
					4		6	
	2		8	7				1

982

6		2			5			9
		3	9		7			
	8							1
2				5				
		1	7		3	9		
				4				6
8							2	
			5		4	1		
9			6				7	3

983

				9			7	2
	6	5			8	3		
		2	4					
	3			2	4			
2								9
			7	8			6	
					7	4		
		8	5			1	9	
1	4			6				

984

			5		9	3		
		7		2				
1	9							4
		8			1			6
	5		7		8		4	
3			4			8		
2						6	7	
			1		9			
		6	8		5			

985

			8					
5		7			9		6	
		3		4				7
9	1			3				
4			6		7			2
				8			4	1
7				5		8		
	2		4				5	9
					8			

986

	5		1	6				
	8				3		2	
								9
2	3				1			6
8				5				3
1			3				4	2
6								
	4		5				7	
				1	8		6	

CHALLENGER

987

	5			2				8
			8					
	7	9			6			4
			5	6			7	
2	9						6	1
	3			9	1			
5			3			7	1	
					5			
4				1			2	

988

8	5		7					1
							7	
	3			2		5		
	8		1	5				
4		1				7		2
				4	9		1	
		9		8			2	
	4							
2					3		6	8

CHALLENGER

989

4				9		7	2	
	6		5	2		4		
		2						1
	5				2	8		
			6		9			
		3	4				9	
8						5		
		5		6	8		4	
	2	7		5				9

990

					8		2	
7						3		9
2			5	4				7
					2	9	1	
	9			7			3	
	6	2	9					
6				1	7			5
5		3						6
	4		8					

991

			5	6				4
	7	5						6
4	2					1		
	3	8			9	5		
				3				
		9	2			8	3	
		4					1	5
3						4	6	
6				9	7			

992

	8			1			4	
5				9	7			
		6	4			1		3
	7	8			1			
			6		5			
			7			3	1	
9		2			4	8		
		7	2					4
	3			9			6	

993

					4			
2	4			9			7	
		1		8		9		
	1	8	7					2
		9	2		8	7		
6					9	5	3	
		4		5		2		
	6			4			8	5
			1					

994

				9		8		1
8	3				6		4	
2			4					
		8			5	7		
	6		8		9		5	
		5	7			9		
					7			6
	7		2				8	4
1			2		5			

995

7	1							
	3		9	1		4		
					5		9	
	9		3			2		
1			7		9			6
		3			8		1	
	2		5					
		5		9	4		7	
							8	9

996

		6			3			
	7					4		
			5	4		6		8
9			6	2			1	
8								9
	2			9	1			4
1		5		6	9			
		4				2		
			7			5		

997

		7		9			8	
	5			6	7			
9						1		
5				8			9	4
			3		1			
7	3		9					2
		4						6
			6	3			7	
	7			8		2		

998

	1					6		
		6	8				4	
3			7				5	
	6		2			9		
		4		7		3		
		7			5		2	
	2				8			4
	4				3	5		
		1					6	

999

	5					6		
6			8		4			
1				7			9	
		3	6			5		9
			2		1			
5		1	3			8		
	4			1				6
			9		6			4
		9					2	

1000

5					1		7	
		3			5			8
	7	4						
		5		9			2	
3			5		4			1
2			8			3		
						1	9	
6			2			8		
	8		9					6

CHALLENGER

1001

1	7			8				
							3	
8		3			6			9
		4	8				9	
6			1		7			5
	2				9	1		
9			6			7		2
	8							
				2			5	6

1002

	5	4						1
9							5	
				5	7		4	
				1		3		6
	9		8		5		2	
1		7		6				
	8		1	2				
	7							2
6						9	3	

1003

6			9				5	
				1		9		2
		1			2	3		
					4		9	8
7			1		5			4
4	6		7					
		6	2			8		
5		2		6				
	8				7			5

1004

	6			3				
4	5					7		8
			4		6		3	
	7			1		5		
5			3		2			1
		4		6			7	
	9		2		1			
6		1					2	7
				4			1	

1005

1				6			2	
		5			9			4
7					4		3	
	2				3		8	
		6		4		2		
	8		6				5	
	3		4					2
9			3			1		
	1			5				8

1006

5			9					
		8			3		7	
			8	5		2		6
	9	7						2
			3	9	2			
2						3	8	
1		4		8	6			
	2		7			4		
					4			7

1007

7					2	8	4	
		6	5					9
			8	1				
4					6		9	
		2		4		7		
	7		1					4
				8	1			
2					5	3		
	1	9	6					8

1008

7			5					
		4					6	
		5	3		9	2		
4	7			9		5		
5				7				4
		1		2			3	8
		9	6		1	8		
	8					1		
					7			9

1009

		3			9			
5		1			4			8
			2					9
		5	7					6
	1			6			4	
9					2	1		
3					6			
4			1			2		3
			8			5		

1010

2						3	7	
		5	6			8		
			4	2			9	
			9		4	1	5	
	5	6	3		1			
	2			5	6			
		3			9	7		
	1	7						8

CHALLENGER

1011

	3		4			2		5
	2							1
		9			5		6	
8			6					
	7			8			2	
					9			7
	4		7			9		
2								1
3		1			8		5	

1012

	1		9					4
9		6				3		
					7			
3	7		1	6				
6		4				5		9
			4	9			6	3
			6					
	8					6		2
7				2		5		

510

1013

9				5			7	
	6		3			2		
					2	5		3
				8	1	4		
			4					
	8	6	7					
2		9	8					
	5			4		2		
	4		9					6

1014

8		2				5		
	5				3		1	
1			4		9			
7			9	8				
9								5
				7	4			1
			6		7			4
	1		3				5	
		4				6		2

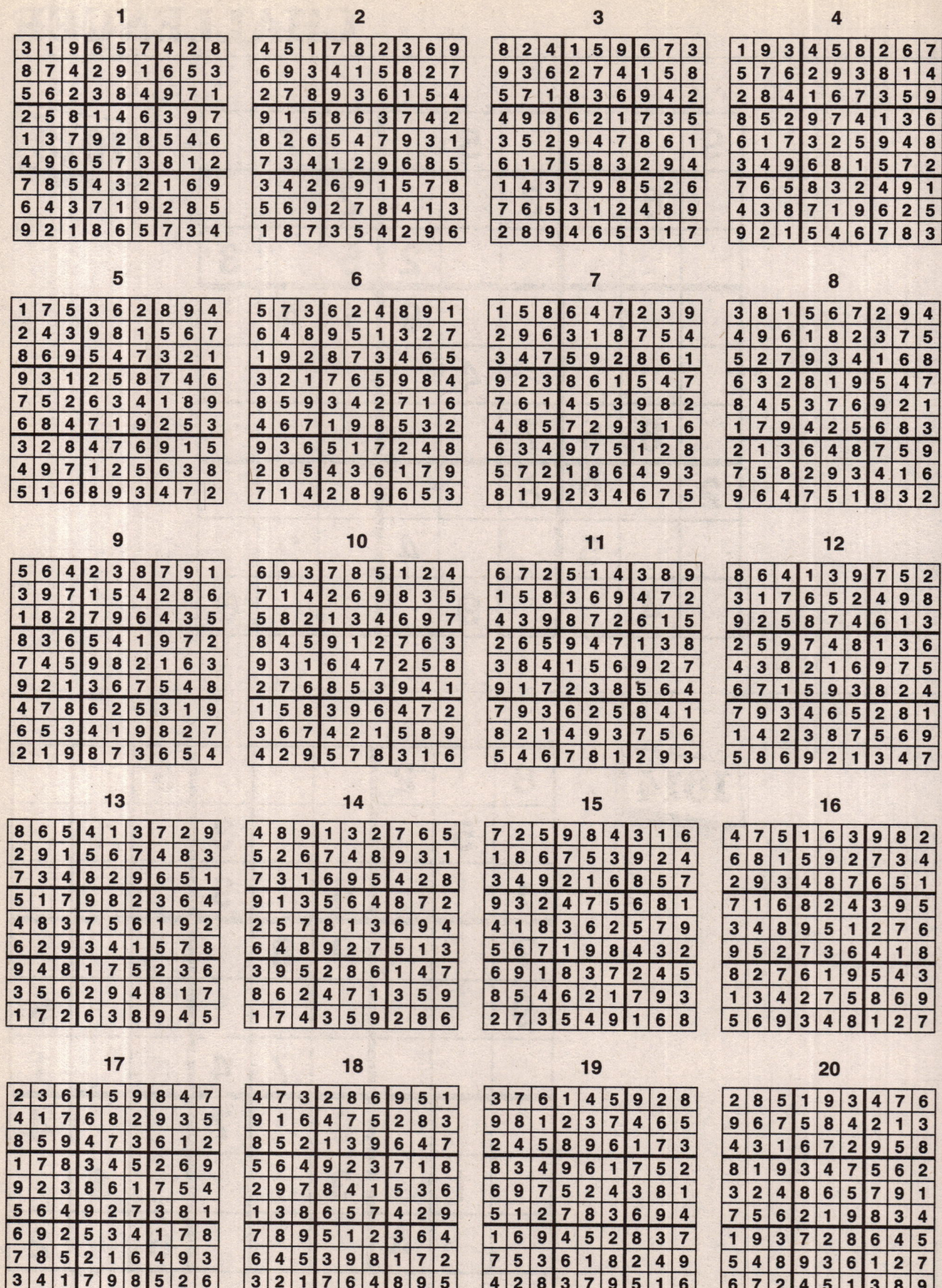

1

3	1	9	6	5	7	4	2	8
8	7	4	2	9	1	6	5	3
5	6	2	3	8	4	9	7	1
2	5	8	1	4	6	3	9	7
1	3	7	9	2	8	5	4	6
4	9	6	5	7	3	8	1	2
7	8	5	4	3	2	1	6	9
6	4	3	7	1	9	2	8	5
9	2	1	8	6	5	7	3	4

2

4	5	1	7	8	2	3	6	9
6	9	3	4	1	5	8	2	7
2	7	8	9	3	6	1	5	4
9	1	5	8	6	3	7	4	2
8	2	6	5	4	7	9	3	1
7	3	4	1	2	9	6	8	5
3	4	2	6	9	1	5	7	8
5	6	9	2	7	8	4	1	3
1	8	7	3	5	4	2	9	6

3

8	2	4	1	5	9	6	7	3
9	3	6	2	7	4	1	5	8
5	7	1	8	3	6	9	4	2
4	9	8	6	2	1	7	3	5
3	5	2	9	4	7	8	6	1
6	1	7	5	8	3	2	9	4
1	4	3	7	9	8	5	2	6
7	6	5	3	1	2	4	8	9
2	8	9	4	6	5	3	1	7

4

1	9	3	4	5	8	2	6	7
5	7	6	2	9	3	8	1	4
2	8	4	1	6	7	3	5	9
8	5	2	9	7	4	1	3	6
6	1	7	3	2	5	9	4	8
3	4	9	6	8	1	5	7	2
7	6	5	8	3	2	4	9	1
4	3	8	7	1	9	6	2	5
9	2	1	5	4	6	7	8	3

5

1	7	5	3	6	2	8	9	4
2	4	3	9	8	1	5	6	7
8	6	9	5	4	7	3	2	1
9	3	1	2	5	8	7	4	6
7	5	2	6	3	4	1	8	9
6	8	4	7	1	9	2	5	3
3	2	8	4	7	6	9	1	5
4	9	7	1	2	5	6	3	8
5	1	6	8	9	3	4	7	2

6

5	7	3	6	2	4	8	9	1
6	4	8	9	5	1	3	2	7
1	9	2	8	7	3	4	6	5
3	2	1	7	6	5	9	8	4
8	5	9	3	4	2	7	1	6
4	6	7	1	9	8	5	3	2
9	3	6	5	1	7	2	4	8
2	8	5	4	3	6	1	7	9
7	1	4	2	8	9	6	5	3

7

1	5	8	6	4	7	2	3	9
2	9	6	3	1	8	7	5	4
3	4	7	5	9	2	8	6	1
9	2	3	8	6	1	5	4	7
7	6	1	4	5	3	9	8	2
4	8	5	7	2	9	3	1	6
6	3	4	9	7	5	1	2	8
5	7	2	1	8	6	4	9	3
8	1	9	2	3	4	6	7	5

8

3	8	1	5	6	7	2	9	4
4	9	6	1	8	2	3	7	5
5	2	7	9	3	4	1	6	8
6	3	2	8	1	9	5	4	7
8	4	5	3	7	6	9	2	1
1	7	9	4	2	5	6	8	3
2	1	3	6	4	8	7	5	9
7	5	8	2	9	3	4	1	6
9	6	4	7	5	1	8	3	2

9

5	6	4	2	3	8	7	9	1
3	9	7	1	5	4	2	8	6
1	8	2	7	9	6	4	3	5
8	3	6	5	4	1	9	7	2
7	4	5	9	8	2	1	6	3
9	2	1	3	6	7	5	4	8
4	7	8	6	2	5	3	1	9
6	5	3	4	1	9	8	2	7
2	1	9	8	7	3	6	5	4

10

6	9	3	7	8	5	1	2	4
7	1	4	2	6	9	8	3	5
5	8	2	1	3	4	6	9	7
8	4	5	9	1	2	7	6	3
9	3	1	6	4	7	2	5	8
2	7	6	8	5	3	9	4	1
1	5	8	3	9	6	4	7	2
3	6	7	4	2	1	5	8	9
4	2	9	5	7	8	3	1	6

11

6	7	2	5	1	4	3	8	9
1	5	8	3	6	9	4	7	2
4	3	9	8	7	2	6	1	5
2	6	5	9	4	7	1	3	8
3	8	4	1	5	6	9	2	7
9	1	7	2	3	8	5	6	4
7	9	3	6	2	5	8	4	1
8	2	1	4	9	3	7	5	6
5	4	6	7	8	1	2	9	3

12

8	6	4	1	3	9	7	5	2
3	1	7	6	5	2	4	9	8
9	2	5	8	7	4	6	1	3
2	5	9	7	4	8	1	3	6
4	3	8	2	1	6	9	7	5
6	7	1	5	9	3	8	2	4
7	9	3	4	6	5	2	8	1
1	4	2	3	8	7	5	6	9
5	8	6	9	2	1	3	4	7

13

8	6	5	4	1	3	7	2	9
2	9	1	5	6	7	4	8	3
7	3	4	8	2	9	6	5	1
5	1	7	9	8	2	3	6	4
4	8	3	7	5	6	1	9	2
6	2	9	3	4	1	5	7	8
9	4	8	1	7	5	2	3	6
3	5	6	2	9	4	8	1	7
1	7	2	6	3	8	9	4	5

14

4	8	9	1	3	2	7	6	5
5	2	6	7	4	8	9	3	1
7	3	1	6	9	5	4	2	8
9	1	3	5	6	4	8	7	2
2	5	7	8	1	3	6	9	4
6	4	8	9	2	7	5	1	3
3	9	5	2	8	6	1	4	7
8	6	2	4	7	1	3	5	9
1	7	4	3	5	9	2	8	6

15

7	2	5	9	8	4	3	1	6
1	8	6	7	5	3	9	2	4
3	4	9	2	1	6	8	5	7
9	3	2	4	7	5	6	8	1
4	1	8	3	6	2	5	7	9
5	6	7	1	9	8	4	3	2
6	9	1	8	3	7	2	4	5
8	5	4	6	2	1	7	9	3
2	7	3	5	4	9	1	6	8

16

4	7	5	1	6	3	9	8	2
6	8	1	5	9	2	7	3	4
2	9	3	4	8	7	6	5	1
7	1	6	8	2	4	3	9	5
3	4	8	9	5	1	2	7	6
9	5	2	7	3	6	4	1	8
8	2	7	6	1	9	5	4	3
1	3	4	2	7	5	8	6	9
5	6	9	3	4	8	1	2	7

17

2	3	6	1	5	9	8	4	7
4	1	7	6	8	2	9	3	5
8	5	9	4	7	3	6	1	2
1	7	8	3	4	5	2	6	9
9	2	3	8	6	1	7	5	4
5	6	4	9	2	7	3	8	1
6	9	2	5	3	4	1	7	8
7	8	5	2	1	6	4	9	3
3	4	1	7	9	8	5	2	6

18

4	7	3	2	8	6	9	5	1
9	1	6	4	7	5	2	8	3
8	5	2	1	3	9	6	4	7
5	6	4	9	2	3	7	1	8
2	9	7	8	4	1	5	3	6
1	3	8	6	5	7	4	2	9
7	8	9	5	1	2	3	6	4
6	4	5	3	9	8	1	7	2
3	2	1	7	6	4	8	9	5

19

3	7	6	1	4	5	9	2	8
9	8	1	2	3	7	4	6	5
2	4	5	8	9	6	1	7	3
8	3	4	9	6	1	7	5	2
6	9	7	5	2	4	3	8	1
5	1	2	7	8	3	6	9	4
1	6	9	4	5	2	8	3	7
7	5	3	6	1	8	2	4	9
4	2	8	3	7	9	5	1	6

20

2	8	5	1	9	3	4	7	6
9	6	7	5	8	4	2	1	3
4	3	1	6	7	2	9	5	8
8	1	9	3	4	7	5	6	2
3	2	4	8	6	5	7	9	1
7	5	6	2	1	9	8	3	4
1	9	3	7	2	8	6	4	5
5	4	8	9	3	6	1	2	7
6	7	2	4	5	1	3	8	9

21

```
6 3 9 7 2 4 1 8 5
2 5 1 6 3 8 4 9 7
8 7 4 9 1 5 2 3 6
9 6 7 1 4 2 3 5 8
1 2 3 8 5 6 7 4 9
4 8 5 3 9 7 6 2 1
5 4 6 2 8 1 9 7 3
7 9 8 4 6 3 5 1 2
3 1 2 5 7 9 8 6 4
```

22

```
3 5 6 7 8 2 4 1 9
7 9 4 5 3 1 8 6 2
2 8 1 6 9 4 7 3 5
5 6 7 2 1 8 3 9 4
4 2 9 3 5 7 6 8 1
1 3 8 4 6 9 5 2 7
9 1 5 8 4 6 2 7 3
8 4 2 9 7 3 1 5 6
6 7 3 1 2 5 9 4 8
```

23

```
5 1 8 7 6 9 2 4 3
6 2 9 8 3 4 7 1 5
4 3 7 2 5 1 8 6 9
3 4 6 5 9 2 1 8 7
7 8 1 3 4 6 5 9 2
9 5 2 1 8 7 6 3 4
1 7 3 9 2 8 4 5 6
8 9 4 6 7 5 3 2 1
2 6 5 4 1 3 9 7 8
```

24

```
7 3 6 4 8 9 2 5 1
5 2 9 3 6 1 7 4 8
8 1 4 5 2 7 3 9 6
2 6 1 9 3 5 4 8 7
9 8 3 6 7 4 1 2 5
4 7 5 8 1 2 9 6 3
6 4 8 7 9 3 5 1 2
1 9 7 2 5 6 8 3 4
3 5 2 1 4 8 6 7 9
```

25

```
6 3 9 2 4 1 5 8 7
8 5 4 7 9 6 2 3 1
1 7 2 5 8 3 9 6 4
3 8 1 4 5 7 6 2 9
7 2 5 9 6 8 4 1 3
4 9 6 1 3 2 8 7 5
9 1 3 6 2 4 7 5 8
5 6 8 3 7 9 1 4 2
2 4 7 8 1 5 3 9 6
```

26

```
5 8 7 9 2 3 6 4 1
3 6 2 1 4 8 9 5 7
9 4 1 5 6 7 8 3 2
2 9 5 6 1 4 3 7 8
7 3 6 8 9 2 5 1 4
4 1 8 7 3 5 2 6 9
8 5 4 2 7 6 1 9 3
6 7 9 3 8 1 4 2 5
1 2 3 4 5 9 7 8 6
```

27

```
9 3 7 8 4 2 5 6 1
2 5 6 7 1 9 4 8 3
4 8 1 5 6 3 9 2 7
8 6 2 3 9 5 1 7 4
1 9 5 4 7 6 2 3 8
3 7 4 2 8 1 6 5 9
6 4 3 1 2 7 8 9 5
5 1 9 6 3 8 7 4 2
7 2 8 9 5 4 3 1 6
```

28

```
9 3 1 6 8 5 7 2 4
7 4 6 2 3 9 8 1 5
8 2 5 1 7 4 3 6 9
1 5 2 3 9 7 6 4 8
6 7 3 4 2 8 5 9 1
4 8 9 5 6 1 2 7 3
5 6 4 8 1 2 9 3 7
3 9 8 7 4 6 1 5 2
2 1 7 9 5 3 4 8 6
```

29

```
2 7 4 5 8 3 9 1 6
1 5 8 6 9 4 7 2 3
3 9 6 7 1 2 5 4 8
5 6 9 1 7 8 2 3 4
7 4 3 9 2 6 1 8 5
8 1 2 4 3 5 6 9 7
9 3 7 8 5 1 4 6 2
6 2 1 3 4 7 8 5 9
4 8 5 2 6 9 3 7 1
```

30

```
8 9 6 3 7 5 1 4 2
4 7 1 2 6 8 9 5 3
2 5 3 4 1 9 8 7 6
5 1 8 7 2 3 6 9 4
7 3 4 8 9 6 2 1 5
9 6 2 1 5 4 3 8 7
1 2 9 6 4 7 5 3 8
6 8 7 5 3 1 4 2 9
3 4 5 9 8 2 7 6 1
```

31

```
8 3 7 5 2 4 1 6 9
1 4 6 9 7 8 3 2 5
2 5 9 6 3 1 7 8 4
3 7 1 2 8 5 4 9 6
5 6 8 4 1 9 2 7 3
9 2 4 7 6 3 8 5 1
4 1 2 8 9 6 5 3 7
7 9 5 3 4 2 6 1 8
6 8 3 1 5 7 9 4 2
```

32

```
2 8 6 1 4 9 5 7 3
9 7 1 6 3 5 8 4 2
5 4 3 8 2 7 6 1 9
3 9 8 5 1 2 4 6 7
4 1 7 9 6 3 2 8 5
6 5 2 7 8 4 3 9 1
1 6 9 2 5 8 7 3 4
7 2 4 3 9 6 1 5 8
8 3 5 4 7 1 9 2 6
```

33

```
2 7 9 6 3 4 8 5 1
3 8 6 7 5 1 4 9 2
4 1 5 8 2 9 6 3 7
6 9 3 2 7 5 1 4 8
1 4 8 3 9 6 2 7 5
7 5 2 4 1 8 9 6 3
5 6 1 9 8 3 7 2 4
8 2 4 5 6 7 3 1 9
9 3 7 1 4 2 5 8 6
```

34

```
7 8 6 4 9 2 1 3 5
4 9 1 6 5 3 8 7 2
5 3 2 7 1 8 6 9 4
2 4 3 8 6 5 9 1 7
1 5 7 2 3 9 4 8 6
9 6 8 1 4 7 2 5 3
8 7 4 3 2 1 5 6 9
3 2 5 9 8 6 7 4 1
6 1 9 5 7 4 3 2 8
```

35

```
5 1 9 3 7 2 4 8 6
6 3 7 4 8 1 9 5 2
2 8 4 6 9 5 7 3 1
4 9 6 5 1 8 3 2 7
8 2 1 7 3 4 5 6 9
3 7 5 2 6 9 1 4 8
9 5 2 1 4 6 8 7 3
1 6 3 8 5 7 2 9 4
7 4 8 9 2 3 6 1 5
```

36

```
8 6 1 7 9 5 4 2 3
2 9 4 1 3 8 7 6 5
3 5 7 2 6 4 9 8 1
1 4 5 9 8 2 6 3 7
6 2 8 3 1 7 5 9 4
7 3 9 5 4 6 8 1 2
9 7 3 8 5 1 2 4 6
5 1 6 4 2 9 3 7 8
4 8 2 6 7 3 1 5 9
```

37

```
1 4 9 8 7 2 3 6 5
2 3 6 9 4 5 8 1 7
8 5 7 6 1 3 2 9 4
4 7 2 3 6 9 1 5 8
3 9 8 7 5 1 4 2 6
5 6 1 4 2 8 9 7 3
9 2 4 5 3 7 6 8 1
7 8 3 1 9 6 5 4 2
6 1 5 2 8 4 7 3 9
```

38

```
6 7 8 2 9 3 1 4 5
3 2 1 7 5 4 6 8 9
4 5 9 6 1 8 2 3 7
2 9 7 5 4 6 3 1 8
1 3 4 8 2 7 5 9 6
8 6 5 1 3 9 4 7 2
7 1 6 3 8 5 9 2 4
5 4 3 9 7 2 8 6 1
9 8 2 4 6 1 7 5 3
```

39

```
1 4 7 6 3 5 2 9 8
9 8 2 4 1 7 3 6 5
6 3 5 2 8 9 7 1 4
7 5 1 8 9 3 4 2 6
4 9 3 7 2 6 5 8 1
8 2 6 1 5 4 9 7 3
3 1 9 5 6 2 8 4 7
2 6 4 3 7 8 1 5 9
5 7 8 9 4 1 6 3 2
```

40

```
6 3 8 2 5 7 1 9 4
5 2 9 4 1 6 7 8 3
1 4 7 8 9 3 5 6 2
3 6 5 1 7 2 8 4 9
8 1 2 3 4 9 6 7 5
9 7 4 6 8 5 3 2 1
2 5 6 7 3 4 9 1 8
4 9 1 5 6 8 2 3 7
7 8 3 9 2 1 4 5 6
```

41

5	6	2	3	1	9	4	7	8
4	8	3	7	2	6	1	9	5
1	9	7	5	4	8	3	6	2
7	4	5	8	9	3	2	1	6
8	1	9	2	6	5	7	3	4
2	3	6	1	7	4	8	5	9
9	2	1	4	5	7	6	8	3
6	7	8	9	3	2	5	4	1
3	5	4	6	8	1	9	2	7

42

8	4	2	9	5	3	7	1	6
3	1	6	8	7	2	5	9	4
5	7	9	6	4	1	3	8	2
4	8	1	7	2	5	6	3	9
6	9	7	3	8	4	1	2	5
2	5	3	1	6	9	4	7	8
7	2	4	5	1	8	9	6	3
1	3	5	2	9	6	8	4	7
9	6	8	4	3	7	2	5	1

43

6	7	2	1	9	8	4	5	3
9	3	4	2	7	5	1	6	8
8	1	5	4	3	6	2	7	9
4	6	8	9	5	7	3	1	2
7	5	1	3	8	2	9	4	6
3	2	9	6	1	4	5	8	7
1	8	6	5	2	3	7	9	4
5	4	3	7	6	9	8	2	1
2	9	7	8	4	1	6	3	5

44

1	4	8	3	6	9	2	7	5
3	2	7	5	8	4	9	1	6
9	6	5	2	7	1	4	8	3
7	1	4	9	2	6	3	5	8
8	5	2	4	1	3	7	6	9
6	9	3	7	5	8	1	2	4
2	8	9	6	4	7	5	3	1
4	7	1	8	3	5	6	9	2
5	3	6	1	9	2	8	4	7

45

3	8	2	9	6	5	1	7	4
4	9	5	1	7	3	8	6	2
7	1	6	2	8	4	5	9	3
9	3	4	6	5	2	7	1	8
2	5	1	7	9	8	4	3	6
6	7	8	4	3	1	9	2	5
8	6	7	3	4	9	2	5	1
5	2	3	8	1	7	6	4	9
1	4	9	5	2	6	3	8	7

46

8	1	2	9	4	6	7	3	5
3	6	4	7	5	2	8	1	9
9	5	7	8	3	1	4	6	2
2	4	9	5	1	3	6	8	7
1	8	6	2	7	4	5	9	3
5	7	3	6	8	9	1	2	4
7	9	8	1	2	5	3	4	6
4	2	1	3	6	7	9	5	8
6	3	5	4	9	8	2	7	1

47

1	2	6	5	8	7	9	4	3
7	9	8	6	4	3	2	1	5
5	3	4	9	1	2	8	7	6
3	7	2	4	9	6	1	5	8
4	1	5	7	2	8	6	3	9
6	8	9	1	3	5	4	2	7
8	6	3	2	7	4	5	9	1
2	5	1	3	6	9	7	8	4
9	4	7	8	5	1	3	6	2

48

6	1	5	8	2	4	9	7	3
8	7	3	1	9	6	4	5	2
2	4	9	5	3	7	6	8	1
3	2	1	4	7	5	8	9	6
5	9	8	2	6	1	3	4	7
7	6	4	3	8	9	2	1	5
1	3	7	6	4	8	5	2	9
4	5	6	9	1	2	7	3	8
9	8	2	7	5	3	1	6	4

49

7	5	4	9	3	6	1	8	2
2	6	9	1	8	7	5	4	3
3	8	1	5	2	4	7	6	9
6	4	8	3	5	9	2	7	1
5	1	2	4	7	8	9	3	6
9	7	3	6	1	2	8	5	4
1	2	5	7	6	3	4	9	8
8	9	6	2	4	5	3	1	7
4	3	7	8	9	1	6	2	5

50

3	1	8	6	9	7	4	5	2
5	6	4	1	3	2	9	7	8
9	2	7	4	8	5	6	3	1
8	3	9	5	6	4	1	2	7
1	5	2	9	7	3	8	6	4
7	4	6	8	2	1	5	9	3
4	7	1	2	5	6	3	8	9
2	9	5	3	4	8	7	1	6
6	8	3	7	1	9	2	4	5

51

3	4	1	8	6	9	5	7	2
2	7	6	5	4	3	9	1	8
8	5	9	7	2	1	6	3	4
1	2	4	9	3	7	8	6	5
7	9	8	6	1	5	2	4	3
5	6	3	2	8	4	1	9	7
9	1	5	4	7	8	3	2	6
6	8	7	3	9	2	4	5	1
4	3	2	1	5	6	7	8	9

52

8	4	7	6	5	1	2	9	3
1	3	2	7	9	8	4	6	5
9	5	6	3	2	4	7	1	8
2	1	5	8	3	7	9	4	6
7	9	4	5	1	6	3	8	2
3	6	8	9	4	2	1	5	7
4	7	1	2	6	5	8	3	9
6	2	9	1	8	3	5	7	4
5	8	3	4	7	9	6	2	1

53

3	1	2	5	4	7	6	8	9
9	6	8	3	2	1	4	7	5
5	7	4	6	8	9	1	2	3
7	3	6	8	1	4	5	9	2
2	4	1	9	5	3	8	6	7
8	5	9	7	6	2	3	4	1
6	8	3	2	7	5	9	1	4
4	2	5	1	9	6	7	3	8
1	9	7	4	3	8	2	5	6

54

1	5	8	9	4	2	7	3	6
7	2	6	1	5	3	8	4	9
9	3	4	7	6	8	2	1	5
6	8	2	5	9	1	3	7	4
5	4	1	3	7	6	9	2	8
3	7	9	2	8	4	5	6	1
4	6	5	8	3	7	1	9	2
2	9	3	4	1	5	6	8	7
8	1	7	6	2	9	4	5	3

55

8	2	9	3	5	7	4	6	1
5	1	7	4	6	9	2	8	3
3	4	6	1	8	2	9	5	7
4	6	5	7	2	8	1	3	9
1	8	2	5	9	3	7	4	6
9	7	3	6	4	1	5	2	8
7	9	8	2	3	4	6	1	5
2	5	1	8	7	6	3	9	4
6	3	4	9	1	5	8	7	2

56

6	5	3	7	4	8	1	2	9
1	7	8	9	5	2	4	6	3
4	2	9	3	1	6	8	7	5
3	4	1	2	6	5	7	9	8
5	8	6	1	9	7	3	4	2
2	9	7	4	8	3	5	1	6
9	1	5	6	3	4	2	8	7
8	6	2	5	7	1	9	3	4
7	3	4	8	2	9	6	5	1

57

1	5	2	4	8	9	3	6	7
8	6	4	3	2	7	9	1	5
9	7	3	1	6	5	2	4	8
7	2	6	5	3	1	4	8	9
3	1	9	8	4	6	5	7	2
5	4	8	9	7	2	6	3	1
6	9	1	7	5	3	8	2	4
2	8	5	6	1	4	7	9	3
4	3	7	2	9	8	1	5	6

58

3	7	2	4	1	8	6	9	5
5	8	1	7	9	6	4	2	3
6	4	9	5	2	3	1	8	7
4	1	3	6	8	2	5	7	9
2	9	6	1	7	5	3	4	8
8	5	7	3	4	9	2	6	1
9	2	5	8	6	1	7	3	4
7	3	8	2	5	4	9	1	6
1	6	4	9	3	7	8	5	2

59

4	9	2	8	3	7	6	5	1
3	1	5	2	6	4	7	8	9
6	7	8	9	5	1	2	4	3
7	3	6	4	1	8	9	2	5
2	4	1	5	9	3	8	7	6
5	8	9	6	7	2	1	3	4
1	5	3	7	8	6	4	9	2
9	2	7	1	4	5	3	6	8
8	6	4	3	2	9	5	1	7

60

8	4	9	5	6	2	3	7	1
1	3	6	8	7	4	2	5	9
5	7	2	3	1	9	4	6	8
3	8	1	4	5	7	9	2	6
7	9	4	6	2	3	1	8	5
6	2	5	9	8	1	7	4	3
9	5	7	2	3	8	6	1	4
2	6	3	1	4	5	8	9	7
4	1	8	7	9	6	5	3	2

61

5	1	7	6	8	2	3	4	9
8	3	2	4	9	1	5	6	7
9	6	4	5	3	7	8	1	2
7	4	5	3	6	9	1	2	8
1	2	6	7	5	8	9	3	4
3	9	8	2	1	4	7	5	6
2	8	9	1	4	3	6	7	5
4	5	1	9	7	6	2	8	3
6	7	3	8	2	5	4	9	1

62

9	2	1	8	7	4	6	3	5
5	4	7	6	2	3	9	1	8
8	3	6	9	1	5	2	7	4
2	6	9	7	5	1	8	4	3
7	8	4	3	9	2	5	6	1
3	1	5	4	6	8	7	9	2
6	5	3	2	4	7	1	8	9
1	7	8	5	3	9	4	2	6
4	9	2	1	8	6	3	5	7

63

6	1	8	2	3	4	7	5	9
2	9	4	6	7	5	1	8	3
5	3	7	8	9	1	2	6	4
8	2	9	4	1	7	5	3	6
1	4	3	5	6	2	8	9	7
7	5	6	3	8	9	4	2	1
3	6	1	7	5	8	9	4	2
4	7	5	9	2	3	6	1	8
9	8	2	1	4	6	3	7	5

64

4	8	1	9	7	3	2	6	5
2	5	3	6	4	8	7	9	1
7	9	6	5	2	1	4	3	8
3	7	9	1	6	5	8	4	2
1	6	4	2	8	7	9	5	3
8	2	5	3	9	4	1	7	6
5	1	2	4	3	9	6	8	7
6	4	8	7	5	2	3	1	9
9	3	7	8	1	6	5	2	4

65

3	5	6	4	7	8	1	9	2
7	4	8	1	2	9	3	5	6
9	2	1	3	5	6	7	4	8
2	6	3	7	9	4	5	8	1
1	9	5	8	6	2	4	3	7
4	8	7	5	3	1	6	2	9
8	1	9	6	4	3	2	7	5
5	3	2	9	1	7	8	6	4
6	7	4	2	8	5	9	1	3

66

8	7	3	5	1	9	6	4	2
2	5	6	7	4	8	9	3	1
4	1	9	2	3	6	5	7	8
5	8	7	1	9	3	2	6	4
3	2	4	6	5	7	8	1	9
9	6	1	8	2	4	3	5	7
6	9	2	3	7	1	4	8	5
1	4	8	9	6	5	7	2	3
7	3	5	4	8	2	1	9	6

67

9	1	3	7	2	6	4	5	8
6	2	5	4	8	9	3	1	7
7	8	4	3	5	1	9	6	2
8	6	9	5	7	3	1	2	4
5	3	2	6	1	4	7	8	9
1	4	7	8	9	2	6	3	5
3	7	6	2	4	5	8	9	1
4	5	1	9	3	8	2	7	6
2	9	8	1	6	7	5	4	3

68

2	5	3	8	1	7	4	6	9
8	6	9	4	5	3	2	7	1
1	4	7	6	2	9	8	3	5
5	3	4	1	7	2	6	9	8
9	1	2	3	8	6	5	4	7
7	8	6	9	4	5	1	2	3
3	9	1	5	6	4	7	8	2
6	2	8	7	9	1	3	5	4
4	7	5	2	3	8	9	1	6

69

5	7	9	6	3	2	1	8	4
3	4	2	7	8	1	9	5	6
1	6	8	4	5	9	2	3	7
9	1	5	8	7	6	3	4	2
4	2	6	3	1	5	8	7	9
8	3	7	9	2	4	6	1	5
6	8	1	2	4	7	5	9	3
2	5	4	1	9	3	7	6	8
7	9	3	5	6	8	4	2	1

70

3	6	9	4	7	2	8	1	5
7	1	8	6	5	9	2	3	4
5	4	2	3	8	1	9	6	7
8	3	6	2	1	4	7	5	9
2	5	4	7	9	3	1	8	6
1	9	7	5	6	8	4	2	3
9	2	3	1	4	5	6	7	8
6	8	1	9	3	7	5	4	2
4	7	5	8	2	6	3	9	1

71

4	3	2	9	1	6	8	7	5
5	8	6	4	3	7	2	9	1
7	9	1	2	5	8	4	3	6
9	1	7	6	4	5	3	2	8
2	5	3	8	7	1	9	6	4
8	6	4	3	2	9	1	5	7
3	7	9	1	6	4	5	8	2
1	2	5	7	8	3	6	4	9
6	4	8	5	9	2	7	1	3

72

2	9	1	3	4	5	8	7	6
4	5	6	8	9	7	2	1	3
8	7	3	2	1	6	9	5	4
9	1	5	7	8	4	6	3	2
7	3	8	6	2	1	4	9	5
6	2	4	9	5	3	1	8	7
1	4	2	5	3	8	7	6	9
5	8	7	4	6	9	3	2	1
3	6	9	1	7	2	5	4	8

73

4	6	5	3	9	2	1	8	7
2	8	3	1	4	7	5	6	9
9	1	7	8	5	6	3	2	4
3	2	8	6	7	5	4	9	1
1	4	9	2	8	3	7	5	6
7	5	6	9	1	4	2	3	8
6	3	4	7	2	9	8	1	5
8	7	2	5	6	1	9	4	3
5	9	1	4	3	8	6	7	2

74

9	6	2	5	4	7	1	3	8
5	3	7	8	6	1	2	9	4
4	1	8	3	2	9	7	5	6
1	7	5	9	8	4	3	6	2
2	4	6	1	5	3	9	8	7
3	8	9	6	7	2	5	4	1
8	9	4	2	1	5	6	7	3
6	2	3	7	9	8	4	1	5
7	5	1	4	3	6	8	2	9

75

5	9	7	4	8	1	3	2	6
2	1	8	7	6	3	9	4	5
6	4	3	9	2	5	7	1	8
4	3	6	8	1	2	5	7	9
7	5	9	6	3	4	1	8	2
1	8	2	5	9	7	4	6	3
3	7	5	2	4	6	8	9	1
8	2	1	3	7	9	6	5	4
9	6	4	1	5	8	2	3	7

76

6	4	1	9	7	8	5	3	2
9	3	8	5	6	2	1	4	7
2	7	5	4	3	1	6	8	9
7	8	9	3	2	5	4	6	1
1	2	3	6	8	4	9	7	5
5	6	4	7	1	9	3	2	8
8	5	7	1	4	3	2	9	6
4	1	2	8	9	6	7	5	3
3	9	6	2	5	7	8	1	4

77

9	7	1	5	4	2	6	3	8
3	2	6	9	1	8	7	5	4
5	8	4	6	3	7	9	2	1
8	4	9	7	2	3	1	6	5
2	6	7	8	5	1	4	9	3
1	3	5	4	6	9	2	8	7
6	9	3	1	7	5	8	4	2
4	1	2	3	8	6	5	7	9
7	5	8	2	9	4	3	1	6

78

6	8	5	2	4	7	3	1	9
1	7	4	8	3	9	2	5	6
9	2	3	1	6	5	7	8	4
5	1	8	7	2	4	6	9	3
2	3	7	6	9	8	5	4	1
4	9	6	5	1	3	8	2	7
3	6	1	4	8	2	9	7	5
8	5	9	3	7	1	4	6	2
7	4	2	9	5	6	1	3	8

79

3	1	4	7	5	8	9	2	6
2	9	5	6	1	4	7	8	3
8	6	7	9	2	3	1	5	4
5	4	9	8	3	6	2	7	1
1	7	2	5	4	9	6	3	8
6	3	8	1	7	2	4	9	5
7	2	3	4	8	1	5	6	9
9	8	1	2	6	5	3	4	7
4	5	6	3	9	7	8	1	2

80

5	9	4	6	3	8	2	7	1
3	7	1	2	5	4	6	8	9
6	8	2	1	9	7	4	5	3
8	5	3	4	7	1	9	2	6
9	2	7	8	6	3	5	1	4
1	4	6	9	2	5	7	3	8
2	3	8	5	4	9	1	6	7
7	6	9	3	1	2	8	4	5
4	1	5	7	8	6	3	9	2

81

4	9	6	5	8	2	3	7	1
7	5	1	4	3	6	8	2	9
2	8	3	1	7	9	6	4	5
5	4	9	2	1	8	7	6	3
1	2	8	7	6	3	5	9	4
3	6	7	9	4	5	2	1	8
8	1	2	6	5	4	9	3	7
9	3	4	8	2	7	1	5	6
6	7	5	3	9	1	4	8	2

82

2	3	6	9	4	8	7	5	1
5	7	1	3	2	6	9	4	8
8	4	9	1	7	5	3	6	2
3	2	5	4	1	7	8	9	6
7	9	8	6	5	3	2	1	4
6	1	4	2	8	9	5	3	7
4	6	3	8	9	2	1	7	5
9	5	2	7	6	1	4	8	3
1	8	7	5	3	4	6	2	9

83

1	6	3	7	2	9	8	5	4
4	5	9	1	8	3	7	2	6
8	2	7	4	6	5	1	9	3
9	8	2	6	4	1	3	7	5
5	1	4	3	7	8	2	6	9
3	7	6	9	5	2	4	1	8
6	4	8	2	9	7	5	3	1
2	3	5	8	1	6	9	4	7
7	9	1	5	3	4	6	8	2

84

7	2	5	9	3	8	6	1	4
3	4	1	5	7	6	8	9	2
8	6	9	2	4	1	3	5	7
5	7	4	8	9	3	1	2	6
2	1	3	4	6	5	7	8	9
9	8	6	1	2	7	4	3	5
1	9	8	6	5	4	2	7	3
6	3	2	7	1	9	5	4	8
4	5	7	3	8	2	9	6	1

85

3	8	4	6	2	7	1	9	5
6	1	5	8	9	3	4	7	2
9	2	7	4	5	1	8	6	3
5	9	6	1	4	2	3	8	7
7	4	8	3	6	5	9	2	1
1	3	2	7	8	9	5	4	6
4	6	3	5	7	8	2	1	9
2	7	1	9	3	4	6	5	8
8	5	9	2	1	6	7	3	4

86

9	8	2	1	6	5	7	3	4
5	7	6	9	3	4	1	2	8
1	3	4	8	7	2	6	9	5
3	4	8	2	5	1	9	7	6
2	5	1	7	9	6	4	8	3
7	6	9	4	8	3	2	5	1
8	9	3	6	1	7	5	4	2
4	1	5	3	2	9	8	6	7
6	2	7	5	4	8	3	1	9

87

9	3	5	2	6	8	7	1	4
7	6	8	4	9	1	5	2	3
4	2	1	3	7	5	8	9	6
3	1	4	8	5	9	2	6	7
8	5	6	7	4	2	9	3	1
2	7	9	6	1	3	4	5	8
1	4	7	5	2	6	3	8	9
5	9	3	1	8	4	6	7	2
6	8	2	9	3	7	1	4	5

88

8	3	7	1	5	2	6	4	9
9	2	5	7	4	6	1	8	3
4	6	1	9	3	8	7	2	5
3	5	2	8	9	1	4	7	6
6	4	9	2	7	5	8	3	1
1	7	8	4	6	3	5	9	2
2	8	3	5	1	7	9	6	4
7	1	4	6	2	9	3	5	8
5	9	6	3	8	4	2	1	7

89

4	6	2	3	8	5	9	1	7
3	9	1	2	6	7	5	4	8
8	7	5	1	4	9	3	6	2
2	3	6	5	9	1	7	8	4
9	5	7	4	2	8	6	3	1
1	8	4	7	3	6	2	9	5
7	1	3	6	5	4	8	2	9
6	4	9	8	7	2	1	5	3
5	2	8	9	1	3	4	7	6

90

6	5	2	1	9	8	4	3	7
8	4	9	3	6	7	5	1	2
3	7	1	5	2	4	6	9	8
4	1	5	2	3	9	8	7	6
7	9	6	8	4	1	3	2	5
2	3	8	6	7	5	9	4	1
1	8	7	4	5	3	2	6	9
9	2	3	7	8	6	1	5	4
5	6	4	9	1	2	7	8	3

91

3	9	8	4	7	1	5	6	2
6	1	4	5	2	3	7	9	8
5	2	7	6	9	8	1	4	3
7	5	1	9	3	4	2	8	6
4	8	2	1	6	7	3	5	9
9	3	6	8	5	2	4	1	7
2	6	5	7	1	9	8	3	4
8	7	9	3	4	5	6	2	1
1	4	3	2	8	6	9	7	5

92

9	1	5	4	8	3	7	6	2
4	2	6	7	5	9	1	8	3
7	8	3	1	6	2	9	5	4
2	5	9	8	3	7	4	1	6
6	3	4	9	1	5	8	2	7
1	7	8	6	2	4	3	9	5
3	6	1	5	4	8	2	7	9
5	4	7	2	9	1	6	3	8
8	9	2	3	7	6	5	4	1

93

3	4	5	2	7	9	8	1	6
2	1	7	5	6	8	4	9	3
8	6	9	3	4	1	5	2	7
9	7	6	8	5	4	2	3	1
1	3	4	6	2	7	9	8	5
5	2	8	9	1	3	6	7	4
7	9	1	4	8	6	3	5	2
4	8	2	7	3	5	1	6	9
6	5	3	1	9	2	7	4	8

94

7	4	8	6	3	5	9	2	1
2	3	1	8	9	4	5	7	6
6	9	5	2	1	7	8	3	4
4	5	3	7	8	6	2	1	9
8	2	7	1	5	9	4	6	3
1	6	9	3	4	2	7	5	8
9	1	2	4	7	3	6	8	5
5	8	6	9	2	1	3	4	7
3	7	4	5	6	8	1	9	2

95

4	3	1	9	2	6	7	8	5
8	2	9	5	7	3	6	4	1
7	5	6	1	8	4	9	3	2
9	6	4	2	3	1	8	5	7
3	1	7	4	5	8	2	6	9
2	8	5	7	6	9	4	1	3
1	7	2	8	4	5	3	9	6
5	4	3	6	9	2	1	7	8
6	9	8	3	1	7	5	2	4

96

7	3	8	9	6	2	4	5	1
9	4	2	7	5	1	3	8	6
6	1	5	8	4	3	9	2	7
8	6	7	5	3	4	1	9	2
3	2	9	6	1	8	5	7	4
1	5	4	2	9	7	8	6	3
5	9	3	1	2	6	7	4	8
2	8	1	4	7	9	6	3	5
4	7	6	3	8	5	2	1	9

97

1	3	5	4	6	2	8	9	7
6	7	4	8	9	5	1	3	2
2	9	8	7	1	3	6	5	4
9	2	1	6	3	4	7	8	5
4	8	3	9	5	7	2	6	1
7	5	6	1	2	8	9	4	3
5	4	9	2	7	6	3	1	8
3	1	7	5	8	9	4	2	6
8	6	2	3	4	1	5	7	9

98

6	5	8	1	4	3	2	9	7
4	3	1	9	2	7	8	6	5
7	9	2	5	8	6	4	3	1
1	2	7	3	6	8	5	4	9
8	6	3	4	5	9	1	7	2
9	4	5	7	1	2	6	8	3
2	8	9	6	7	5	3	1	4
3	1	6	2	9	4	7	5	8
5	7	4	8	3	1	9	2	6

99

9	3	7	8	6	4	1	2	5
1	2	8	5	9	7	6	4	3
4	6	5	3	1	2	8	9	7
7	1	9	6	5	8	4	3	2
6	4	2	7	3	9	5	1	8
8	5	3	4	2	1	7	6	9
2	9	4	1	7	5	3	8	6
5	8	6	9	4	3	2	7	1
3	7	1	2	8	6	9	5	4

100

8	2	4	7	1	9	6	5	3
6	7	1	5	2	3	8	4	9
3	5	9	4	6	8	1	2	7
2	1	5	6	9	4	3	7	8
4	8	6	2	3	7	5	9	1
7	9	3	8	5	1	4	6	2
5	6	8	3	7	2	9	1	4
1	4	7	9	8	6	2	3	5
9	3	2	1	4	5	7	8	6

101

```
2 8 7 1 6 3 5 4 9
4 5 1 2 9 8 3 6 7
9 6 3 4 5 7 2 8 1
7 1 8 9 2 5 6 3 4
5 4 6 8 3 1 7 9 2
3 9 2 6 7 4 8 1 5
6 7 5 3 1 9 4 2 8
1 3 4 7 8 2 9 5 6
8 2 9 5 4 6 1 7 3
```

102

```
8 6 1 3 7 9 5 2 4
2 4 3 5 1 8 7 9 6
9 5 7 6 4 2 1 3 8
3 7 9 1 5 4 6 8 2
4 2 8 7 9 6 3 5 1
5 1 6 2 8 3 4 7 9
6 9 2 4 3 7 8 1 5
1 3 4 8 2 5 9 6 7
7 8 5 9 6 1 2 4 3
```

103

```
5 3 6 8 2 4 1 9 7
8 2 4 1 7 9 5 6 3
1 9 7 3 5 6 4 8 2
2 7 1 9 3 5 8 4 6
4 5 9 6 8 7 2 3 1
6 8 3 2 4 1 7 5 9
3 4 8 7 6 2 9 1 5
9 6 2 5 1 8 3 7 4
7 1 5 4 9 3 6 2 8
```

104

```
1 8 9 2 6 3 5 7 4
6 3 7 9 5 4 2 8 1
5 4 2 8 7 1 3 6 9
9 2 3 1 8 7 6 4 5
7 5 8 4 3 6 1 9 2
4 6 1 5 9 2 7 3 8
8 7 4 6 1 5 9 2 3
2 1 6 3 4 9 8 5 7
3 9 5 7 2 8 4 1 6
```

105

```
5 7 3 2 6 9 1 8 4
2 6 9 4 1 8 3 7 5
8 4 1 5 7 3 6 9 2
7 3 2 8 9 4 5 6 1
6 5 4 1 3 7 8 2 9
9 1 8 6 5 2 4 3 7
4 8 6 7 2 1 9 5 3
1 9 7 3 8 5 2 4 6
3 2 5 9 4 6 7 1 8
```

106

```
3 9 8 5 7 1 2 6 4
2 6 1 4 3 8 7 9 5
4 7 5 2 9 6 8 1 3
6 2 4 1 8 7 3 5 9
5 8 9 6 4 3 1 2 7
7 1 3 9 5 2 6 4 8
8 4 2 3 1 9 5 7 6
9 3 6 7 2 5 4 8 1
1 5 7 8 6 4 9 3 2
```

107

```
2 1 5 6 7 8 3 4 9
6 3 9 4 2 1 8 5 7
8 4 7 3 9 5 2 6 1
1 6 8 7 4 3 9 2 5
9 5 3 2 1 6 7 8 4
7 2 4 5 8 9 1 3 6
4 8 2 9 5 7 6 1 3
3 9 1 8 6 4 5 7 2
5 7 6 1 3 2 4 9 8
```

108

```
8 3 4 2 7 1 6 5 9
7 5 2 9 3 6 4 8 1
1 6 9 4 8 5 3 7 2
3 4 6 5 2 9 8 1 7
2 7 8 1 6 3 5 9 4
9 1 5 7 4 8 2 3 6
5 8 7 6 9 4 1 2 3
4 9 3 8 1 2 7 6 5
6 2 1 3 5 7 9 4 8
```

109

```
2 9 7 4 8 1 3 6 5
1 6 4 5 3 9 7 8 2
3 8 5 6 2 7 4 1 9
6 5 9 7 1 4 8 2 3
4 1 8 2 9 3 6 5 7
7 2 3 8 5 6 9 4 1
5 4 1 3 7 8 2 9 6
9 3 6 1 4 2 5 7 8
8 7 2 9 6 5 1 3 4
```

110

```
3 8 5 1 7 9 6 2 4
7 2 4 8 5 6 3 1 9
6 1 9 3 2 4 7 8 5
5 9 6 4 8 1 2 3 7
8 7 1 2 9 3 5 4 6
2 4 3 7 6 5 1 9 8
4 3 7 6 1 8 9 5 2
1 5 2 9 4 7 8 6 3
9 6 8 5 3 2 4 7 1
```

111

```
1 4 9 7 3 5 2 8 6
8 5 3 4 6 2 7 9 1
7 2 6 9 8 1 3 4 5
6 1 8 3 7 4 5 2 9
5 7 4 6 2 9 1 3 8
9 3 2 5 1 8 4 6 7
2 6 5 8 4 7 9 1 3
3 9 1 2 5 6 8 7 4
4 8 7 1 9 3 6 5 2
```

112

```
6 1 8 9 5 3 4 7 2
9 4 7 2 6 1 8 3 5
2 3 5 8 4 7 9 6 1
8 9 2 4 3 5 7 1 6
1 7 3 6 2 9 5 8 4
4 5 6 7 1 8 3 2 9
5 6 1 3 7 4 2 9 8
7 8 4 1 9 2 6 5 3
3 2 9 5 8 6 1 4 7
```

113

```
2 7 9 1 8 5 3 6 4
6 8 4 3 2 9 1 7 5
5 1 3 6 4 7 2 8 9
4 3 8 5 7 1 9 2 6
1 9 2 4 6 8 7 5 3
7 5 6 2 9 3 8 4 1
3 4 5 8 1 2 6 9 7
9 2 1 7 5 6 4 3 8
8 6 7 9 3 4 5 1 2
```

114

```
1 5 4 7 9 8 6 3 2
7 3 6 4 1 2 8 5 9
2 8 9 3 6 5 1 7 4
3 9 1 8 2 4 7 6 5
4 7 5 1 3 6 2 9 8
8 6 2 5 7 9 3 4 1
5 4 3 6 8 1 9 2 7
9 1 7 2 4 3 5 8 6
6 2 8 9 5 7 4 1 3
```

115

```
9 1 5 4 7 8 6 3 2
7 3 4 6 1 2 5 9 8
8 2 6 9 3 5 7 1 4
2 4 3 1 5 7 8 6 9
1 5 8 2 9 6 3 4 7
6 7 9 3 8 4 2 5 1
3 8 7 5 4 9 1 2 6
5 9 2 7 6 1 4 8 3
4 6 1 8 2 3 9 7 5
```

116

```
8 9 3 7 2 5 4 1 6
2 1 4 6 8 3 5 9 7
7 5 6 4 9 1 3 8 2
6 8 1 2 5 4 7 3 9
4 3 5 1 7 9 2 6 8
9 2 7 8 3 6 1 5 4
1 6 9 5 4 7 8 2 3
5 4 2 3 6 8 9 7 1
3 7 8 9 1 2 6 4 5
```

117

```
4 7 9 6 5 3 8 1 2
2 6 8 1 4 7 3 5 9
3 5 1 2 8 9 4 6 7
8 9 4 7 1 2 6 3 5
5 2 6 3 9 8 1 7 4
7 1 3 5 6 4 9 2 8
9 3 2 8 7 1 5 4 6
6 4 7 9 3 5 2 8 1
1 8 5 4 2 6 7 9 3
```

118

```
7 3 1 4 6 2 9 5 8
9 5 4 1 7 8 3 6 2
2 6 8 9 3 5 7 1 4
3 2 6 8 1 9 4 7 5
4 7 9 5 2 6 1 8 3
8 1 5 7 4 3 6 2 9
1 8 7 2 9 4 5 3 6
5 4 3 6 8 7 2 9 1
6 9 2 3 5 1 8 4 7
```

119

```
4 3 2 5 8 7 9 1 6
5 6 8 9 4 1 2 7 3
9 1 7 3 2 6 5 4 8
7 2 5 8 9 3 4 6 1
1 8 9 6 5 4 3 2 7
6 4 3 7 1 2 8 9 5
3 5 1 2 6 9 7 8 4
8 9 6 4 7 5 1 3 2
2 7 4 1 3 8 6 5 9
```

120

```
9 8 5 4 3 7 6 1 2
3 6 1 2 8 9 5 4 7
4 2 7 6 5 1 9 3 8
5 4 8 1 7 6 2 9 3
2 3 9 8 4 5 1 7 6
7 1 6 3 9 2 8 5 4
6 7 4 9 1 8 3 2 5
1 5 2 7 6 3 4 8 9
8 9 3 5 2 4 7 6 1
```

121

8	4	1	5	6	9	2	3	7
5	3	9	2	8	7	1	6	4
7	6	2	1	3	4	8	5	9
2	5	7	3	9	8	4	1	6
9	1	6	4	7	2	5	8	3
3	8	4	6	1	5	9	7	2
6	2	3	8	4	1	7	9	5
4	7	8	9	5	6	3	2	1
1	9	5	7	2	3	6	4	8

122

5	9	6	1	3	2	4	8	7
8	2	7	4	9	6	1	5	3
4	3	1	5	8	7	2	6	9
9	5	4	2	7	3	8	1	6
2	1	8	6	5	9	7	3	4
7	6	3	8	1	4	5	9	2
1	4	2	3	6	8	9	7	5
6	7	5	9	2	1	3	4	8
3	8	9	7	4	5	6	2	1

123

1	2	4	5	3	8	9	7	6
6	8	3	1	7	9	2	5	4
7	5	9	6	4	2	3	1	8
3	7	5	8	9	6	1	4	2
4	1	8	2	5	7	6	3	9
9	6	2	4	1	3	7	8	5
5	4	7	9	6	1	8	2	3
2	3	6	7	8	5	4	9	1
8	9	1	3	2	4	5	6	7

124

3	5	9	4	8	2	1	7	6
2	8	6	1	7	5	3	4	9
7	4	1	3	6	9	5	2	8
9	1	4	8	3	7	2	6	5
8	3	5	2	4	6	9	1	7
6	2	7	9	5	1	4	8	3
4	7	8	5	2	3	6	9	1
1	6	3	7	9	4	8	5	2
5	9	2	6	1	8	7	3	4

125

8	5	3	1	2	4	6	7	9
7	6	2	5	9	3	1	4	8
9	4	1	7	8	6	3	2	5
2	9	7	3	4	5	8	1	6
1	8	4	2	6	9	7	5	3
6	3	5	8	7	1	2	9	4
5	7	6	9	1	8	4	3	2
4	1	9	6	3	2	5	8	7
3	2	8	4	5	7	9	6	1

126

9	6	7	4	5	2	8	3	1
5	4	1	8	3	7	9	2	6
2	8	3	6	1	9	7	5	4
7	3	4	2	8	5	1	6	9
8	1	2	3	9	6	4	7	5
6	9	5	1	7	4	3	8	2
4	7	9	5	2	8	6	1	3
3	5	6	7	4	1	2	9	8
1	2	8	9	6	3	5	4	7

127

8	6	9	2	1	5	7	3	4
4	2	3	7	6	8	1	9	5
7	1	5	4	9	3	8	6	2
5	4	7	6	3	1	9	2	8
6	3	2	8	7	9	4	5	1
1	9	8	5	4	2	6	7	3
9	8	4	3	2	7	5	1	6
2	5	1	9	8	6	3	4	7
3	7	6	1	5	4	2	8	9

128

3	4	7	5	1	2	6	8	9
1	9	2	8	6	3	7	5	4
6	8	5	7	4	9	1	2	3
4	7	6	9	8	5	3	1	2
5	1	3	6	2	4	8	9	7
8	2	9	3	7	1	5	4	6
7	6	1	2	9	8	4	3	5
9	3	4	1	5	7	2	6	8
2	5	8	4	3	6	9	7	1

129

8	7	1	9	2	5	3	6	4
4	2	9	7	6	3	5	8	1
3	6	5	8	4	1	7	9	2
5	8	3	4	7	2	6	1	9
9	1	2	6	3	8	4	7	5
7	4	6	1	5	9	8	2	3
1	3	8	5	9	6	2	4	7
6	5	7	2	1	4	9	3	8
2	9	4	3	8	7	1	5	6

130

9	1	6	8	3	2	5	7	4
7	2	3	1	4	5	9	8	6
5	8	4	7	9	6	1	2	3
8	5	7	6	2	4	3	1	9
6	9	2	3	1	7	4	5	8
3	4	1	5	8	9	7	6	2
4	7	5	2	6	3	8	9	1
1	6	9	4	7	8	2	3	5
2	3	8	9	5	1	6	4	7

131

5	4	3	2	7	9	8	1	6
6	7	1	4	8	5	2	3	9
2	8	9	6	1	3	5	7	4
7	3	5	8	9	4	6	2	1
4	6	8	1	3	2	9	5	7
9	1	2	5	6	7	3	4	8
1	2	4	9	5	6	7	8	3
8	9	7	3	2	1	4	6	5
3	5	6	7	4	8	1	9	2

132

7	9	3	1	5	2	8	4	6
5	1	4	7	6	8	3	2	9
2	8	6	9	3	4	5	1	7
1	3	7	5	8	9	2	6	4
6	4	8	2	1	7	9	5	3
9	5	2	6	4	3	1	7	8
8	2	5	4	9	6	7	3	1
3	6	1	8	7	5	4	9	2
4	7	9	3	2	1	6	8	5

133

3	1	6	5	4	2	9	8	7
8	5	7	9	1	3	6	4	2
4	9	2	6	7	8	5	3	1
1	2	9	4	5	6	8	7	3
5	8	4	2	3	7	1	9	6
7	6	3	1	8	9	2	5	4
9	4	1	3	2	5	7	6	8
2	7	5	8	6	4	3	1	9
6	3	8	7	9	1	4	2	5

134

4	3	5	6	1	8	2	9	7
7	9	6	3	4	2	8	1	5
2	8	1	7	9	5	6	4	3
1	5	4	2	7	9	3	6	8
9	7	3	4	8	6	5	2	1
6	2	8	1	5	3	9	7	4
3	4	9	5	6	1	7	8	2
5	6	7	8	2	4	1	3	9
8	1	2	9	3	7	4	5	6

135

1	2	8	6	9	4	5	7	3
3	6	7	5	2	8	1	4	9
4	9	5	1	3	7	6	8	2
5	8	3	9	1	2	4	6	7
7	4	9	3	8	6	2	5	1
2	1	6	4	7	5	3	9	8
6	3	1	8	4	9	7	2	5
8	7	4	2	5	1	9	3	6
9	5	2	7	6	3	8	1	4

136

7	8	4	3	5	2	6	1	9
9	5	1	8	6	7	2	3	4
3	6	2	4	1	9	8	7	5
8	1	3	9	2	6	4	5	7
4	2	5	1	7	3	9	8	6
6	9	7	5	8	4	1	2	3
2	4	6	7	3	8	5	9	1
5	3	8	6	9	1	7	4	2
1	7	9	2	4	5	3	6	8

137

5	3	2	6	1	7	4	9	8
1	9	7	4	5	8	3	2	6
4	8	6	9	2	3	7	5	1
8	7	3	2	4	9	1	6	5
2	5	1	8	7	6	9	3	4
6	4	9	5	3	1	8	7	2
9	2	8	7	6	4	5	1	3
7	1	5	3	8	2	6	4	9
3	6	4	1	9	5	2	8	7

138

4	9	2	7	3	8	1	6	5
1	5	7	9	2	6	4	3	8
3	6	8	5	1	4	2	7	9
7	4	9	6	5	3	8	2	1
5	3	1	2	8	9	6	4	7
8	2	6	4	7	1	9	5	3
9	7	4	8	6	5	3	1	2
6	1	5	3	9	2	7	8	4
2	8	3	1	4	7	5	9	6

139

6	2	5	1	8	4	7	9	3
7	9	4	5	3	2	1	8	6
8	1	3	7	6	9	4	5	2
2	7	1	8	4	3	9	6	5
3	5	8	9	7	6	2	4	1
9	4	6	2	1	5	8	3	7
4	3	9	6	2	7	5	1	8
1	6	7	4	5	8	3	2	9
5	8	2	3	9	1	6	7	4

140

9	1	7	8	3	5	6	4	2
8	5	6	4	1	2	9	7	3
3	4	2	7	9	6	1	5	8
2	6	4	5	8	1	7	3	9
7	9	5	3	2	4	8	6	1
1	3	8	6	7	9	5	2	4
6	2	3	1	5	8	4	9	7
4	7	1	9	6	3	2	8	5
5	8	9	2	4	7	3	1	6

141

```
6 2 7 1 8 4 3 5 9
5 3 1 9 6 2 8 4 7
4 8 9 7 5 3 6 1 2
3 7 5 4 9 6 2 8 1
9 1 4 8 2 5 7 6 3
8 6 2 3 7 1 5 9 4
1 5 6 2 4 7 9 3 8
2 9 3 5 1 8 4 7 6
7 4 8 6 3 9 1 2 5
```

142

```
9 1 6 3 2 7 4 8 5
2 5 4 9 1 8 6 7 3
8 7 3 6 4 5 1 9 2
1 4 8 2 3 6 9 5 7
5 2 9 7 8 1 3 6 4
3 6 7 5 9 4 2 1 8
7 8 2 1 6 3 5 4 9
6 9 5 4 7 2 8 3 1
4 3 1 8 5 9 7 2 6
```

143

```
9 6 1 8 4 2 5 7 3
8 3 2 5 7 9 4 1 6
4 7 5 6 1 3 2 9 8
1 2 3 9 6 5 8 4 7
7 5 9 4 3 8 1 6 2
6 8 4 7 2 1 3 5 9
5 4 7 2 8 6 9 3 1
3 9 8 1 5 7 6 2 4
2 1 6 3 9 4 7 8 5
```

144

```
1 7 5 6 8 4 3 9 2
9 3 8 2 5 1 4 6 7
2 4 6 3 7 9 5 1 8
8 1 3 4 9 2 7 5 6
6 9 4 5 3 7 8 2 1
5 2 7 8 1 6 9 4 3
4 6 9 7 2 3 1 8 5
7 5 1 9 6 8 2 3 4
3 8 2 1 4 5 6 7 9
```

145

```
6 7 1 4 8 9 3 5 2
4 9 8 2 5 3 1 7 6
5 2 3 1 7 6 8 4 9
8 6 4 5 9 2 7 3 1
2 1 9 3 4 7 5 6 8
3 5 7 6 1 8 2 9 4
9 3 2 7 6 1 4 8 5
7 4 6 8 2 5 9 1 3
1 8 5 9 3 4 6 2 7
```

146

```
4 7 5 9 6 2 1 8 3
2 1 3 4 5 8 6 7 9
8 6 9 7 3 1 2 5 4
9 8 6 5 1 4 3 2 7
7 4 2 3 8 9 5 1 6
3 5 1 6 2 7 4 9 8
1 9 7 2 4 6 8 3 5
5 2 4 8 7 3 9 6 1
6 3 8 1 9 5 7 4 2
```

147

```
2 1 5 7 8 4 9 6 3
8 6 4 3 9 5 2 7 1
9 7 3 6 1 2 5 4 8
1 2 6 5 3 8 4 9 7
5 3 8 4 7 9 6 1 2
7 4 9 1 2 6 8 3 5
6 9 1 8 5 3 7 2 4
4 8 7 2 6 1 3 5 9
3 5 2 9 4 7 1 8 6
```

148

```
9 7 2 1 3 5 8 4 6
1 8 6 2 9 4 3 7 5
4 5 3 6 8 7 2 9 1
5 6 9 7 1 3 4 2 8
2 4 7 5 6 8 1 3 9
3 1 8 4 2 9 5 6 7
6 2 5 3 7 1 9 8 4
7 9 4 8 5 2 6 1 3
8 3 1 9 4 6 7 5 2
```

149

```
9 6 8 1 5 2 7 3 4
7 1 5 9 4 3 2 8 6
4 3 2 6 7 8 5 9 1
5 8 9 7 3 6 1 4 2
1 7 4 2 9 5 8 6 3
3 2 6 8 1 4 9 7 5
6 9 7 3 2 1 4 5 8
2 4 3 5 8 9 6 1 7
8 5 1 4 6 7 3 2 9
```

150

```
3 2 5 4 9 6 8 7 1
1 4 6 7 2 8 5 3 9
7 8 9 3 1 5 6 4 2
2 3 4 1 6 7 9 8 5
9 1 7 5 8 2 4 6 3
5 6 8 9 4 3 1 2 7
8 7 1 2 5 4 3 9 6
6 9 2 8 3 1 7 5 4
4 5 3 6 7 9 2 1 8
```

151

```
5 4 3 2 6 8 9 1 7
8 1 6 7 9 3 5 2 4
7 2 9 5 4 1 8 6 3
1 3 7 6 2 5 4 9 8
4 6 5 8 3 9 1 7 2
2 9 8 1 7 4 6 3 5
9 8 1 3 5 2 7 4 6
6 5 2 4 1 7 3 8 9
3 7 4 9 8 6 2 5 1
```

152

```
2 6 4 9 8 1 3 5 7
3 5 8 2 4 7 1 6 9
9 7 1 3 6 5 2 8 4
7 1 3 8 5 9 6 4 2
8 2 5 6 3 4 9 7 1
6 4 9 1 7 2 8 3 5
1 8 7 4 2 3 5 9 6
4 3 2 5 9 6 7 1 8
5 9 6 7 1 8 4 2 3
```

153

```
2 9 4 8 6 5 7 1 3
3 1 8 2 4 7 5 6 9
5 7 6 9 3 1 2 4 8
8 4 1 5 2 9 3 7 6
6 2 7 3 1 4 8 9 5
9 3 5 6 7 8 1 2 4
4 6 2 1 5 3 9 8 7
1 8 3 7 9 6 4 5 2
7 5 9 4 8 2 6 3 1
```

154

```
5 2 7 1 6 3 9 8 4
8 9 3 4 2 7 5 6 1
6 4 1 9 8 5 3 2 7
9 1 5 7 4 8 6 3 2
3 8 2 6 5 1 7 4 9
4 7 6 2 3 9 1 5 8
7 3 4 5 9 2 8 1 6
1 6 8 3 7 4 2 9 5
2 5 9 8 1 6 4 7 3
```

155

```
7 9 8 4 6 5 1 3 2
1 3 4 8 9 2 5 6 7
2 6 5 1 3 7 9 4 8
6 4 7 3 8 9 2 1 5
9 1 3 2 5 6 7 8 4
5 8 2 7 4 1 6 9 3
4 7 1 6 2 8 3 5 9
3 2 9 5 1 4 8 7 6
8 5 6 9 7 3 4 2 1
```

156

```
2 9 5 6 4 3 7 1 8
6 7 3 1 8 2 9 5 4
4 1 8 5 9 7 6 3 2
5 4 9 3 7 8 1 2 6
3 2 1 9 6 4 8 7 5
7 8 6 2 1 5 3 4 9
8 3 7 4 2 6 5 9 1
1 6 2 7 5 9 4 8 3
9 5 4 8 3 1 2 6 7
```

157

```
3 1 8 6 5 2 9 7 4
5 7 9 4 8 3 2 6 1
4 6 2 9 1 7 3 8 5
2 3 5 1 6 9 7 4 8
1 4 7 8 3 5 6 2 9
8 9 6 2 7 4 1 5 3
9 8 4 3 2 6 5 1 7
6 5 1 7 9 8 4 3 2
7 2 3 5 4 1 8 9 6
```

158

```
6 5 7 2 1 3 4 9 8
4 1 9 8 6 5 7 3 2
2 3 8 4 9 7 6 5 1
5 9 1 6 2 4 8 7 3
7 8 2 1 3 9 5 6 4
3 4 6 7 5 8 2 1 9
9 6 3 5 4 2 1 8 7
8 2 5 9 7 1 3 4 6
1 7 4 3 8 6 9 2 5
```

159

```
9 5 4 1 6 7 2 3 8
6 2 1 5 3 8 4 7 9
3 8 7 9 2 4 1 6 5
5 1 8 6 7 2 3 9 4
4 3 6 8 9 1 7 5 2
2 7 9 3 4 5 6 8 1
1 6 3 2 8 9 5 4 7
7 9 5 4 1 3 8 2 6
8 4 2 7 5 6 9 1 3
```

160

```
1 6 2 9 4 5 8 3 7
9 5 4 7 8 3 6 2 1
8 7 3 6 1 2 9 5 4
7 8 6 5 2 9 1 4 3
4 2 9 3 6 1 7 8 5
3 1 5 4 7 8 2 6 9
2 3 8 1 5 7 4 9 6
6 9 1 8 3 4 5 7 2
5 4 7 2 9 6 3 1 8
```

161

```
3 1 9 6 8 7 2 4 5
5 7 4 1 3 2 9 6 8
8 2 6 9 5 4 1 7 3
7 6 3 5 4 9 8 2 1
9 4 1 8 2 6 3 5 7
2 5 8 3 7 1 4 9 6
1 9 5 4 6 8 7 3 2
6 8 7 2 9 3 5 1 4
4 3 2 7 1 5 6 8 9
```

162

```
8 5 4 7 1 6 3 2 9
7 2 9 3 5 4 1 6 8
3 6 1 9 8 2 5 4 7
5 3 6 1 2 9 8 7 4
4 7 8 5 6 3 2 9 1
9 1 2 4 7 8 6 5 3
2 4 5 8 3 7 9 1 6
1 9 3 6 4 5 7 8 2
6 8 7 2 9 1 4 3 5
```

163

```
9 2 8 1 7 5 3 6 4
4 1 7 6 8 3 9 5 2
3 6 5 2 9 4 1 7 8
5 8 9 3 4 7 6 2 1
2 7 3 5 1 6 8 4 9
1 4 6 8 2 9 7 3 5
7 3 1 4 5 8 2 9 6
6 5 2 9 3 1 4 8 7
8 9 4 7 6 2 5 1 3
```

164

```
8 5 2 6 1 3 9 7 4
4 7 6 9 8 2 3 5 1
1 3 9 5 7 4 8 2 6
2 9 3 1 4 6 7 8 5
5 1 7 3 2 8 4 6 9
6 4 8 7 5 9 1 3 2
3 2 1 8 9 5 6 4 7
9 6 5 4 3 7 2 1 8
7 8 4 2 6 1 5 9 3
```

165

```
1 5 3 9 7 8 4 2 6
8 9 6 2 4 1 7 3 5
4 7 2 3 6 5 8 1 9
7 8 4 6 2 9 3 5 1
5 2 9 1 8 3 6 7 4
3 6 1 7 5 4 9 8 2
9 1 7 5 3 6 2 4 8
2 4 5 8 9 7 1 6 3
6 3 8 4 1 2 5 9 7
```

166

```
9 6 4 5 3 8 7 2 1
7 8 2 4 9 1 6 5 3
5 3 1 2 6 7 8 9 4
6 2 3 7 5 4 1 8 9
8 1 9 3 2 6 4 7 5
4 7 5 8 1 9 2 3 6
1 5 6 9 7 2 3 4 8
2 9 8 6 4 3 5 1 7
3 4 7 1 8 5 9 6 2
```

167

```
3 7 1 6 8 9 2 4 5
8 4 6 5 2 7 3 9 1
5 9 2 3 1 4 8 6 7
4 8 5 2 3 1 6 7 9
9 1 3 7 6 8 5 2 4
2 6 7 4 9 5 1 8 3
6 2 4 1 7 3 9 5 8
7 3 8 9 5 2 4 1 6
1 5 9 8 4 6 7 3 2
```

168

```
1 9 6 3 5 2 7 4 8
2 5 7 4 8 9 3 6 1
3 4 8 7 6 1 9 2 5
6 3 5 1 4 7 8 9 2
7 2 1 9 3 8 6 5 4
9 8 4 6 2 5 1 7 3
4 7 3 5 1 6 2 8 9
5 6 2 8 9 3 4 1 7
8 1 9 2 7 4 5 3 6
```

169

```
1 8 6 5 3 2 7 4 9
3 7 4 9 8 1 6 5 2
9 5 2 6 4 7 3 8 1
2 4 5 8 6 9 1 7 3
8 9 7 4 1 3 2 6 5
6 1 3 7 2 5 4 9 8
5 6 1 2 9 4 8 3 7
4 3 9 1 7 8 5 2 6
7 2 8 3 5 6 9 1 4
```

170

```
4 5 8 3 9 1 2 6 7
2 1 7 4 5 6 9 3 8
3 6 9 2 7 8 4 1 5
5 8 3 7 6 2 1 4 9
1 7 4 5 3 9 8 2 6
6 9 2 1 8 4 5 7 3
9 4 6 8 2 7 3 5 1
7 3 1 9 4 5 6 8 2
8 2 5 6 1 3 7 9 4
```

171

```
6 7 3 1 8 5 9 4 2
2 4 1 6 9 7 3 5 8
9 8 5 4 2 3 6 7 1
1 3 6 5 7 8 4 2 9
5 2 8 9 4 6 1 3 7
4 9 7 3 1 2 8 6 5
3 1 2 7 6 9 5 8 4
8 5 4 2 3 1 7 9 6
7 6 9 8 5 4 2 1 3
```

172

```
7 8 6 3 1 4 5 9 2
9 2 4 7 5 8 3 1 6
3 1 5 2 9 6 8 4 7
1 3 9 4 2 5 6 7 8
8 5 2 6 7 1 4 3 9
4 6 7 9 8 3 1 2 5
6 9 1 5 3 2 7 8 4
5 7 3 8 4 9 2 6 1
2 4 8 1 6 7 9 5 3
```

173

```
5 9 8 2 6 3 1 4 7
4 3 7 8 1 9 2 6 5
6 1 2 7 5 4 9 8 3
7 5 1 9 3 6 8 2 4
2 8 9 1 4 7 5 3 6
3 6 4 5 8 2 7 9 1
9 2 6 4 7 5 3 1 8
8 7 3 6 2 1 4 5 9
1 4 5 3 9 8 6 7 2
```

174

```
6 5 2 3 4 8 1 9 7
7 9 3 6 2 1 5 4 8
8 4 1 5 9 7 3 2 6
1 2 4 9 6 5 8 7 3
3 8 6 7 1 2 4 5 9
5 7 9 8 3 4 6 1 2
4 3 7 2 5 6 9 8 1
9 1 8 4 7 3 2 6 5
2 6 5 1 8 9 7 3 4
```

175

```
7 2 8 4 1 9 6 5 3
4 5 3 7 6 8 9 2 1
6 1 9 5 3 2 4 8 7
2 4 1 9 7 5 3 6 8
8 6 5 3 2 1 7 9 4
3 9 7 6 8 4 2 1 5
1 7 6 8 9 3 5 4 2
5 3 2 1 4 6 8 7 9
9 8 4 2 5 7 1 3 6
```

176

```
6 5 9 1 2 4 3 8 7
1 4 8 7 3 6 9 2 5
3 7 2 8 5 9 4 6 1
8 2 5 6 4 3 1 7 9
4 1 7 2 9 8 5 3 6
9 3 6 5 1 7 2 4 8
2 6 4 9 7 1 8 5 3
5 8 1 3 6 2 7 9 4
7 9 3 4 8 5 6 1 2
```

177

```
9 3 1 4 6 2 8 7 5
7 4 6 8 5 1 9 3 2
5 8 2 9 3 7 4 6 1
4 7 9 3 2 5 1 8 6
1 5 8 6 7 4 3 2 9
6 2 3 1 8 9 5 4 7
2 6 4 5 1 8 7 9 3
8 1 7 2 9 3 6 5 4
3 9 5 7 4 6 2 1 8
```

178

```
8 1 2 9 6 4 7 5 3
4 7 6 5 8 3 9 1 2
3 5 9 2 7 1 4 6 8
2 8 1 7 5 9 6 3 4
6 3 7 4 1 2 5 8 9
5 9 4 8 3 6 1 2 7
7 2 5 6 4 8 3 9 1
1 4 8 3 9 5 2 7 6
9 6 3 1 2 7 8 4 5
```

179

```
5 6 4 3 1 9 8 2 7
8 1 7 2 6 5 3 4 9
9 3 2 8 7 4 5 1 6
7 4 6 9 5 2 1 3 8
2 9 8 4 3 1 7 6 5
1 5 3 6 8 7 4 9 2
4 8 5 1 2 6 9 7 3
6 7 9 5 4 3 2 8 1
3 2 1 7 9 8 6 5 4
```

180

```
3 9 1 6 8 2 7 5 4
2 4 6 1 5 7 9 8 3
5 7 8 3 9 4 1 2 6
7 6 9 2 1 8 4 3 5
1 5 3 7 4 6 8 9 2
4 8 2 9 3 5 6 1 7
9 2 4 5 6 1 3 7 8
8 3 7 4 2 9 5 6 1
6 1 5 8 7 3 2 4 9
```

181

8	1	5	9	6	2	3	7	4
4	7	6	8	3	1	2	9	5
9	2	3	7	5	4	1	8	6
3	4	2	6	7	8	9	5	1
7	6	9	2	1	5	8	4	3
1	5	8	4	9	3	7	6	2
5	3	7	1	4	9	6	2	8
6	8	1	5	2	7	4	3	9
2	9	4	3	8	6	5	1	7

182

8	7	1	4	3	6	9	2	5
3	5	9	1	8	2	4	7	6
4	2	6	9	7	5	1	3	8
2	6	8	7	5	1	3	9	4
1	9	7	3	6	4	8	5	2
5	4	3	2	9	8	7	6	1
6	3	5	8	1	7	2	4	9
9	1	2	6	4	3	5	8	7
7	8	4	5	2	9	6	1	3

183

5	2	3	6	7	4	1	9	8
7	4	8	5	9	1	3	6	2
6	9	1	3	8	2	7	5	4
3	8	5	7	4	9	2	1	6
2	1	7	8	5	6	4	3	9
9	6	4	1	2	3	8	7	5
4	5	6	2	3	7	9	8	1
1	3	2	9	6	8	5	4	7
8	7	9	4	1	5	6	2	3

184

8	4	6	9	7	2	5	3	1
3	9	2	4	1	5	6	7	8
5	7	1	3	8	6	4	9	2
1	3	5	6	2	7	9	8	4
7	2	9	8	3	4	1	5	6
6	8	4	5	9	1	3	2	7
2	6	3	7	4	9	8	1	5
4	1	8	2	5	3	7	6	9
9	5	7	1	6	8	2	4	3

185

6	3	2	9	5	7	4	1	8
1	7	5	4	8	6	3	2	9
4	8	9	3	1	2	6	5	7
9	6	3	7	2	1	8	4	5
7	2	4	8	9	5	1	3	6
8	5	1	6	4	3	7	9	2
5	4	7	2	3	8	9	6	1
3	1	8	5	6	9	2	7	4
2	9	6	1	7	4	5	8	3

186

3	7	9	6	4	2	5	8	1
4	1	6	8	5	9	7	2	3
2	8	5	1	7	3	4	6	9
1	5	3	9	8	4	6	7	2
7	4	8	2	6	1	9	3	5
9	6	2	7	3	5	8	1	4
6	3	1	4	9	7	2	5	8
5	9	7	3	2	8	1	4	6
8	2	4	5	1	6	3	9	7

187

6	3	2	8	9	4	1	7	5
1	8	9	5	2	7	3	6	4
4	7	5	3	6	1	2	8	9
9	6	1	4	8	2	7	5	3
8	5	4	7	1	3	9	2	6
7	2	3	6	5	9	8	4	1
5	1	7	2	3	6	4	9	8
3	4	6	9	7	8	5	1	2
2	9	8	1	4	5	6	3	7

188

6	4	3	8	7	9	5	2	1
8	7	9	5	2	1	4	3	6
1	2	5	3	6	4	9	8	7
3	6	2	4	5	8	7	1	9
7	1	4	9	3	6	8	5	2
9	5	8	2	1	7	6	4	3
4	3	7	6	8	2	1	9	5
2	9	1	7	4	5	3	6	8
5	8	6	1	9	3	2	7	4

189

9	7	1	8	4	3	6	5	2
3	6	4	7	5	2	1	9	8
2	5	8	9	6	1	7	3	4
5	3	2	1	8	4	9	7	6
8	4	7	3	9	6	2	1	5
6	1	9	2	7	5	4	8	3
4	8	6	5	1	7	3	2	9
7	9	3	6	2	8	5	4	1
1	2	5	4	3	9	8	6	7

190

2	5	8	4	9	1	7	6	3
6	9	1	7	8	3	2	5	4
3	7	4	6	5	2	9	1	8
9	4	7	3	1	5	6	8	2
5	2	3	8	7	6	4	9	1
8	1	6	9	2	4	5	3	7
4	6	2	1	3	9	8	7	5
1	8	9	5	4	7	3	2	6
7	3	5	2	6	8	1	4	9

191

3	9	2	5	8	4	7	6	1
4	7	1	2	3	6	8	5	9
8	5	6	9	7	1	2	4	3
9	8	4	6	2	7	3	1	5
6	2	7	1	5	3	4	9	8
1	3	5	8	4	9	6	7	2
5	4	8	7	1	2	9	3	6
2	6	3	4	9	5	1	8	7
7	1	9	3	6	8	5	2	4

192

1	5	8	9	7	6	2	4	3
2	7	6	4	3	1	5	8	9
3	9	4	2	5	8	6	7	1
4	6	9	3	8	2	1	5	7
5	2	1	6	4	7	3	9	8
8	3	7	1	9	5	4	6	2
9	1	5	7	6	3	8	2	4
7	8	2	5	1	4	9	3	6
6	4	3	8	2	9	7	1	5

193

6	8	5	4	9	3	2	1	7
1	9	7	8	5	2	4	3	6
2	3	4	6	1	7	5	8	9
4	1	3	2	7	6	9	5	8
8	7	2	9	4	5	3	6	1
5	6	9	1	3	8	7	4	2
7	4	1	5	6	9	8	2	3
3	5	8	7	2	1	6	9	4
9	2	6	3	8	4	1	7	5

194

8	2	5	7	3	1	9	6	4
9	4	3	6	2	5	8	7	1
1	7	6	9	4	8	3	2	5
3	8	4	2	6	9	5	1	7
6	1	9	8	5	7	2	4	3
7	5	2	3	1	4	6	9	8
2	3	1	5	7	6	4	8	9
4	6	8	1	9	3	7	5	2
5	9	7	4	8	2	1	3	6

195

3	5	4	6	8	2	7	9	1
8	7	2	3	9	1	5	6	4
1	6	9	4	5	7	8	3	2
5	1	7	2	3	4	9	8	6
9	2	3	8	6	5	4	1	7
4	8	6	1	7	9	3	2	5
6	4	5	9	1	8	2	7	3
2	9	1	7	4	3	6	5	8
7	3	8	5	2	6	1	4	9

196

7	3	2	9	8	5	4	1	6
9	4	6	1	3	7	5	2	8
1	5	8	4	6	2	7	3	9
3	9	7	2	5	6	1	8	4
5	6	1	8	7	4	3	9	2
2	8	4	3	9	1	6	7	5
4	2	5	7	1	8	9	6	3
6	1	3	5	2	9	8	4	7
8	7	9	6	4	3	2	5	1

197

2	5	8	4	1	9	3	7	6
4	6	7	2	3	5	8	1	9
1	3	9	7	6	8	4	2	5
6	2	3	5	7	1	9	8	4
9	7	4	8	2	3	6	5	1
8	1	5	6	9	4	7	3	2
5	8	1	3	4	6	2	9	7
7	9	6	1	8	2	5	4	3
3	4	2	9	5	7	1	6	8

198

2	6	3	1	7	8	4	5	9
1	4	9	6	3	5	7	8	2
7	8	5	2	9	4	6	1	3
4	5	1	3	6	7	9	2	8
3	9	6	8	2	1	5	7	4
8	7	2	5	4	9	1	3	6
5	3	4	7	8	6	2	9	1
9	1	8	4	5	2	3	6	7
6	2	7	9	1	3	8	4	5

199

9	6	7	4	3	2	5	1	8
8	4	2	5	1	7	6	9	3
5	3	1	9	8	6	2	4	7
6	7	8	1	4	9	3	5	2
3	9	5	6	2	8	1	7	4
1	2	4	7	5	3	9	8	6
2	5	9	3	7	4	8	6	1
4	8	6	2	9	1	7	3	5
7	1	3	8	6	5	4	2	9

200

1	8	3	6	7	2	5	4	9
4	6	7	1	5	9	8	2	3
2	5	9	3	4	8	1	6	7
9	7	2	5	8	6	4	3	1
6	1	8	4	2	3	9	7	5
3	4	5	7	9	1	6	8	2
7	3	4	8	1	5	2	9	6
5	9	6	2	3	4	7	1	8
8	2	1	9	6	7	3	5	4

201

8	3	4	7	5	1	2	9	6
9	7	1	6	2	4	3	8	5
6	2	5	8	3	9	4	7	1
2	9	7	4	1	5	8	6	3
5	1	3	2	8	6	7	4	9
4	8	6	9	7	3	5	1	2
7	5	9	3	6	8	1	2	4
1	4	2	5	9	7	6	3	8
3	6	8	1	4	2	9	5	7

202

4	8	1	3	5	9	2	6	7
3	7	6	1	2	8	4	9	5
5	2	9	4	6	7	8	3	1
7	5	8	2	4	6	3	1	9
1	9	2	8	7	3	6	5	4
6	3	4	9	1	5	7	2	8
2	4	7	5	3	1	9	8	6
9	1	3	6	8	4	5	7	2
8	6	5	7	9	2	1	4	3

203

9	3	8	5	6	7	1	2	4
2	7	4	9	1	8	3	6	5
5	1	6	3	2	4	9	7	8
1	8	5	7	3	6	2	4	9
3	4	9	2	8	5	6	1	7
6	2	7	1	4	9	5	8	3
7	9	2	8	5	1	4	3	6
8	6	1	4	9	3	7	5	2
4	5	3	6	7	2	8	9	1

204

3	2	5	9	1	7	6	4	8
9	8	6	4	3	5	2	7	1
7	1	4	6	8	2	3	5	9
5	3	2	7	6	8	9	1	4
8	6	1	5	9	4	7	2	3
4	7	9	3	2	1	8	6	5
1	4	8	2	7	3	5	9	6
6	5	7	8	4	9	1	3	2
2	9	3	1	5	6	4	8	7

205

5	8	3	4	1	2	7	6	9
9	1	4	8	6	7	3	2	5
7	2	6	5	3	9	8	1	4
8	5	9	2	4	6	1	7	3
3	4	1	7	5	8	2	9	6
6	7	2	3	9	1	4	5	8
4	3	7	9	2	5	6	8	1
2	6	5	1	8	3	9	4	7
1	9	8	6	7	4	5	3	2

206

6	5	3	1	8	7	2	9	4
9	7	1	2	5	4	3	8	6
8	2	4	6	9	3	1	7	5
2	1	6	8	4	9	7	5	3
7	4	9	5	3	1	8	6	2
3	8	5	7	6	2	9	4	1
5	6	7	3	1	8	4	2	9
4	3	8	9	2	6	5	1	7
1	9	2	4	7	5	6	3	8

207

6	3	4	9	7	5	1	2	8
2	9	1	4	8	3	7	6	5
7	8	5	1	6	2	4	9	3
8	5	7	2	3	9	6	4	1
3	4	2	5	1	6	9	8	7
9	1	6	7	4	8	3	5	2
4	6	3	8	2	7	5	1	9
1	2	9	3	5	4	8	7	6
5	7	8	6	9	1	2	3	4

208

9	4	3	2	8	1	6	5	7
5	2	8	7	4	6	9	3	1
7	6	1	5	9	3	2	4	8
2	3	7	6	1	9	5	8	4
8	1	9	3	5	4	7	6	2
4	5	6	8	7	2	3	1	9
6	9	5	1	2	8	4	7	3
1	7	2	4	3	5	8	9	6
3	8	4	9	6	7	1	2	5

209

9	6	4	5	8	2	1	7	3
7	3	8	6	1	4	9	5	2
2	5	1	7	3	9	6	4	8
5	9	7	2	6	8	4	3	1
6	4	2	1	9	3	7	8	5
1	8	3	4	7	5	2	9	6
4	1	9	3	5	6	8	2	7
3	2	6	8	4	7	5	1	9
8	7	5	9	2	1	3	6	4

210

5	4	2	3	1	8	7	9	6
9	1	3	6	4	7	8	2	5
6	8	7	5	2	9	3	4	1
7	9	4	2	8	5	1	6	3
1	3	8	7	9	6	2	5	4
2	5	6	4	3	1	9	7	8
4	7	9	8	6	3	5	1	2
3	2	1	9	5	4	6	8	7
8	6	5	1	7	2	4	3	9

211

2	6	8	5	4	3	1	7	9
1	3	5	9	2	7	4	8	6
7	4	9	6	8	1	2	5	3
5	9	3	8	1	4	7	6	2
6	8	7	3	5	2	9	4	1
4	1	2	7	6	9	5	3	8
9	5	1	4	3	6	8	2	7
8	7	6	2	9	5	3	1	4
3	2	4	1	7	8	6	9	5

212

3	1	8	7	5	9	2	4	6
6	7	2	8	3	4	5	1	9
5	9	4	1	2	6	7	3	8
9	6	3	4	1	7	8	2	5
1	8	5	3	9	2	4	6	7
4	2	7	5	6	8	3	9	1
8	4	6	9	7	3	1	5	2
7	5	9	2	4	1	6	8	3
2	3	1	6	8	5	9	7	4

213

5	9	2	6	4	1	7	8	3
1	7	6	8	3	9	5	2	4
4	8	3	2	5	7	1	6	9
3	6	7	1	2	5	4	9	8
8	2	4	9	7	3	6	5	1
9	5	1	4	6	8	3	7	2
2	3	5	7	9	4	8	1	6
7	1	9	3	8	6	2	4	5
6	4	8	5	1	2	9	3	7

214

5	4	7	6	8	1	9	3	2
8	9	2	5	3	7	1	4	6
3	6	1	2	9	4	8	5	7
1	7	9	3	4	6	5	2	8
6	5	8	7	2	9	4	1	3
2	3	4	1	5	8	6	7	9
4	1	6	8	7	3	2	9	5
9	2	3	4	6	5	7	8	1
7	8	5	9	1	2	3	6	4

215

5	2	4	6	3	7	1	9	8
6	8	1	4	5	9	3	2	7
7	3	9	8	1	2	6	4	5
9	7	5	1	2	3	8	6	4
4	1	3	7	6	8	2	5	9
2	6	8	9	4	5	7	1	3
8	9	6	5	7	1	4	3	2
3	4	7	2	9	6	5	8	1
1	5	2	3	8	4	9	7	6

216

7	1	6	3	2	8	5	9	4
9	8	5	1	4	6	7	2	3
2	3	4	5	7	9	8	6	1
3	5	8	4	1	2	6	7	9
4	6	2	9	5	7	1	3	8
1	7	9	8	6	3	4	5	2
8	4	7	2	9	5	3	1	6
5	2	3	6	8	1	9	4	7
6	9	1	7	3	4	2	8	5

217

9	3	5	8	6	4	2	7	1
2	4	8	9	7	1	6	3	5
7	1	6	5	3	2	9	4	8
8	5	3	2	1	9	4	6	7
4	6	2	7	5	3	8	1	9
1	7	9	4	8	6	5	2	3
6	9	7	1	4	8	3	5	2
5	2	4	3	9	7	1	8	6
3	8	1	6	2	5	7	9	4

218

3	2	5	6	4	8	7	9	1
1	7	6	3	9	2	5	8	4
8	9	4	5	1	7	3	6	2
5	1	3	2	6	9	4	7	8
9	8	7	4	3	1	2	5	6
6	4	2	7	8	5	1	3	9
7	3	9	8	2	4	6	1	5
2	5	8	1	7	6	9	4	3
4	6	1	9	5	3	8	2	7

219

2	8	7	4	5	3	9	6	1
9	4	5	1	6	2	3	7	8
6	1	3	9	7	8	5	2	4
4	7	8	3	1	9	6	5	2
5	6	1	7	2	4	8	3	9
3	2	9	5	8	6	4	1	7
1	3	2	8	4	5	7	9	6
7	9	4	6	3	1	2	8	5
8	5	6	2	9	7	1	4	3

220

5	7	2	1	6	8	3	9	4
6	9	3	4	2	7	1	8	5
1	4	8	5	9	3	7	2	6
2	6	5	9	8	1	4	3	7
3	8	7	6	5	4	2	1	9
4	1	9	7	3	2	5	6	8
7	5	6	2	1	9	8	4	3
9	3	1	8	4	5	6	7	2
8	2	4	3	7	6	9	5	1

221

```
5 6 9 2 4 3 7 8 1
4 2 1 7 8 9 5 3 6
3 8 7 6 5 1 4 9 2
6 5 3 1 2 8 9 4 7
8 7 2 4 9 5 6 1 3
9 1 4 3 6 7 8 2 5
1 9 5 8 3 6 2 7 4
7 4 6 9 1 2 3 5 8
2 3 8 5 7 4 1 6 9
```

222

```
9 2 3 1 7 5 8 4 6
5 8 4 6 3 9 7 2 1
1 6 7 2 8 4 3 5 9
4 1 8 9 5 2 6 3 7
2 3 6 7 4 1 5 9 8
7 9 5 8 6 3 4 1 2
8 4 9 5 1 6 2 7 3
6 5 1 3 2 7 9 8 4
3 7 2 4 9 8 1 6 5
```

223

```
8 1 4 3 6 7 9 2 5
2 6 5 4 9 1 8 3 7
9 3 7 8 2 5 1 6 4
1 8 3 9 7 4 2 5 6
4 5 6 1 3 2 7 9 8
7 2 9 5 8 6 3 4 1
6 7 8 2 5 9 4 1 3
3 4 2 6 1 8 5 7 9
5 9 1 7 4 3 6 8 2
```

224

```
1 4 2 9 7 6 3 5 8
7 9 6 5 8 3 4 2 1
3 5 8 1 2 4 9 7 6
6 3 5 2 4 8 7 1 9
4 7 1 6 3 9 5 8 2
8 2 9 7 1 5 6 4 3
5 8 4 3 9 2 1 6 7
9 6 7 8 5 1 2 3 4
2 1 3 4 6 7 8 9 5
```

225

```
3 6 1 8 4 7 2 9 5
7 5 9 1 2 3 8 4 6
8 4 2 6 9 5 7 3 1
1 8 6 9 5 2 3 7 4
2 3 4 7 1 6 5 8 9
5 9 7 4 3 8 1 6 2
9 1 3 2 7 4 6 5 8
4 7 8 5 6 1 9 2 3
6 2 5 3 8 9 4 1 7
```

226

```
2 3 4 9 7 8 6 5 1
7 1 5 3 6 4 9 8 2
6 8 9 5 2 1 3 4 7
3 9 2 6 1 5 4 7 8
1 5 6 4 8 7 2 3 9
4 7 8 2 3 9 1 6 5
8 6 3 7 9 2 5 1 4
9 4 7 1 5 6 8 2 3
5 2 1 8 4 3 7 9 6
```

227

```
6 7 4 9 5 3 2 1 8
3 8 5 7 1 2 9 6 4
2 1 9 8 4 6 7 3 5
7 5 3 4 6 8 1 9 2
8 9 1 5 2 7 6 4 3
4 2 6 3 9 1 5 8 7
5 4 2 6 8 9 3 7 1
9 3 8 1 7 5 4 2 6
1 6 7 2 3 4 8 5 9
```

228

```
7 8 3 2 9 5 1 4 6
9 4 6 1 8 7 3 2 5
1 2 5 4 6 3 9 8 7
3 7 4 5 2 9 8 6 1
5 1 9 8 4 6 2 7 3
2 6 8 3 7 1 5 9 4
4 5 2 6 3 8 7 1 9
8 9 1 7 5 4 6 3 2
6 3 7 9 1 2 4 5 8
```

229

```
8 4 9 1 2 5 6 3 7
7 6 5 9 3 8 1 2 4
1 2 3 7 6 4 5 9 8
3 8 2 4 9 6 7 5 1
5 9 7 8 1 2 4 6 3
4 1 6 5 7 3 9 8 2
2 7 1 3 5 9 8 4 6
9 3 8 6 4 1 2 7 5
6 5 4 2 8 7 3 1 9
```

230

```
8 6 9 2 7 4 3 1 5
5 4 1 8 3 9 2 7 6
3 2 7 6 5 1 4 9 8
6 1 3 9 4 5 8 2 7
7 5 2 1 8 6 9 4 3
4 9 8 3 2 7 6 5 1
9 8 6 5 1 2 7 3 4
2 7 5 4 6 3 1 8 9
1 3 4 7 9 8 5 6 2
```

231

```
4 9 7 3 2 5 6 8 1
2 1 5 6 8 9 7 4 3
3 8 6 1 4 7 5 9 2
7 2 1 4 9 3 8 5 6
9 6 4 5 1 8 3 2 7
5 3 8 7 6 2 4 1 9
6 4 3 9 5 1 2 7 8
8 7 9 2 3 4 1 6 5
1 5 2 8 7 6 9 3 4
```

232

```
5 3 7 4 8 2 6 1 9
4 1 2 3 9 6 5 8 7
8 9 6 5 1 7 4 2 3
7 6 8 1 3 5 9 4 2
3 2 1 7 4 9 8 5 6
9 4 5 2 6 8 3 7 1
1 8 3 6 7 4 2 9 5
6 5 9 8 2 1 7 3 4
2 7 4 9 5 3 1 6 8
```

233

```
1 8 7 4 6 5 3 2 9
3 2 6 9 1 8 7 4 5
4 5 9 2 7 3 1 8 6
6 7 4 1 8 2 9 5 3
5 9 1 3 4 6 2 7 8
2 3 8 5 9 7 6 1 4
8 6 3 7 5 1 4 9 2
7 4 5 6 2 9 8 3 1
9 1 2 8 3 4 5 6 7
```

234

```
7 1 3 8 2 5 6 4 9
2 4 5 6 9 1 7 8 3
8 6 9 4 7 3 1 2 5
5 9 6 7 8 4 3 1 2
1 8 4 3 5 2 9 7 6
3 2 7 1 6 9 8 5 4
4 7 8 5 3 6 2 9 1
6 5 2 9 1 7 4 3 8
9 3 1 2 4 8 5 6 7
```

235

```
1 7 6 3 2 4 5 9 8
3 9 8 5 6 7 1 4 2
5 4 2 1 8 9 3 7 6
7 5 9 2 4 6 8 3 1
2 8 3 7 5 1 4 6 9
6 1 4 9 3 8 2 5 7
8 3 7 4 9 2 6 1 5
4 2 1 6 7 5 9 8 3
9 6 5 8 1 3 7 2 4
```

236

```
2 6 4 3 7 5 8 1 9
8 1 7 4 9 2 5 3 6
3 5 9 8 6 1 2 4 7
9 4 8 7 5 3 1 6 2
1 7 2 9 8 6 3 5 4
5 3 6 2 1 4 7 9 8
6 8 3 1 4 7 9 2 5
4 9 1 5 2 8 6 7 3
7 2 5 6 3 9 4 8 1
```

237

```
2 6 5 9 3 7 8 4 1
7 1 4 8 6 2 9 5 3
8 3 9 4 5 1 2 7 6
5 7 8 1 2 6 3 9 4
9 2 1 5 4 3 6 8 7
6 4 3 7 8 9 1 2 5
1 5 2 6 9 4 7 3 8
3 8 6 2 7 5 4 1 9
4 9 7 3 1 8 5 6 2
```

238

```
9 5 3 8 2 1 4 7 6
6 2 7 4 5 3 1 9 8
1 8 4 7 6 9 2 3 5
4 9 5 1 8 2 3 6 7
2 1 8 6 3 7 9 5 4
7 3 6 9 4 5 8 2 1
8 4 9 2 7 6 5 1 3
5 6 2 3 1 8 7 4 9
3 7 1 5 9 4 6 8 2
```

239

```
4 5 3 8 6 1 7 2 9
6 1 7 2 4 9 8 3 5
9 2 8 3 5 7 6 4 1
7 8 4 5 9 2 1 6 3
2 9 1 6 3 4 5 8 7
3 6 5 7 1 8 4 9 2
5 4 2 1 8 3 9 7 6
1 7 9 4 2 6 3 5 8
8 3 6 9 7 5 2 1 4
```

240

```
3 2 9 4 8 1 5 6 7
7 8 6 5 2 3 4 1 9
4 5 1 9 6 7 3 2 8
8 9 4 6 3 2 7 5 1
1 6 2 7 9 5 8 4 3
5 7 3 8 1 4 6 9 2
9 4 7 2 5 8 1 3 6
6 3 5 1 7 9 2 8 4
2 1 8 3 4 6 9 7 5
```

241

7	9	1	8	4	2	5	6	3
6	8	3	5	9	7	2	4	1
4	2	5	3	6	1	7	8	9
5	3	2	7	8	6	9	1	4
8	4	6	2	1	9	3	7	5
9	1	7	4	3	5	8	2	6
3	5	4	1	7	8	6	9	2
1	6	8	9	2	3	4	5	7
2	7	9	6	5	4	1	3	8

242

2	6	8	3	7	4	9	5	1
5	4	1	9	6	8	2	3	7
7	9	3	1	5	2	4	6	8
8	3	6	5	9	1	7	4	2
9	5	4	8	2	7	6	1	3
1	7	2	4	3	6	5	8	9
6	2	5	7	1	3	8	9	4
3	8	9	2	4	5	1	7	6
4	1	7	6	8	9	3	2	5

243

4	2	7	1	3	9	8	6	5
1	3	8	6	5	2	7	4	9
6	5	9	4	8	7	1	3	2
3	6	1	8	2	5	4	9	7
7	8	4	3	9	6	5	2	1
5	9	2	7	1	4	3	8	6
9	4	6	5	7	3	2	1	8
2	1	5	9	4	8	6	7	3
8	7	3	2	6	1	9	5	4

244

7	1	6	2	4	3	9	8	5
8	3	9	1	7	5	6	4	2
4	2	5	9	6	8	7	3	1
2	9	8	3	5	4	1	7	6
3	4	7	6	1	2	5	9	8
6	5	1	7	8	9	3	2	4
5	7	3	4	2	1	8	6	9
9	8	2	5	3	6	4	1	7
1	6	4	8	9	7	2	5	3

245

6	8	9	5	4	1	3	2	7
3	5	4	8	2	7	9	1	6
7	1	2	9	6	3	8	5	4
1	4	3	6	5	9	7	8	2
8	2	6	7	3	4	1	9	5
5	9	7	1	8	2	6	4	3
9	3	1	4	7	5	2	6	8
2	6	5	3	9	8	4	7	1
4	7	8	2	1	6	5	3	9

246

2	3	5	9	4	8	6	1	7
4	6	9	1	3	7	8	5	2
8	7	1	5	2	6	4	3	9
3	5	2	4	7	1	9	6	8
7	8	4	6	9	5	1	2	3
9	1	6	3	8	2	5	7	4
5	9	3	7	6	4	2	8	1
6	4	8	2	1	3	7	9	5
1	2	7	8	5	9	3	4	6

247

8	3	7	9	1	5	2	4	6
4	5	6	7	8	2	1	3	9
2	9	1	6	3	4	8	5	7
7	4	3	8	5	9	6	2	1
5	2	9	1	6	7	3	8	4
6	1	8	2	4	3	7	9	5
1	6	5	3	9	8	4	7	2
3	7	4	5	2	1	9	6	8
9	8	2	4	7	6	5	1	3

248

6	1	7	4	2	5	8	3	9
2	4	3	1	8	9	5	6	7
9	8	5	6	3	7	2	4	1
3	6	2	5	7	1	9	8	4
8	7	9	3	6	4	1	2	5
1	5	4	8	9	2	3	7	6
4	9	8	7	1	3	6	5	2
7	3	1	2	5	6	4	9	8
5	2	6	9	4	8	7	1	3

249

2	1	4	8	6	3	9	7	5
6	9	7	4	5	1	8	2	3
3	8	5	7	9	2	4	1	6
7	6	8	9	3	4	2	5	1
5	4	3	2	1	6	7	8	9
9	2	1	5	8	7	3	6	4
8	3	6	1	7	9	5	4	2
4	7	9	6	2	5	1	3	8
1	5	2	3	4	8	6	9	7

250

2	5	7	8	4	3	1	6	9
9	1	3	5	6	2	7	8	4
4	6	8	9	1	7	3	5	2
3	9	5	6	2	8	4	7	1
1	8	6	3	7	4	2	9	5
7	4	2	1	5	9	6	3	8
6	3	9	4	8	1	5	2	7
8	2	1	7	3	5	9	4	6
5	7	4	2	9	6	8	1	3

251

6	9	2	1	7	5	3	4	8
4	7	3	6	8	2	9	5	1
5	1	8	4	9	3	6	2	7
2	8	6	3	1	7	4	9	5
1	5	7	9	2	4	8	6	3
3	4	9	5	6	8	7	1	2
7	3	5	2	4	9	1	8	6
9	2	1	8	3	6	5	7	4
8	6	4	7	5	1	2	3	9

252

7	1	3	8	6	2	9	5	4
4	8	2	1	5	9	6	3	7
6	5	9	4	7	3	2	8	1
1	3	5	2	9	6	7	4	8
9	4	8	5	1	7	3	2	6
2	7	6	3	8	4	1	9	5
5	6	1	9	2	8	4	7	3
3	2	7	6	4	5	8	1	9
8	9	4	7	3	1	5	6	2

253

6	4	3	2	9	5	1	8	7
2	5	8	7	4	1	3	6	9
9	1	7	8	3	6	5	2	4
4	7	6	9	5	2	8	1	3
8	9	1	3	6	4	7	5	2
5	3	2	1	8	7	4	9	6
3	6	5	4	2	8	9	7	1
1	8	9	6	7	3	2	4	5
7	2	4	5	1	9	6	3	8

254

1	3	5	9	8	2	6	7	4
8	4	9	1	7	6	5	3	2
6	2	7	5	3	4	9	8	1
3	6	4	7	1	9	8	2	5
5	9	2	3	4	8	1	6	7
7	8	1	2	6	5	4	9	3
4	1	6	8	2	3	7	5	9
9	7	3	6	5	1	2	4	8
2	5	8	4	9	7	3	1	6

255

3	8	1	6	5	2	4	9	7
4	6	7	1	3	9	2	5	8
9	5	2	8	7	4	3	6	1
7	3	6	4	2	1	9	8	5
2	1	8	5	9	6	7	4	3
5	4	9	7	8	3	1	2	6
8	2	3	9	6	7	5	1	4
1	7	5	2	4	8	6	3	9
6	9	4	3	1	5	8	7	2

256

4	1	5	8	2	9	7	3	6
8	6	9	4	7	3	2	5	1
2	3	7	6	5	1	9	4	8
5	8	6	9	4	7	1	2	3
3	7	4	2	1	8	6	9	5
9	2	1	5	3	6	8	7	4
1	4	2	7	8	5	3	6	9
7	9	3	1	6	4	5	8	2
6	5	8	3	9	2	4	1	7

257

9	8	6	3	5	1	2	7	4
5	7	4	8	2	9	3	6	1
2	1	3	4	7	6	8	9	5
4	9	8	2	6	5	1	3	7
7	5	2	1	4	3	9	8	6
6	3	1	7	9	8	5	4	2
1	6	7	9	3	2	4	5	8
3	2	5	6	8	4	7	1	9
8	4	9	5	1	7	6	2	3

258

8	9	2	3	4	7	6	5	1
6	3	7	1	5	9	2	4	8
4	5	1	2	8	6	9	3	7
3	1	6	7	9	4	8	2	5
2	8	9	5	1	3	4	7	6
5	7	4	6	2	8	3	1	9
1	2	3	8	6	5	7	9	4
7	4	8	9	3	1	5	6	2
9	6	5	4	7	2	1	8	3

259

4	6	9	7	1	8	2	5	3
8	2	1	5	4	3	6	9	7
7	5	3	2	9	6	4	1	8
6	8	7	1	3	4	9	2	5
1	3	5	6	2	9	7	8	4
9	4	2	8	5	7	3	6	1
3	7	8	9	6	5	1	4	2
2	9	4	3	8	1	5	7	6
5	1	6	4	7	2	8	3	9

260

7	6	1	5	9	8	2	3	4
8	2	4	3	6	7	5	1	9
3	9	5	1	4	2	7	6	8
2	1	3	4	5	6	9	8	7
9	5	7	8	2	1	6	4	3
4	8	6	7	3	9	1	2	5
1	3	8	2	7	5	4	9	6
6	7	2	9	8	4	3	5	1
5	4	9	6	1	3	8	7	2

261

7	1	4	6	9	3	8	2	5
9	5	6	8	2	7	3	4	1
3	8	2	1	4	5	6	7	9
8	7	1	4	5	9	2	6	3
5	4	3	2	7	6	1	9	8
2	6	9	3	8	1	4	5	7
4	2	7	9	3	8	5	1	6
1	3	5	7	6	2	9	8	4
6	9	8	5	1	4	7	3	2

262

2	5	8	7	1	3	6	9	4
3	6	1	4	9	8	2	7	5
9	7	4	5	2	6	8	3	1
7	1	9	2	6	4	5	8	3
5	3	2	9	8	1	4	6	7
4	8	6	3	7	5	9	1	2
1	9	7	8	4	2	3	5	6
6	2	5	1	3	9	7	4	8
8	4	3	6	5	7	1	2	9

263

7	9	5	2	6	4	8	3	1
3	1	6	8	5	7	9	4	2
4	8	2	9	1	3	7	6	5
5	7	9	1	4	6	3	2	8
8	6	4	3	2	5	1	9	7
1	2	3	7	8	9	6	5	4
2	4	7	6	9	1	5	8	3
6	3	8	5	7	2	4	1	9
9	5	1	4	3	8	2	7	6

264

8	5	6	7	3	1	9	4	2
3	4	7	2	9	5	8	6	1
2	1	9	4	6	8	7	5	3
1	6	4	9	7	2	3	8	5
5	3	2	1	8	6	4	7	9
7	9	8	5	4	3	1	2	6
4	2	5	3	1	7	6	9	8
9	8	3	6	2	4	5	1	7
6	7	1	8	5	9	2	3	4

265

6	3	5	9	8	1	7	2	4
1	8	9	7	2	4	6	3	5
2	4	7	5	6	3	8	9	1
8	9	6	1	5	7	2	4	3
5	7	3	8	4	2	1	6	9
4	1	2	6	3	9	5	8	7
7	5	4	2	9	6	3	1	8
3	2	8	4	1	5	9	7	6
9	6	1	3	7	8	4	5	2

266

5	8	6	9	4	2	7	1	3
2	3	9	7	1	8	4	6	5
7	4	1	3	5	6	2	9	8
3	6	4	8	9	1	5	7	2
9	7	2	4	3	5	1	8	6
8	1	5	6	2	7	3	4	9
1	9	7	2	6	3	8	5	4
4	2	8	5	7	9	6	3	1
6	5	3	1	8	4	9	2	7

267

8	6	9	2	1	4	3	5	7
3	5	2	6	8	7	4	9	1
4	7	1	5	3	9	6	8	2
1	3	7	9	2	5	8	6	4
6	9	5	1	4	8	2	7	3
2	8	4	3	7	6	5	1	9
7	2	3	8	6	1	9	4	5
5	4	8	7	9	2	1	3	6
9	1	6	4	5	3	7	2	8

268

3	7	6	5	2	8	1	4	9
2	1	9	7	3	4	5	8	6
5	4	8	6	9	1	2	7	3
1	9	2	8	4	7	3	6	5
4	3	7	9	6	5	8	2	1
8	6	5	3	1	2	7	9	4
7	2	4	1	5	9	6	3	8
9	5	3	2	8	6	4	1	7
6	8	1	4	7	3	9	5	2

269

5	7	2	9	1	8	6	3	4
9	4	1	6	5	3	2	7	8
3	8	6	4	7	2	9	1	5
2	6	8	3	4	9	1	5	7
7	5	4	2	8	1	3	9	6
1	9	3	7	6	5	8	4	2
6	2	5	1	3	4	7	8	9
8	3	7	5	9	6	4	2	1
4	1	9	8	2	7	5	6	3

270

2	3	6	1	7	5	9	4	8
7	5	1	8	9	4	6	2	3
9	4	8	3	2	6	1	5	7
1	8	3	4	5	9	2	7	6
5	7	4	2	6	1	3	8	9
6	2	9	7	8	3	5	1	4
8	9	5	6	4	2	7	3	1
3	6	7	5	1	8	4	9	2
4	1	2	9	3	7	8	6	5

271

5	1	6	3	9	2	4	8	7
2	9	8	7	6	4	3	5	1
4	3	7	1	5	8	6	2	9
7	8	2	9	4	5	1	3	6
9	6	5	8	3	1	7	4	2
3	4	1	2	7	6	5	9	8
1	2	4	5	8	7	9	6	3
8	5	3	6	1	9	2	7	4
6	7	9	4	2	3	8	1	5

272

4	6	2	1	5	9	8	3	7
1	3	9	8	7	6	5	4	2
7	8	5	3	2	4	6	1	9
3	9	7	6	4	2	1	8	5
8	5	4	9	1	3	2	7	6
6	2	1	7	8	5	3	9	4
2	4	3	5	9	1	7	6	8
5	1	8	4	6	7	9	2	3
9	7	6	2	3	8	4	5	1

273

7	9	5	4	8	6	3	1	2
3	2	6	1	9	5	4	8	7
1	4	8	3	7	2	9	6	5
8	3	2	9	5	7	1	4	6
9	1	4	2	6	3	5	7	8
5	6	7	8	4	1	2	9	3
6	7	1	5	3	4	8	2	9
2	8	3	7	1	9	6	5	4
4	5	9	6	2	8	7	3	1

274

3	7	5	9	6	4	8	2	1
1	4	6	2	7	8	9	3	5
2	9	8	1	5	3	4	7	6
4	5	7	3	1	6	2	8	9
9	2	1	5	8	7	3	6	4
6	8	3	4	9	2	5	1	7
7	6	9	8	3	5	1	4	2
8	1	4	7	2	9	6	5	3
5	3	2	6	4	1	7	9	8

275

3	6	5	7	1	2	8	4	9
7	8	4	9	5	3	2	1	6
1	2	9	4	6	8	3	5	7
8	9	3	5	4	6	7	2	1
2	5	6	1	8	7	4	9	3
4	7	1	3	2	9	5	6	8
5	4	8	6	3	1	9	7	2
9	1	2	8	7	5	6	3	4
6	3	7	2	9	4	1	8	5

276

6	3	5	2	7	4	1	9	8
7	4	1	8	9	6	5	2	3
8	9	2	3	1	5	4	7	6
9	6	3	4	2	7	8	1	5
1	5	7	6	8	3	9	4	2
2	8	4	9	5	1	3	6	7
4	7	9	5	3	2	6	8	1
5	1	6	7	4	8	2	3	9
3	2	8	1	6	9	7	5	4

277

4	8	2	1	3	6	9	5	7
5	9	1	7	4	2	3	8	6
7	3	6	5	9	8	4	2	1
6	7	8	4	1	5	2	3	9
2	5	3	6	7	9	8	1	4
1	4	9	2	8	3	7	6	5
9	2	4	8	6	1	5	7	3
3	1	5	9	2	7	6	4	8
8	6	7	3	5	4	1	9	2

278

6	8	5	2	3	1	9	4	7
9	1	4	6	7	8	3	5	2
3	2	7	4	9	5	6	8	1
2	9	1	7	4	3	5	6	8
5	4	8	1	2	6	7	3	9
7	3	6	5	8	9	1	2	4
1	5	9	8	6	4	2	7	3
8	7	3	9	5	2	4	1	6
4	6	2	3	1	7	8	9	5

279

3	8	9	1	5	2	4	7	6
4	2	6	9	7	8	3	1	5
7	1	5	4	3	6	2	8	9
1	6	3	2	9	5	7	4	8
2	9	7	6	8	4	1	5	3
5	4	8	7	1	3	9	6	2
6	7	1	8	2	9	5	3	4
9	3	4	5	6	7	8	2	1
8	5	2	3	4	1	6	9	7

280

7	1	9	2	5	6	4	3	8
5	8	4	3	9	7	2	1	6
2	3	6	4	1	8	7	5	9
1	9	2	8	4	5	3	6	7
4	7	8	9	6	3	1	2	5
6	5	3	7	2	1	8	9	4
3	4	1	5	7	9	6	8	2
9	6	7	1	8	2	5	4	3
8	2	5	6	3	4	9	7	1

281

2	5	9	1	8	3	7	6	4
7	1	8	6	9	4	5	2	3
4	6	3	2	5	7	9	8	1
9	8	2	4	3	6	1	7	5
6	4	7	5	1	8	2	3	9
5	3	1	7	2	9	6	4	8
1	7	6	8	4	5	3	9	2
8	9	5	3	6	2	4	1	7
3	2	4	9	7	1	8	5	6

282

6	7	9	2	8	1	3	5	4
2	3	5	6	7	4	1	9	8
4	8	1	9	3	5	2	7	6
7	5	3	1	4	2	8	6	9
8	4	2	3	6	9	5	1	7
1	9	6	7	5	8	4	2	3
5	1	8	4	9	6	7	3	2
3	6	4	5	2	7	9	8	1
9	2	7	8	1	3	6	4	5

283

2	1	5	3	4	6	9	8	7
4	8	9	5	7	1	2	3	6
7	3	6	2	9	8	5	4	1
1	9	8	7	2	4	6	5	3
3	2	4	6	5	9	7	1	8
6	5	7	1	8	3	4	9	2
8	6	2	4	1	5	3	7	9
5	7	1	9	3	2	8	6	4
9	4	3	8	6	7	1	2	5

284

3	6	2	5	1	9	4	8	7
1	7	5	8	4	3	2	9	6
9	8	4	2	7	6	1	5	3
7	1	3	9	6	2	8	4	5
4	5	9	7	8	1	3	6	2
8	2	6	3	5	4	7	1	9
2	3	8	1	9	5	6	7	4
5	4	7	6	3	8	9	2	1
6	9	1	4	2	7	5	3	8

285

3	7	5	1	2	9	8	6	4
9	6	4	5	3	8	2	7	1
2	1	8	4	7	6	9	3	5
4	8	6	7	9	3	1	5	2
7	9	1	8	5	2	6	4	3
5	2	3	6	1	4	7	9	8
6	5	7	3	8	1	4	2	9
1	4	9	2	6	5	3	8	7
8	3	2	9	4	7	5	1	6

286

1	7	9	3	5	8	6	4	2
5	8	6	2	4	9	7	1	3
2	4	3	6	7	1	5	8	9
6	9	7	1	3	4	2	5	8
4	3	1	8	2	5	9	7	6
8	2	5	7	9	6	4	3	1
9	5	2	4	8	3	1	6	7
3	1	4	9	6	7	8	2	5
7	6	8	5	1	2	3	9	4

287

5	1	9	3	8	4	7	6	2
3	2	4	7	9	6	1	8	5
6	8	7	2	5	1	9	3	4
9	7	1	5	6	8	2	4	3
8	3	5	1	4	2	6	9	7
4	6	2	9	3	7	8	5	1
7	5	8	6	2	3	4	1	9
1	4	3	8	7	9	5	2	6
2	9	6	4	1	5	3	7	8

288

1	3	5	2	4	7	6	9	8
6	2	7	8	9	1	3	5	4
4	8	9	3	6	5	1	2	7
3	1	2	4	8	9	7	6	5
7	9	8	6	5	2	4	1	3
5	6	4	1	7	3	2	8	9
2	4	1	9	3	8	5	7	6
8	5	3	7	2	6	9	4	1
9	7	6	5	1	4	8	3	2

289

9	4	8	7	2	3	1	5	6
5	3	2	1	8	6	9	7	4
6	1	7	9	5	4	2	8	3
1	7	6	8	4	5	3	2	9
8	9	4	3	1	2	7	6	5
2	5	3	6	7	9	4	1	8
4	2	9	5	6	7	8	3	1
7	8	5	4	3	1	6	9	2
3	6	1	2	9	8	5	4	7

290

4	5	6	8	7	3	9	2	1
7	9	8	1	2	5	4	6	3
3	1	2	4	6	9	8	7	5
1	6	7	3	5	4	2	8	9
9	2	3	7	8	6	1	5	4
5	8	4	2	9	1	7	3	6
2	3	5	9	1	7	6	4	8
8	4	9	6	3	2	5	1	7
6	7	1	5	4	8	3	9	2

291

8	7	3	6	9	5	4	1	2
4	9	2	3	1	7	5	6	8
6	1	5	2	4	8	7	9	3
7	5	8	1	3	4	6	2	9
9	3	4	5	6	2	1	8	7
2	6	1	7	8	9	3	5	4
3	4	6	9	2	1	8	7	5
5	8	9	4	7	6	2	3	1
1	2	7	8	5	3	9	4	6

292

8	3	4	2	6	7	9	1	5
2	5	7	1	3	9	8	4	6
1	6	9	8	5	4	7	2	3
4	1	6	3	2	8	5	9	7
3	9	5	6	7	1	4	8	2
7	2	8	9	4	5	3	6	1
9	4	3	5	1	2	6	7	8
5	7	2	4	8	6	1	3	9
6	8	1	7	9	3	2	5	4

293

4	5	8	7	3	1	2	9	6
6	2	1	5	9	8	4	3	7
9	7	3	2	6	4	8	5	1
8	3	5	4	2	7	6	1	9
2	4	9	1	5	6	3	7	8
1	6	7	9	8	3	5	2	4
7	8	4	3	1	2	9	6	5
5	1	2	6	4	9	7	8	3
3	9	6	8	7	5	1	4	2

294

9	4	2	5	7	1	3	8	6
7	6	5	4	3	8	9	2	1
1	8	3	6	9	2	7	4	5
6	3	8	2	4	5	1	7	9
2	7	9	1	6	3	8	5	4
5	1	4	7	8	9	2	6	3
8	5	7	3	1	6	4	9	2
3	9	6	8	2	4	5	1	7
4	2	1	9	5	7	6	3	8

295

4	2	1	7	9	5	6	3	8
8	7	9	6	4	3	2	1	5
6	5	3	8	1	2	9	7	4
9	6	7	1	5	4	8	2	3
3	8	5	9	2	7	4	6	1
2	1	4	3	8	6	7	5	9
7	9	8	5	6	1	3	4	2
5	4	6	2	3	9	1	8	7
1	3	2	4	7	8	5	9	6

296

3	7	9	1	8	2	5	4	6
4	5	1	3	6	7	2	8	9
2	6	8	4	5	9	1	7	3
6	1	4	8	7	5	3	9	2
5	3	2	6	9	4	8	1	7
9	8	7	2	1	3	6	5	4
8	2	5	7	4	6	9	3	1
7	9	3	5	2	1	4	6	8
1	4	6	9	3	8	7	2	5

297

4	6	3	5	2	1	7	8	9
7	5	8	9	4	6	2	3	1
1	9	2	3	8	7	5	6	4
9	8	4	6	5	2	1	7	3
5	1	6	4	7	3	9	2	8
2	3	7	1	9	8	4	5	6
8	7	1	2	6	9	3	4	5
6	4	9	7	3	5	8	1	2
3	2	5	8	1	4	6	9	7

298

8	9	4	5	1	2	7	3	6
3	5	6	7	9	4	8	1	2
7	2	1	3	6	8	9	5	4
9	6	8	2	7	5	3	4	1
1	7	5	6	4	3	2	8	9
4	3	2	1	8	9	5	6	7
6	1	9	8	5	7	4	2	3
5	4	3	9	2	1	6	7	8
2	8	7	4	3	6	1	9	5

299

8	1	5	6	9	4	2	3	7
2	9	4	8	3	7	6	1	5
3	6	7	5	2	1	8	9	4
5	3	8	4	6	2	9	7	1
9	2	6	7	1	5	4	8	3
7	4	1	3	8	9	5	6	2
1	7	2	9	4	8	3	5	6
6	5	9	2	7	3	1	4	8
4	8	3	1	5	6	7	2	9

300

9	6	4	7	5	2	3	8	1
2	1	8	3	4	9	6	5	7
7	5	3	6	8	1	9	4	2
4	7	2	8	9	5	1	6	3
5	8	1	2	6	3	4	7	9
3	9	6	1	7	4	8	2	5
8	2	9	5	1	6	7	3	4
1	3	7	4	2	8	5	9	6
6	4	5	9	3	7	2	1	8

301

2	5	9	3	8	7	1	6	4
3	6	8	2	1	4	7	5	9
1	7	4	5	9	6	3	8	2
6	4	1	7	2	8	5	9	3
5	8	7	1	3	9	2	4	6
9	3	2	4	6	5	8	1	7
4	1	3	6	5	2	9	7	8
8	2	6	9	7	1	4	3	5
7	9	5	8	4	3	6	2	1

302

8	4	2	6	3	7	5	9	1
6	5	3	1	9	2	4	8	7
7	9	1	5	4	8	6	2	3
2	3	5	7	8	4	9	1	6
4	7	6	9	2	1	3	5	8
9	1	8	3	6	5	2	7	4
1	8	4	2	5	3	7	6	9
5	6	7	4	1	9	8	3	2
3	2	9	8	7	6	1	4	5

303

6	2	3	8	4	7	1	5	9
5	4	1	3	2	9	6	7	8
9	8	7	6	1	5	2	3	4
7	3	8	1	9	4	5	6	2
1	5	6	7	8	2	4	9	3
2	9	4	5	6	3	8	1	7
4	7	5	2	3	6	9	8	1
3	1	2	9	5	8	7	4	6
8	6	9	4	7	1	3	2	5

304

3	9	7	5	2	4	6	1	8
2	6	4	8	1	7	9	5	3
8	1	5	9	3	6	7	2	4
9	7	3	1	4	2	5	8	6
6	2	1	3	5	8	4	9	7
5	4	8	7	6	9	1	3	2
7	5	2	6	8	1	3	4	9
4	3	9	2	7	5	8	6	1
1	8	6	4	9	3	2	7	5

305

4	2	6	8	1	3	5	7	9
9	7	1	2	5	4	8	6	3
5	8	3	9	6	7	2	4	1
3	5	7	1	9	8	6	2	4
6	4	2	3	7	5	1	9	8
1	9	8	4	2	6	3	5	7
7	1	5	6	8	9	4	3	2
2	6	4	7	3	1	9	8	5
8	3	9	5	4	2	7	1	6

306

4	8	3	1	9	6	2	5	7
1	2	6	7	5	4	9	8	3
5	7	9	2	3	8	1	4	6
9	4	8	6	7	2	3	1	5
7	3	2	9	1	5	8	6	4
6	1	5	8	4	3	7	9	2
3	5	7	4	8	9	6	2	1
2	9	4	3	6	1	5	7	8
8	6	1	5	2	7	4	3	9

307

1	7	9	3	4	8	5	6	2
5	4	2	9	7	6	8	3	1
8	6	3	2	5	1	4	9	7
4	2	7	5	1	9	6	8	3
9	3	1	6	8	2	7	5	4
6	5	8	4	3	7	1	2	9
7	1	6	8	9	3	2	4	5
2	9	5	7	6	4	3	1	8
3	8	4	1	2	5	9	7	6

308

5	4	9	2	8	1	6	7	3
6	1	2	7	9	3	8	4	5
7	3	8	4	6	5	9	1	2
3	8	1	5	7	2	4	9	6
2	7	4	9	3	6	1	5	8
9	5	6	1	4	8	3	2	7
4	6	5	3	2	9	7	8	1
8	2	7	6	1	4	5	3	9
1	9	3	8	5	7	2	6	4

309

9	6	3	4	1	5	8	7	2
7	5	8	2	3	9	1	4	6
2	4	1	6	8	7	9	5	3
3	1	6	5	2	4	7	9	8
5	9	2	1	7	8	3	6	4
4	8	7	9	6	3	5	2	1
1	7	5	8	4	2	6	3	9
8	3	4	7	9	6	2	1	5
6	2	9	3	5	1	4	8	7

310

7	2	6	1	9	8	5	3	4
5	1	9	4	6	3	7	2	8
8	3	4	5	7	2	1	6	9
1	6	2	3	8	9	4	5	7
9	7	5	6	2	4	3	8	1
4	8	3	7	5	1	6	9	2
3	9	7	8	4	6	2	1	5
2	4	1	9	3	5	8	7	6
6	5	8	2	1	7	9	4	3

311

4	5	8	6	1	3	9	2	7
6	2	9	5	8	7	3	1	4
7	1	3	4	2	9	6	5	8
2	4	7	1	9	6	8	3	5
1	8	5	7	3	2	4	6	9
3	9	6	8	4	5	2	7	1
8	6	4	3	7	1	5	9	2
9	3	1	2	5	4	7	8	6
5	7	2	9	6	8	1	4	3

312

1	2	8	3	6	4	5	7	9
3	5	4	1	9	7	2	8	6
7	6	9	5	2	8	1	3	4
6	4	1	8	3	9	7	5	2
8	9	7	2	5	1	6	4	3
2	3	5	7	4	6	9	1	8
9	8	6	4	7	5	3	2	1
4	7	2	6	1	3	8	9	5
5	1	3	9	8	2	4	6	7

313

9	5	3	8	4	2	1	7	6
1	7	4	9	6	3	5	8	2
8	2	6	1	5	7	4	3	9
6	8	2	5	7	9	3	1	4
3	1	5	6	2	4	8	9	7
7	4	9	3	1	8	6	2	5
5	6	8	7	9	1	2	4	3
4	9	1	2	3	6	7	5	8
2	3	7	4	8	5	9	6	1

314

3	8	4	1	9	5	7	6	2
5	1	6	7	8	2	3	4	9
7	2	9	3	4	6	8	1	5
4	9	2	5	6	8	1	3	7
1	3	5	4	7	9	2	8	6
8	6	7	2	1	3	5	9	4
2	4	3	9	5	1	6	7	8
9	5	8	6	3	7	4	2	1
6	7	1	8	2	4	9	5	3

315

8	7	9	2	5	4	6	1	3
4	3	1	8	9	6	2	7	5
2	5	6	3	1	7	9	4	8
9	1	4	7	6	3	8	5	2
5	6	7	1	8	2	3	9	4
3	2	8	5	4	9	7	6	1
7	4	3	9	2	5	1	8	6
6	8	2	4	7	1	5	3	9
1	9	5	6	3	8	4	2	7

316

5	4	6	7	3	1	8	2	9
9	7	8	4	6	2	5	3	1
1	3	2	9	5	8	6	4	7
3	5	7	2	1	9	4	8	6
8	2	1	6	4	7	3	9	5
6	9	4	3	8	5	7	1	2
2	6	9	8	7	3	1	5	4
7	8	5	1	9	4	2	6	3
4	1	3	5	2	6	9	7	8

317

7	2	9	4	6	1	3	5	8
1	8	4	2	5	3	9	7	6
5	6	3	9	8	7	2	4	1
4	7	8	3	1	2	5	6	9
2	9	5	6	4	8	1	3	7
6	3	1	5	7	9	8	2	4
3	1	6	8	2	4	7	9	5
8	4	2	7	9	5	6	1	3
9	5	7	1	3	6	4	8	2

318

5	2	1	6	4	8	3	7	9
9	3	6	7	2	5	4	8	1
8	4	7	1	9	3	2	5	6
4	7	8	9	3	1	5	6	2
3	6	5	2	8	4	9	1	7
1	9	2	5	7	6	8	4	3
7	5	9	8	6	2	1	3	4
6	1	4	3	5	9	7	2	8
2	8	3	4	1	7	6	9	5

319

5	4	1	2	3	7	9	6	8
6	2	3	9	8	5	4	7	1
8	7	9	1	4	6	3	5	2
1	8	6	4	7	2	5	9	3
4	9	2	5	1	3	7	8	6
3	5	7	8	6	9	2	1	4
7	6	4	3	5	8	1	2	9
9	1	5	6	2	4	8	3	7
2	3	8	7	9	1	6	4	5

320

3	4	6	8	5	7	9	1	2
5	9	7	3	1	2	8	6	4
1	2	8	9	4	6	3	7	5
7	6	4	2	3	1	5	8	9
9	3	1	7	8	5	4	2	6
2	8	5	6	9	4	7	3	1
6	7	3	4	2	9	1	5	8
8	1	9	5	6	3	2	4	7
4	5	2	1	7	8	6	9	3

321

9	5	1	6	4	2	7	3	8
2	4	7	3	9	8	6	1	5
8	3	6	5	1	7	4	2	9
3	7	8	1	6	9	5	4	2
1	6	4	7	2	5	9	8	3
5	2	9	8	3	4	1	6	7
7	8	3	4	5	6	2	9	1
4	9	5	2	8	1	3	7	6
6	1	2	9	7	3	8	5	4

322

2	4	6	1	7	9	3	8	5
3	9	8	5	2	4	6	7	1
5	7	1	8	3	6	2	9	4
4	1	7	9	6	5	8	2	3
9	6	3	2	8	1	4	5	7
8	2	5	7	4	3	9	1	6
7	3	2	4	1	8	5	6	9
6	8	9	3	5	7	1	4	2
1	5	4	6	9	2	7	3	8

323

8	2	7	4	3	1	5	9	6
5	4	9	8	7	6	1	3	2
6	1	3	2	5	9	4	7	8
9	6	2	5	1	4	7	8	3
3	8	5	9	6	7	2	1	4
1	7	4	3	8	2	9	6	5
7	3	8	1	4	5	6	2	9
2	5	1	6	9	3	8	4	7
4	9	6	7	2	8	3	5	1

324

7	3	8	2	6	1	9	4	5
5	6	2	9	3	4	7	8	1
9	1	4	8	7	5	2	3	6
8	2	7	5	4	6	3	1	9
1	9	3	7	8	2	6	5	4
6	4	5	3	1	9	8	2	7
2	7	1	6	5	3	4	9	8
3	5	6	4	9	8	1	7	2
4	8	9	1	2	7	5	6	3

325

2	7	3	4	9	1	6	5	8
5	6	9	8	3	7	2	1	4
1	8	4	2	5	6	3	9	7
6	4	2	1	8	5	7	3	9
7	3	1	6	4	9	8	2	5
8	9	5	3	7	2	1	4	6
9	1	8	7	2	4	5	6	3
3	5	6	9	1	8	4	7	2
4	2	7	5	6	3	9	8	1

326

2	4	7	6	1	8	9	3	5
8	1	3	5	2	9	7	4	6
6	9	5	4	3	7	1	8	2
9	2	8	7	4	3	6	5	1
5	6	4	2	9	1	3	7	8
3	7	1	8	6	5	4	2	9
7	3	6	1	8	2	5	9	4
1	5	2	9	7	4	8	6	3
4	8	9	3	5	6	2	1	7

327

1	6	4	7	9	2	8	5	3
3	7	9	1	8	5	4	2	6
2	5	8	6	3	4	1	9	7
6	3	1	8	5	9	2	7	4
5	9	7	4	2	6	3	8	1
8	4	2	3	7	1	9	6	5
4	8	6	9	1	7	5	3	2
9	1	5	2	6	3	7	4	8
7	2	3	5	4	8	6	1	9

328

9	6	4	8	1	2	5	7	3
3	1	5	6	7	9	4	8	2
7	8	2	3	4	5	9	1	6
4	2	8	5	3	7	6	9	1
1	7	9	2	6	4	8	3	5
6	5	3	9	8	1	2	4	7
2	4	6	1	9	3	7	5	8
8	3	7	4	5	6	1	2	9
5	9	1	7	2	8	3	6	4

329

2	8	3	1	7	5	9	4	6
9	1	5	6	3	4	7	2	8
7	4	6	2	8	9	1	5	3
4	3	9	5	2	7	8	6	1
6	2	7	8	4	1	3	9	5
8	5	1	3	9	6	2	7	4
3	7	8	4	6	2	5	1	9
5	9	4	7	1	3	6	8	2
1	6	2	9	5	8	4	3	7

330

2	7	4	8	5	3	9	1	6
9	5	6	4	1	2	7	8	3
3	1	8	9	7	6	2	4	5
8	4	2	3	9	7	5	6	1
5	6	9	1	8	4	3	7	2
7	3	1	2	6	5	8	9	4
4	9	7	5	3	1	6	2	8
6	2	3	7	4	8	1	5	9
1	8	5	6	2	9	4	3	7

331

9	1	7	3	8	2	5	4	6
2	8	6	4	9	5	3	7	1
4	5	3	7	1	6	2	9	8
7	2	1	8	6	4	9	5	3
5	6	9	2	3	1	7	8	4
8	3	4	9	5	7	1	6	2
6	4	5	1	7	3	8	2	9
1	9	2	5	4	8	6	3	7
3	7	8	6	2	9	4	1	5

332

9	6	8	4	5	3	1	2	7
2	5	7	1	6	8	9	3	4
3	1	4	7	9	2	6	8	5
1	8	3	5	7	9	2	4	6
4	2	9	3	8	6	5	7	1
5	7	6	2	1	4	3	9	8
8	3	2	6	4	5	7	1	9
6	9	1	8	3	7	4	5	2
7	4	5	9	2	1	8	6	3

333

4	2	3	9	5	6	1	8	7
7	5	6	3	1	8	4	9	2
8	1	9	4	2	7	6	3	5
2	3	1	6	7	9	8	5	4
6	8	7	1	4	5	9	2	3
9	4	5	2	8	3	7	1	6
3	9	4	5	6	1	2	7	8
1	6	8	7	3	2	5	4	9
5	7	2	8	9	4	3	6	1

334

7	9	5	3	6	8	2	4	1
6	3	4	2	9	1	5	7	8
2	8	1	7	5	4	9	6	3
1	6	2	5	8	9	7	3	4
3	5	7	1	4	2	6	8	9
8	4	9	6	7	3	1	2	5
5	2	8	4	1	6	3	9	7
9	7	3	8	2	5	4	1	6
4	1	6	9	3	7	8	5	2

335

9	3	7	2	5	1	4	6	8
4	5	6	9	7	8	2	1	3
2	8	1	3	6	4	5	7	9
1	4	5	8	3	2	6	9	7
6	2	3	7	9	5	8	4	1
8	7	9	1	4	6	3	2	5
7	1	4	5	2	3	9	8	6
5	6	8	4	1	9	7	3	2
3	9	2	6	8	7	1	5	4

336

6	3	9	1	7	5	2	4	8
8	1	5	6	2	4	3	9	7
4	7	2	8	9	3	1	5	6
1	5	8	3	6	2	9	7	4
9	6	3	7	4	8	5	2	1
7	2	4	5	1	9	8	6	3
2	9	1	4	3	6	7	8	5
3	8	6	9	5	7	4	1	2
5	4	7	2	8	1	6	3	9

337

8	7	1	9	4	6	2	3	5
3	9	4	1	2	5	6	7	8
5	2	6	8	3	7	9	1	4
2	3	5	7	8	1	4	6	9
4	6	7	5	9	2	3	8	1
9	1	8	4	6	3	7	5	2
1	8	2	3	7	9	5	4	6
6	5	3	2	1	4	8	9	7
7	4	9	6	5	8	1	2	3

338

6	5	4	2	7	8	3	9	1
7	9	1	3	6	4	2	5	8
2	3	8	9	1	5	4	6	7
4	8	9	5	2	3	7	1	6
1	7	3	4	9	6	8	2	5
5	2	6	7	8	1	9	3	4
9	1	5	8	4	2	6	7	3
8	6	7	1	3	9	5	4	2
3	4	2	6	5	7	1	8	9

339

1	5	7	3	9	8	4	6	2
8	9	4	6	1	2	3	7	5
2	6	3	5	7	4	9	8	1
6	4	2	7	3	1	5	9	8
7	3	9	4	8	5	1	2	6
5	8	1	2	6	9	7	3	4
4	2	6	9	5	3	8	1	7
9	1	5	8	2	7	6	4	3
3	7	8	1	4	6	2	5	9

340

7	2	4	9	3	6	5	1	8
3	8	6	4	5	1	9	2	7
5	9	1	7	8	2	3	6	4
8	1	7	5	6	3	4	9	2
2	4	3	8	1	9	6	7	5
6	5	9	2	4	7	1	8	3
1	6	2	3	7	4	8	5	9
4	7	8	6	9	5	2	3	1
9	3	5	1	2	8	7	4	6

341

2	8	1	7	4	9	3	6	5
7	3	5	2	6	1	8	4	9
6	9	4	3	8	5	7	1	2
9	7	6	8	2	4	1	5	3
4	1	2	5	3	7	6	9	8
8	5	3	1	9	6	2	7	4
1	2	9	4	7	3	5	8	6
5	4	8	6	1	2	9	3	7
3	6	7	9	5	8	4	2	1

342

4	7	2	8	6	1	9	5	3
1	6	8	3	5	9	2	7	4
9	5	3	4	7	2	8	6	1
2	8	1	5	9	6	3	4	7
7	3	6	1	8	4	5	2	9
5	9	4	7	2	3	1	8	6
8	1	9	2	4	7	6	3	5
3	4	5	6	1	8	7	9	2
6	2	7	9	3	5	4	1	8

343

8	5	4	1	9	3	6	7	2
3	7	2	5	8	6	4	9	1
9	6	1	7	4	2	3	5	8
1	3	6	8	7	5	9	2	4
5	9	8	6	2	4	1	3	7
4	2	7	9	3	1	8	6	5
7	1	5	3	6	8	2	4	9
2	8	3	4	5	9	7	1	6
6	4	9	2	1	7	5	8	3

344

3	4	2	8	5	9	6	7	1
6	9	5	7	1	4	2	8	3
1	8	7	3	6	2	9	5	4
2	7	1	4	9	8	5	3	6
9	3	4	5	7	6	1	2	8
5	6	8	2	3	1	7	4	9
4	1	3	6	2	5	8	9	7
7	2	6	9	8	3	4	1	5
8	5	9	1	4	7	3	6	2

345

9	1	8	6	3	4	5	2	7
4	5	3	2	7	9	8	1	6
6	2	7	5	1	8	9	4	3
8	6	1	9	2	5	3	7	4
2	7	5	4	6	3	1	8	9
3	4	9	1	8	7	2	6	5
5	8	2	3	4	6	7	9	1
7	3	4	8	9	1	6	5	2
1	9	6	7	5	2	4	3	8

346

3	7	5	6	1	4	8	2	9
9	6	2	5	7	8	1	4	3
4	1	8	9	2	3	6	5	7
5	9	1	3	8	2	4	7	6
8	4	6	1	5	7	3	9	2
7	2	3	4	6	9	5	8	1
6	3	7	8	9	5	2	1	4
1	5	9	2	4	6	7	3	8
2	8	4	7	3	1	9	6	5

347

3	2	7	8	1	4	9	5	6
1	8	6	9	7	5	4	2	3
4	5	9	3	6	2	7	1	8
5	3	1	2	9	6	8	4	7
9	4	8	7	5	1	3	6	2
7	6	2	4	8	3	5	9	1
8	7	5	6	2	9	1	3	4
6	9	4	1	3	8	2	7	5
2	1	3	5	4	7	6	8	9

348

3	6	9	5	1	2	8	7	4
7	1	4	9	8	6	2	3	5
8	5	2	7	3	4	9	6	1
2	8	7	1	6	3	4	5	9
6	9	5	4	2	7	3	1	8
4	3	1	8	5	9	6	2	7
9	2	8	3	7	5	1	4	6
5	4	3	6	9	1	7	8	2
1	7	6	2	4	8	5	9	3

349

3	1	6	4	7	2	5	8	9
4	9	5	6	3	8	7	2	1
2	7	8	1	5	9	3	6	4
6	2	1	9	4	7	8	5	3
8	3	4	2	1	5	9	7	6
9	5	7	3	8	6	4	1	2
7	6	2	8	9	4	1	3	5
5	4	3	7	6	1	2	9	8
1	8	9	5	2	3	6	4	7

350

2	3	5	1	9	7	4	6	8
1	7	6	4	8	2	9	3	5
9	4	8	3	5	6	1	2	7
7	6	2	5	4	9	8	1	3
3	8	9	7	6	1	2	5	4
4	5	1	2	3	8	7	9	6
8	9	4	6	1	5	3	7	2
6	1	7	8	2	3	5	4	9
5	2	3	9	7	4	6	8	1

351

5	6	1	3	4	9	8	7	2
2	9	7	6	8	1	4	3	5
4	3	8	5	2	7	6	1	9
3	5	6	9	1	4	2	8	7
7	2	4	8	5	3	1	9	6
8	1	9	7	6	2	3	5	4
6	8	3	4	7	5	9	2	1
9	7	2	1	3	6	5	4	8
1	4	5	2	9	8	7	6	3

352

7	6	3	2	9	5	4	1	8
8	5	4	1	3	7	9	6	2
1	9	2	8	4	6	3	5	7
9	4	6	5	2	3	8	7	1
3	2	1	7	8	4	6	9	5
5	7	8	6	1	9	2	3	4
4	1	9	3	5	8	7	2	6
2	3	7	4	6	1	5	8	9
6	8	5	9	7	2	1	4	3

353

6	8	5	7	9	2	4	1	3
1	9	3	8	5	4	6	7	2
4	7	2	3	1	6	5	8	9
9	5	6	2	4	7	8	3	1
2	3	1	6	8	5	9	4	7
7	4	8	9	3	1	2	6	5
3	1	9	4	2	8	7	5	6
5	6	4	1	7	9	3	2	8
8	2	7	5	6	3	1	9	4

354

3	4	5	7	9	1	6	2	8
8	6	7	4	3	2	5	9	1
2	9	1	5	6	8	3	7	4
7	8	6	1	2	4	9	3	5
1	2	4	3	5	9	7	8	6
9	5	3	8	7	6	1	4	2
6	1	9	2	8	7	4	5	3
5	7	2	6	4	3	8	1	9
4	3	8	9	1	5	2	6	7

355

2	1	7	3	5	8	9	6	4
5	9	8	2	4	6	7	3	1
4	6	3	9	1	7	2	8	5
6	8	9	5	2	1	3	4	7
1	7	5	8	3	4	6	2	9
3	2	4	6	7	9	1	5	8
8	4	2	7	9	3	5	1	6
9	3	6	1	8	5	4	7	2
7	5	1	4	6	2	8	9	3

356

3	1	7	9	4	6	5	2	8
8	2	6	5	7	1	4	9	3
4	5	9	2	3	8	7	6	1
9	7	2	4	6	3	8	1	5
5	6	4	8	1	9	2	3	7
1	3	8	7	2	5	9	4	6
7	8	3	1	9	2	6	5	4
2	4	1	6	5	7	3	8	9
6	9	5	3	8	4	1	7	2

357

8	5	9	4	2	1	6	7	3
7	4	1	3	8	6	2	9	5
6	3	2	7	9	5	8	1	4
5	2	7	8	1	4	9	3	6
1	9	8	6	3	2	5	4	7
4	6	3	5	7	9	1	8	2
3	1	5	9	6	7	4	2	8
2	7	4	1	5	8	3	6	9
9	8	6	2	4	3	7	5	1

358

5	9	1	4	8	7	2	6	3
3	6	7	5	1	2	8	4	9
8	2	4	3	6	9	1	5	7
1	7	2	8	9	6	4	3	5
4	3	8	7	2	5	6	9	1
6	5	9	1	4	3	7	8	2
2	1	6	9	3	8	5	7	4
9	4	5	6	7	1	3	2	8
7	8	3	2	5	4	9	1	6

359

1	3	8	6	7	9	4	2	5
5	2	7	4	1	3	8	6	9
9	6	4	2	8	5	1	7	3
8	1	5	3	2	7	6	9	4
6	9	2	1	4	8	3	5	7
7	4	3	9	5	6	2	1	8
4	5	9	8	6	2	7	3	1
3	8	6	7	9	1	5	4	2
2	7	1	5	3	4	9	8	6

360

1	8	5	6	4	9	2	3	7
3	2	6	5	1	7	9	4	8
4	9	7	8	2	3	1	5	6
5	1	8	9	3	2	6	7	4
2	6	9	7	5	4	8	1	3
7	3	4	1	8	6	5	9	2
9	4	3	2	6	5	7	8	1
8	7	2	4	9	1	3	6	5
6	5	1	3	7	8	4	2	9

361

```
8 3 5 4 6 9 2 7 1
7 2 4 1 3 8 6 9 5
9 1 6 5 2 7 8 4 3
3 4 9 8 1 2 7 5 6
6 7 1 3 5 4 9 8 2
5 8 2 7 9 6 3 1 4
4 5 7 2 8 3 1 6 9
2 9 8 6 4 1 5 3 7
1 6 3 9 7 5 4 2 8
```

362

```
2 6 5 7 3 8 9 1 4
3 9 7 5 1 4 6 2 8
4 8 1 6 2 9 7 3 5
1 5 6 8 7 3 2 4 9
8 7 4 2 9 6 1 5 3
9 2 3 1 4 5 8 7 6
7 3 8 9 5 1 4 6 2
6 4 2 3 8 7 5 9 1
5 1 9 4 6 2 3 8 7
```

363

```
8 6 7 5 4 9 1 3 2
1 5 9 2 7 3 4 6 8
4 3 2 6 1 8 7 5 9
9 7 1 4 6 5 2 8 3
3 2 6 9 8 7 5 4 1
5 4 8 1 3 2 9 7 6
6 9 3 7 5 1 8 2 4
2 8 5 3 9 4 6 1 7
7 1 4 8 2 6 3 9 5
```

364

```
9 2 1 3 5 4 8 6 7
8 6 7 2 9 1 3 4 5
5 4 3 8 6 7 9 1 2
3 5 4 9 2 6 1 7 8
1 8 9 7 3 5 6 2 4
2 7 6 4 1 8 5 3 9
4 3 8 1 7 9 2 5 6
7 1 5 6 8 2 4 9 3
6 9 2 5 4 3 7 8 1
```

365

```
2 8 4 6 5 3 9 7 1
7 6 1 9 4 8 3 2 5
3 5 9 7 1 2 8 6 4
5 7 3 4 2 9 1 8 6
1 9 6 3 8 7 5 4 2
8 4 2 1 6 5 7 3 9
9 2 8 5 7 4 6 1 3
4 1 5 8 3 6 2 9 7
6 3 7 2 9 1 4 5 8
```

366

```
7 6 2 3 4 8 5 9 1
4 5 1 7 9 2 3 6 8
9 8 3 6 1 5 2 4 7
8 4 9 1 5 3 6 7 2
5 3 7 4 2 6 8 1 9
1 2 6 9 8 7 4 3 5
2 1 4 5 3 9 7 8 6
6 9 5 8 7 4 1 2 3
3 7 8 2 6 1 9 5 4
```

367

```
4 3 2 6 9 5 1 8 7
1 5 7 8 3 4 2 9 6
6 8 9 1 7 2 4 5 3
3 9 4 5 2 7 6 1 8
5 2 8 9 1 6 7 3 4
7 6 1 4 8 3 9 2 5
9 7 6 2 5 8 3 4 1
8 1 3 7 4 9 5 6 2
2 4 5 3 6 1 8 7 9
```

368

```
1 8 6 7 4 2 3 5 9
5 4 7 9 3 8 2 1 6
9 2 3 6 5 1 8 4 7
2 5 1 8 9 7 6 3 4
6 3 4 1 2 5 9 7 8
7 9 8 3 6 4 1 2 5
4 7 9 2 1 6 5 8 3
3 1 5 4 8 9 7 6 2
8 6 2 5 7 3 4 9 1
```

369

```
6 1 9 4 5 7 2 3 8
5 3 4 1 8 2 9 6 7
8 7 2 9 6 3 5 4 1
2 8 7 3 9 6 1 5 4
1 5 3 8 2 4 6 7 9
9 4 6 7 1 5 3 8 2
4 6 5 2 7 9 8 1 3
7 9 1 5 3 8 4 2 6
3 2 8 6 4 1 7 9 5
```

370

```
5 8 2 6 9 3 7 1 4
3 1 4 2 7 8 6 9 5
6 7 9 5 1 4 8 3 2
4 6 8 9 3 2 1 5 7
1 5 7 4 8 6 3 2 9
9 2 3 1 5 7 4 8 6
2 4 1 3 6 9 5 7 8
8 3 6 7 2 5 9 4 1
7 9 5 8 4 1 2 6 3
```

371

```
8 5 2 1 4 3 9 7 6
9 7 4 8 6 2 5 1 3
1 3 6 9 5 7 4 2 8
6 1 3 5 7 8 2 9 4
2 9 5 6 3 4 1 8 7
7 4 8 2 9 1 6 3 5
5 6 1 7 8 9 3 4 2
4 8 9 3 2 6 7 5 1
3 2 7 4 1 5 8 6 9
```

372

```
4 3 5 7 2 8 6 1 9
7 2 6 9 3 1 5 4 8
8 9 1 6 5 4 7 3 2
1 5 4 3 7 9 8 2 6
3 8 9 2 1 6 4 5 7
6 7 2 8 4 5 3 9 1
9 4 3 1 8 7 2 6 5
2 1 7 5 6 3 9 8 4
5 6 8 4 9 2 1 7 3
```

373

```
1 9 8 7 6 3 5 2 4
4 6 5 2 1 8 3 7 9
3 2 7 5 9 4 6 8 1
8 4 1 9 2 5 7 3 6
5 7 6 4 3 1 2 9 8
2 3 9 8 7 6 4 1 5
9 1 3 6 5 7 8 4 2
6 8 2 3 4 9 1 5 7
7 5 4 1 8 2 9 6 3
```

374

```
8 3 6 7 1 9 5 2 4
2 4 1 5 6 3 7 8 9
5 9 7 8 4 2 3 6 1
9 5 2 4 3 6 1 7 8
6 7 4 1 5 8 2 9 3
3 1 8 9 2 7 4 5 6
7 2 9 3 8 1 6 4 5
4 6 3 2 9 5 8 1 7
1 8 5 6 7 4 9 3 2
```

375

```
5 1 9 7 3 8 2 4 6
3 2 6 1 9 4 7 5 8
4 8 7 2 5 6 9 3 1
8 6 4 3 7 2 5 1 9
7 5 3 9 8 1 4 6 2
2 9 1 6 4 5 3 8 7
9 3 8 4 1 7 6 2 5
1 7 2 5 6 3 8 9 4
6 4 5 8 2 9 1 7 3
```

376

```
1 3 5 7 6 9 2 4 8
8 4 7 5 2 3 1 9 6
6 9 2 4 1 8 5 7 3
4 2 8 6 5 7 9 3 1
9 7 6 1 3 2 4 8 5
5 1 3 8 9 4 7 6 2
2 5 4 9 8 6 3 1 7
3 6 9 2 7 1 8 5 4
7 8 1 3 4 5 6 2 9
```

377

```
8 6 7 3 1 2 4 5 9
9 3 5 4 6 7 1 2 8
2 1 4 8 9 5 6 7 3
7 9 3 6 4 8 5 1 2
1 4 6 5 2 3 9 8 7
5 2 8 1 7 9 3 6 4
3 7 1 9 8 6 2 4 5
4 5 2 7 3 1 8 9 6
6 8 9 2 5 4 7 3 1
```

378

```
2 7 8 4 1 3 6 5 9
1 9 5 7 6 2 4 8 3
4 3 6 9 8 5 1 7 2
6 5 1 2 4 8 3 9 7
8 4 3 6 7 9 2 1 5
7 2 9 5 3 1 8 4 6
3 1 7 8 9 6 5 2 4
9 6 2 1 5 4 7 3 8
5 8 4 3 2 7 9 6 1
```

379

```
2 1 5 8 7 4 9 3 6
4 8 6 3 9 1 5 7 2
9 7 3 2 6 5 4 1 8
3 9 8 4 2 6 7 5 1
7 5 2 1 3 9 6 8 4
6 4 1 5 8 7 2 9 3
8 6 9 7 4 3 1 2 5
1 2 4 9 5 8 3 6 7
5 3 7 6 1 2 8 4 9
```

380

```
6 3 9 5 8 7 1 2 4
5 2 1 3 4 6 9 8 7
7 8 4 2 9 1 6 5 3
3 4 6 7 2 5 8 1 9
2 7 5 9 1 8 4 3 6
9 1 8 4 6 3 5 7 2
8 5 7 6 3 9 2 4 1
1 6 2 8 7 4 3 9 5
4 9 3 1 5 2 7 6 8
```

381
```
3 8 2 | 1 7 6 | 4 5 9
4 7 9 | 2 5 8 | 6 1 3
5 1 6 | 9 4 3 | 2 8 7
------+-------+------
9 5 3 | 4 8 1 | 7 2 6
2 4 1 | 7 6 9 | 5 3 8
8 6 7 | 5 3 2 | 1 9 4
------+-------+------
7 9 5 | 3 1 4 | 8 6 2
1 3 8 | 6 2 7 | 9 4 5
6 2 4 | 8 9 5 | 3 7 1
```

382
```
1 4 3 | 6 7 8 | 5 9 2
9 5 8 | 2 4 1 | 6 7 3
6 2 7 | 5 9 3 | 4 1 8
------+-------+------
7 9 5 | 4 3 6 | 8 2 1
2 8 6 | 7 1 9 | 3 4 5
4 3 1 | 8 2 5 | 7 6 9
------+-------+------
5 1 9 | 3 6 4 | 2 8 7
8 7 4 | 9 5 2 | 1 3 6
3 6 2 | 1 8 7 | 9 5 4
```

383
```
1 3 9 | 7 5 4 | 6 2 8
5 6 2 | 8 1 3 | 4 7 9
4 8 7 | 2 6 9 | 3 5 1
------+-------+------
7 4 8 | 5 2 1 | 9 3 6
9 1 3 | 6 4 7 | 2 8 5
2 5 6 | 9 3 8 | 1 4 7
------+-------+------
3 9 5 | 1 8 2 | 7 6 4
6 7 4 | 3 9 5 | 8 1 2
8 2 1 | 4 7 6 | 5 9 3
```

384
```
3 9 5 | 7 4 8 | 6 2 1
4 7 6 | 9 2 1 | 3 5 8
1 8 2 | 5 3 6 | 7 9 4
------+-------+------
5 1 4 | 6 8 7 | 2 3 9
2 6 7 | 1 9 3 | 8 4 5
9 3 8 | 4 5 2 | 1 7 6
------+-------+------
8 5 1 | 3 7 9 | 4 6 2
6 4 3 | 2 1 5 | 9 8 7
7 2 9 | 8 6 4 | 5 1 3
```

385
```
4 2 1 | 3 8 5 | 7 9 6
7 9 8 | 4 1 6 | 3 5 2
3 5 6 | 9 2 7 | 8 4 1
------+-------+------
2 8 9 | 6 7 1 | 4 3 5
5 7 3 | 2 4 8 | 6 1 9
6 1 4 | 5 9 3 | 2 8 7
------+-------+------
1 4 5 | 7 3 2 | 9 6 8
8 3 2 | 1 6 9 | 5 7 4
9 6 7 | 8 5 4 | 1 2 3
```

386
```
9 3 1 | 2 5 7 | 8 6 4
4 8 6 | 9 1 3 | 7 5 2
5 7 2 | 4 6 8 | 9 1 3
------+-------+------
3 5 9 | 6 8 4 | 2 7 1
8 1 7 | 5 3 2 | 6 4 9
2 6 4 | 1 7 9 | 5 3 8
------+-------+------
6 2 3 | 7 9 1 | 4 8 5
1 9 5 | 8 4 6 | 3 2 7
7 4 8 | 3 2 5 | 1 9 6
```

387
```
3 1 9 | 7 6 4 | 5 8 2
5 4 2 | 8 3 1 | 7 6 9
7 8 6 | 9 2 5 | 4 1 3
------+-------+------
9 3 8 | 1 7 6 | 2 5 4
1 6 5 | 4 9 2 | 8 3 7
2 7 4 | 5 8 3 | 1 9 6
------+-------+------
4 5 7 | 6 1 9 | 3 2 8
6 2 1 | 3 4 8 | 9 7 5
8 9 3 | 2 5 7 | 6 4 1
```

388
```
8 4 9 | 2 5 7 | 3 1 6
7 2 6 | 8 1 3 | 5 9 4
3 1 5 | 4 9 6 | 7 2 8
------+-------+------
2 7 4 | 1 8 9 | 6 3 5
6 5 1 | 3 7 2 | 4 8 9
9 3 8 | 6 4 5 | 1 7 2
------+-------+------
5 8 7 | 9 3 4 | 2 6 1
1 6 3 | 5 2 8 | 9 4 7
4 9 2 | 7 6 1 | 8 5 3
```

389
```
2 4 8 | 7 1 6 | 9 5 3
5 6 7 | 3 9 4 | 1 2 8
1 3 9 | 8 5 2 | 7 4 6
------+-------+------
4 1 3 | 9 2 7 | 8 6 5
8 7 5 | 4 6 1 | 3 9 2
9 2 6 | 5 8 3 | 4 1 7
------+-------+------
7 9 2 | 6 4 8 | 5 3 1
6 8 4 | 1 3 5 | 2 7 9
3 5 1 | 2 7 9 | 6 8 4
```

390
```
8 4 2 | 6 7 1 | 3 5 9
1 9 6 | 5 4 3 | 2 8 7
5 7 3 | 9 8 2 | 6 4 1
------+-------+------
7 2 8 | 4 5 9 | 1 6 3
3 6 9 | 2 1 8 | 5 7 4
4 1 5 | 3 6 7 | 9 2 8
------+-------+------
6 3 4 | 7 9 5 | 8 1 2
2 5 1 | 8 3 4 | 7 9 6
9 8 7 | 1 2 6 | 4 3 5
```

391
```
7 9 1 | 4 3 6 | 8 5 2
3 8 6 | 5 1 2 | 4 9 7
4 5 2 | 8 9 7 | 3 1 6
------+-------+------
5 2 7 | 6 4 9 | 1 8 3
8 1 4 | 2 7 3 | 5 6 9
6 3 9 | 1 8 5 | 2 7 4
------+-------+------
1 7 8 | 9 2 4 | 6 3 5
2 6 3 | 7 5 1 | 9 4 8
9 4 5 | 3 6 8 | 7 2 1
```

392
```
4 7 3 | 5 6 9 | 1 8 2
6 1 5 | 2 8 3 | 9 7 4
2 9 8 | 7 4 1 | 5 3 6
------+-------+------
1 8 6 | 4 7 5 | 2 9 3
7 2 4 | 3 9 6 | 8 1 5
3 5 9 | 8 1 2 | 4 6 7
------+-------+------
8 6 7 | 1 2 4 | 3 5 9
9 3 2 | 6 5 8 | 7 4 1
5 4 1 | 9 3 7 | 6 2 8
```

393
```
1 6 3 | 8 7 5 | 4 9 2
4 2 8 | 3 9 6 | 5 7 1
5 7 9 | 2 4 1 | 6 8 3
------+-------+------
6 5 2 | 7 8 3 | 9 1 4
8 3 1 | 9 6 4 | 7 2 5
9 4 7 | 5 1 2 | 3 6 8
------+-------+------
2 1 6 | 4 5 9 | 8 3 7
3 8 5 | 6 2 7 | 1 4 9
7 9 4 | 1 3 8 | 2 5 6
```

394
```
2 4 8 | 3 6 1 | 5 7 9
5 7 3 | 9 8 4 | 2 6 1
1 6 9 | 2 5 7 | 4 3 8
------+-------+------
3 2 5 | 8 4 6 | 9 1 7
4 9 1 | 7 3 5 | 8 2 6
6 8 7 | 1 2 9 | 3 5 4
------+-------+------
7 5 2 | 4 1 8 | 6 9 3
8 1 6 | 5 9 3 | 7 4 2
9 3 4 | 6 7 2 | 1 8 5
```

395
```
2 4 1 | 5 7 8 | 3 6 9
8 7 5 | 6 9 3 | 2 4 1
9 3 6 | 2 4 1 | 5 8 7
------+-------+------
5 9 2 | 3 1 4 | 6 7 8
4 1 8 | 7 5 6 | 9 3 2
7 6 3 | 8 2 9 | 4 1 5
------+-------+------
6 5 7 | 1 3 2 | 8 9 4
1 8 4 | 9 6 5 | 7 2 3
3 2 9 | 4 8 7 | 1 5 6
```

396
```
2 3 9 | 1 6 4 | 7 5 8
1 7 8 | 2 5 9 | 3 4 6
5 6 4 | 7 3 8 | 9 1 2
------+-------+------
9 5 7 | 4 2 6 | 1 8 3
4 8 3 | 9 1 7 | 2 6 5
6 2 1 | 5 8 3 | 4 7 9
------+-------+------
8 9 5 | 3 4 1 | 6 2 7
7 4 2 | 6 9 5 | 8 3 1
3 1 6 | 8 7 2 | 5 9 4
```

397
```
7 8 2 | 5 6 9 | 1 4 3
6 3 4 | 1 7 2 | 9 8 5
5 9 1 | 8 4 3 | 6 7 2
------+-------+------
2 6 7 | 3 5 8 | 4 1 9
4 5 3 | 7 9 1 | 2 6 8
9 1 8 | 4 2 6 | 3 5 7
------+-------+------
1 7 9 | 6 3 5 | 8 2 4
8 2 5 | 9 1 4 | 7 3 6
3 4 6 | 2 8 7 | 5 9 1
```

398
```
6 9 2 | 4 5 8 | 1 3 7
5 7 4 | 1 6 3 | 8 9 2
1 3 8 | 2 7 9 | 4 6 5
------+-------+------
2 1 6 | 7 3 4 | 5 8 9
7 4 5 | 9 8 6 | 2 1 3
9 8 3 | 5 2 1 | 6 7 4
------+-------+------
3 5 1 | 6 4 7 | 9 2 8
4 6 7 | 8 9 2 | 3 5 1
8 2 9 | 3 1 5 | 7 4 6
```

399
```
7 1 5 | 2 4 6 | 3 9 8
2 3 4 | 5 9 8 | 1 7 6
8 6 9 | 1 3 7 | 4 5 2
------+-------+------
6 9 8 | 4 1 5 | 7 2 3
5 4 7 | 3 8 2 | 6 1 9
3 2 1 | 7 6 9 | 5 8 4
------+-------+------
4 7 3 | 9 2 1 | 8 6 5
9 5 6 | 8 7 4 | 2 3 1
1 8 2 | 6 5 3 | 9 4 7
```

400
```
5 3 1 | 4 2 8 | 9 6 7
2 7 9 | 6 5 1 | 3 8 4
8 4 6 | 7 9 3 | 2 1 5
------+-------+------
1 9 8 | 2 4 5 | 6 7 3
4 5 3 | 8 6 7 | 1 9 2
7 6 2 | 1 3 9 | 5 4 8
------+-------+------
3 1 4 | 5 8 6 | 7 2 9
6 8 5 | 9 7 2 | 4 3 1
9 2 7 | 3 1 4 | 8 5 6
```

401

4	2	6	9	5	1	3	8	7
3	5	1	7	4	8	6	2	9
7	9	8	3	6	2	4	1	5
1	8	9	5	7	6	2	4	3
5	3	7	1	2	4	8	9	6
2	6	4	8	9	3	5	7	1
9	7	2	4	3	5	1	6	8
6	1	3	2	8	7	9	5	4
8	4	5	6	1	9	7	3	2

402

4	7	1	8	5	9	6	3	2
2	8	3	4	7	6	1	9	5
6	9	5	2	1	3	8	4	7
3	6	7	9	4	5	2	1	8
1	4	8	3	6	2	5	7	9
9	5	2	1	8	7	3	6	4
7	2	9	5	3	1	4	8	6
8	1	6	7	2	4	9	5	3
5	3	4	6	9	8	7	2	1

403

4	1	8	2	3	6	7	9	5
9	5	3	7	1	8	2	6	4
6	2	7	5	9	4	1	8	3
1	7	6	4	8	9	5	3	2
5	9	4	1	2	3	8	7	6
8	3	2	6	5	7	4	1	9
2	6	9	8	7	5	3	4	1
3	8	5	9	4	1	6	2	7
7	4	1	3	6	2	9	5	8

404

1	9	4	6	8	3	2	5	7
5	3	2	4	7	1	9	6	8
7	8	6	5	2	9	4	3	1
6	5	7	3	9	2	8	1	4
3	1	9	8	5	4	7	2	6
2	4	8	7	1	6	3	9	5
9	2	5	1	4	8	6	7	3
4	7	3	2	6	5	1	8	9
8	6	1	9	3	7	5	4	2

405

3	2	8	6	4	7	1	9	5
4	7	6	9	1	5	2	3	8
1	5	9	8	3	2	4	7	6
2	1	4	5	8	3	9	6	7
9	3	7	1	2	6	8	5	4
6	8	5	4	7	9	3	2	1
8	6	3	2	5	4	7	1	9
5	4	2	7	9	1	6	8	3
7	9	1	3	6	8	5	4	2

406

9	2	1	8	4	6	5	3	7
6	5	8	2	7	3	9	1	4
4	3	7	5	9	1	2	8	6
5	6	2	1	3	9	4	7	8
7	8	4	6	5	2	3	9	1
3	1	9	7	8	4	6	5	2
2	7	3	9	6	8	1	4	5
8	9	6	4	1	5	7	2	3
1	4	5	3	2	7	8	6	9

407

2	7	6	9	5	1	4	8	3
3	5	9	6	8	4	7	1	2
4	8	1	3	7	2	5	6	9
1	3	7	5	9	6	2	4	8
9	4	2	1	3	8	6	7	5
8	6	5	2	4	7	9	3	1
7	1	3	4	2	9	8	5	6
5	9	8	7	6	3	1	2	4
6	2	4	8	1	5	3	9	7

408

3	4	7	5	8	2	9	1	6
6	9	8	3	1	4	7	5	2
2	5	1	9	6	7	8	4	3
8	3	4	1	7	9	6	2	5
7	6	2	8	4	5	3	9	1
9	1	5	6	2	3	4	7	8
1	7	6	2	9	8	5	3	4
4	2	3	7	5	6	1	8	9
5	8	9	4	3	1	2	6	7

409

6	4	5	7	9	3	2	1	8
9	2	3	8	5	1	7	4	6
7	1	8	2	6	4	5	3	9
2	8	9	3	7	6	4	5	1
5	3	1	9	4	2	6	8	7
4	7	6	5	1	8	3	9	2
3	9	7	6	8	5	1	2	4
1	6	2	4	3	9	8	7	5
8	5	4	1	2	7	9	6	3

410

3	7	5	4	1	9	8	6	2
8	9	6	5	3	2	1	7	4
1	4	2	8	7	6	9	5	3
9	6	4	1	5	3	2	8	7
7	2	1	9	6	8	3	4	5
5	8	3	2	4	7	6	9	1
6	1	7	3	9	4	5	2	8
2	3	9	7	8	5	4	1	6
4	5	8	6	2	1	7	3	9

411

3	5	6	9	4	2	1	8	7
7	9	1	3	8	5	4	6	2
2	4	8	7	6	1	5	3	9
6	3	4	5	9	7	2	1	8
1	7	2	4	3	8	9	5	6
9	8	5	2	1	6	3	7	4
4	1	7	8	5	9	6	2	3
8	6	3	1	2	4	7	9	5
5	2	9	6	7	3	8	4	1

412

5	3	8	6	1	4	7	9	2
9	4	1	7	3	2	6	5	8
2	6	7	8	9	5	3	1	4
7	2	5	9	8	3	4	6	1
6	8	9	4	7	1	2	3	5
3	1	4	2	5	6	9	8	7
1	7	6	3	2	8	5	4	9
8	9	3	5	4	7	1	2	6
4	5	2	1	6	9	8	7	3

413

2	6	3	1	5	9	8	7	4
9	4	7	2	3	8	5	1	6
1	5	8	4	6	7	3	2	9
4	1	9	6	8	2	7	3	5
7	3	6	9	1	5	4	8	2
5	8	2	3	7	4	6	9	1
3	2	5	8	4	1	9	6	7
8	9	4	7	2	6	1	5	3
6	7	1	5	9	3	2	4	8

414

7	2	1	3	8	6	9	5	4
4	3	9	2	1	5	6	7	8
5	6	8	9	4	7	1	3	2
1	8	2	7	6	9	3	4	5
3	7	4	8	5	1	2	9	6
9	5	6	4	3	2	7	8	1
2	9	5	6	7	8	4	1	3
8	4	7	1	2	3	5	6	9
6	1	3	5	9	4	8	2	7

415

8	7	1	5	4	9	3	6	2
3	5	6	7	1	2	4	9	8
9	2	4	3	6	8	5	7	1
7	4	5	1	9	6	8	2	3
1	3	2	8	5	7	9	4	6
6	8	9	2	3	4	7	1	5
2	1	7	4	8	5	6	3	9
4	6	8	9	2	3	1	5	7
5	9	3	6	7	1	2	8	4

416

3	2	9	5	7	8	4	6	1
7	5	6	4	2	1	3	9	8
4	8	1	9	3	6	5	7	2
5	1	8	3	9	4	6	2	7
9	3	2	1	6	7	8	4	5
6	7	4	2	8	5	1	3	9
2	6	3	8	5	9	7	1	4
8	4	7	6	1	2	9	5	3
1	9	5	7	4	3	2	8	6

417

7	4	3	8	5	6	9	2	1
1	6	5	7	9	2	4	3	8
2	8	9	4	3	1	5	7	6
5	1	8	9	2	7	3	6	4
3	2	4	6	8	5	1	9	7
9	7	6	3	1	4	2	8	5
8	5	1	2	7	9	6	4	3
6	9	7	1	4	3	8	5	2
4	3	2	5	6	8	7	1	9

418

6	7	5	8	3	2	9	4	1
4	1	3	9	5	6	2	7	8
2	8	9	1	7	4	5	6	3
9	5	8	3	6	1	7	2	4
3	2	1	5	4	7	8	9	6
7	6	4	2	8	9	1	3	5
1	4	6	7	2	5	3	8	9
5	3	2	4	9	8	6	1	7
8	9	7	6	1	3	4	5	2

419

9	6	5	1	7	3	2	4	8
3	4	7	9	2	8	6	5	1
2	8	1	4	6	5	7	3	9
8	5	9	2	4	7	3	1	6
1	3	2	8	5	6	4	9	7
6	7	4	3	9	1	5	8	2
5	9	6	7	8	4	1	2	3
7	1	8	5	3	2	9	6	4
4	2	3	6	1	9	8	7	5

420

6	2	1	5	3	8	9	4	7
8	3	4	7	9	6	5	1	2
5	7	9	4	1	2	6	3	8
3	9	8	2	6	4	7	5	1
1	4	6	3	7	5	2	8	9
7	5	2	1	8	9	4	6	3
2	6	7	8	5	3	1	9	4
4	8	5	9	2	1	3	7	6
9	1	3	6	4	7	8	2	5

421

9	4	3	8	1	5	2	7	6
2	8	7	6	9	4	5	1	3
1	5	6	2	3	7	9	4	8
4	2	5	1	8	3	7	6	9
7	1	9	4	5	6	3	8	2
3	6	8	7	2	9	1	5	4
5	9	4	3	7	8	6	2	1
6	3	1	5	4	2	8	9	7
8	7	2	9	6	1	4	3	5

422

4	6	9	1	2	7	5	8	3
5	3	7	4	8	9	1	2	6
8	2	1	6	5	3	4	7	9
2	4	6	7	9	5	8	3	1
9	5	8	2	3	1	7	6	4
7	1	3	8	4	6	9	5	2
6	9	4	3	7	8	2	1	5
3	7	2	5	1	4	6	9	8
1	8	5	9	6	2	3	4	7

423

9	8	3	4	7	2	1	6	5
1	5	7	9	6	3	8	4	2
2	4	6	1	5	8	9	7	3
6	2	4	5	3	9	7	8	1
8	3	1	7	4	6	5	2	9
5	7	9	2	8	1	4	3	6
3	9	8	6	1	7	2	5	4
4	6	2	8	9	5	3	1	7
7	1	5	3	2	4	6	9	8

424

4	5	8	7	1	3	2	6	9
9	6	3	5	2	8	1	7	4
2	7	1	6	4	9	5	8	3
8	4	7	1	6	5	3	9	2
1	9	6	2	3	4	7	5	8
3	2	5	9	8	7	4	1	6
5	3	9	8	7	2	6	4	1
7	1	2	4	9	6	8	3	5
6	8	4	3	5	1	9	2	7

425

6	4	8	1	2	9	7	5	3
2	7	1	5	3	6	8	9	4
3	5	9	7	4	8	1	2	6
8	6	4	3	9	7	5	1	2
7	2	3	6	1	5	9	4	8
1	9	5	4	8	2	6	3	7
9	8	6	2	5	4	3	7	1
4	3	7	9	6	1	2	8	5
5	1	2	8	7	3	4	6	9

426

8	6	1	3	7	9	2	5	4
3	5	7	2	1	4	6	8	9
2	9	4	5	6	8	3	7	1
6	4	3	7	8	2	9	1	5
9	7	2	4	5	1	8	6	3
5	1	8	6	9	3	4	2	7
1	8	6	9	4	5	7	3	2
4	3	5	8	2	7	1	9	6
7	2	9	1	3	6	5	4	8

427

7	8	3	2	5	6	4	1	9
2	4	6	9	8	1	7	5	3
5	9	1	3	7	4	2	6	8
1	7	8	5	4	9	6	3	2
9	5	2	6	3	7	8	4	1
3	6	4	8	1	2	9	7	5
6	3	5	7	2	8	1	9	4
8	1	9	4	6	3	5	2	7
4	2	7	1	9	5	3	8	6

428

4	6	7	2	3	1	5	9	8
2	3	9	5	8	6	7	1	4
5	1	8	7	4	9	2	3	6
6	7	4	3	2	5	1	8	9
1	9	2	8	6	4	3	5	7
8	5	3	9	1	7	4	6	2
7	4	5	6	9	3	8	2	1
9	2	1	4	5	8	6	7	3
3	8	6	1	7	2	9	4	5

429

8	9	5	7	6	1	2	3	4
1	6	2	3	5	4	8	9	7
7	4	3	8	2	9	5	1	6
6	1	8	4	3	5	7	2	9
3	7	9	2	8	6	4	5	1
5	2	4	9	1	7	3	6	8
2	8	1	6	7	3	9	4	5
4	3	6	5	9	8	1	7	2
9	5	7	1	4	2	6	8	3

430

3	7	8	4	2	1	9	5	6
4	6	2	5	9	3	1	7	8
1	5	9	8	6	7	2	3	4
9	3	5	7	8	2	6	4	1
8	4	1	9	3	6	5	2	7
6	2	7	1	5	4	3	8	9
7	9	4	2	1	5	8	6	3
2	8	6	3	4	9	7	1	5
5	1	3	6	7	8	4	9	2

431

1	3	5	8	9	6	7	4	2
6	8	7	2	4	5	3	1	9
4	9	2	3	1	7	8	6	5
8	4	1	7	5	2	9	3	6
9	5	3	4	6	1	2	7	8
2	7	6	9	8	3	4	5	1
7	1	9	6	3	8	5	2	4
5	2	4	1	7	9	6	8	3
3	6	8	5	2	4	1	9	7

432

9	3	8	4	2	1	6	7	5
4	5	1	6	7	8	2	3	9
7	6	2	9	3	5	8	1	4
2	7	5	1	9	3	4	8	6
8	9	3	5	4	6	1	2	7
1	4	6	2	8	7	9	5	3
3	8	4	7	6	2	5	9	1
5	2	9	3	1	4	7	6	8
6	1	7	8	5	9	3	4	2

433

3	9	1	7	5	8	6	4	2
4	8	6	1	3	2	5	9	7
5	7	2	4	6	9	3	8	1
8	5	7	2	4	6	9	1	3
6	3	9	8	1	7	4	2	5
2	1	4	3	9	5	8	7	6
7	2	3	6	8	4	1	5	9
9	6	8	5	2	1	7	3	4
1	4	5	9	7	3	2	6	8

434

4	6	1	8	5	9	7	3	2
5	2	3	6	4	7	8	9	1
7	8	9	2	3	1	4	5	6
2	9	8	5	7	3	1	6	4
3	5	6	1	2	4	9	8	7
1	4	7	9	8	6	3	2	5
9	7	2	3	1	5	6	4	8
8	3	4	7	6	2	5	1	9
6	1	5	4	9	8	2	7	3

435

1	8	9	6	3	5	7	2	4
3	4	7	1	9	2	5	8	6
6	2	5	7	4	8	3	9	1
2	1	3	9	6	7	4	5	8
4	9	8	5	1	3	6	7	2
5	7	6	2	8	4	9	1	3
7	3	4	8	2	9	1	6	5
8	5	1	3	7	6	2	4	9
9	6	2	4	5	1	8	3	7

436

8	3	4	5	2	6	7	1	9
5	7	6	4	9	1	2	8	3
2	1	9	7	3	8	4	6	5
6	2	7	8	5	4	3	9	1
1	4	8	9	7	3	6	5	2
3	9	5	6	1	2	8	7	4
9	8	3	2	6	5	1	4	7
4	5	1	3	8	7	9	2	6
7	6	2	1	4	9	5	3	8

437

9	5	8	3	2	1	7	6	4
3	6	7	8	4	9	1	2	5
2	1	4	7	5	6	3	8	9
5	7	9	4	8	3	6	1	2
1	8	2	9	6	5	4	7	3
6	4	3	2	1	7	5	9	8
4	3	1	6	9	2	8	5	7
7	9	6	5	3	8	2	4	1
8	2	5	1	7	4	9	3	6

438

7	9	6	4	2	3	1	8	5
1	5	3	9	7	8	4	2	6
2	4	8	6	5	1	7	3	9
9	2	1	5	3	4	8	6	7
5	3	7	8	1	6	9	4	2
6	8	4	2	9	7	3	5	1
8	1	5	3	6	9	2	7	4
3	7	2	1	4	5	6	9	8
4	6	9	7	8	2	5	1	3

439

4	8	6	7	2	3	1	9	5
3	5	9	1	6	8	2	4	7
7	2	1	5	4	9	3	6	8
1	3	7	4	9	2	8	5	6
9	4	8	6	3	5	7	2	1
2	6	5	8	1	7	9	3	4
5	1	3	9	7	4	6	8	2
8	7	2	3	5	6	4	1	9
6	9	4	2	8	1	5	7	3

440

4	1	9	5	3	8	7	2	6
2	7	6	4	1	9	3	8	5
3	8	5	6	2	7	4	1	9
9	5	8	7	4	2	1	6	3
1	4	2	3	5	6	8	9	7
6	3	7	9	8	1	5	4	2
5	9	1	8	6	3	2	7	4
8	6	3	2	7	4	9	5	1
7	2	4	1	9	5	6	3	8

441

9	6	5	3	8	2	7	1	4
2	3	1	7	6	4	9	8	5
7	8	4	9	1	5	2	6	3
8	5	2	1	9	7	3	4	6
4	1	3	8	2	6	5	9	7
6	7	9	4	5	3	8	2	1
5	9	8	6	3	1	4	7	2
1	2	7	5	4	8	6	3	9
3	4	6	2	7	9	1	5	8

442

8	1	4	7	2	6	3	9	5
7	5	2	8	3	9	6	1	4
6	3	9	5	4	1	8	7	2
4	2	7	3	1	5	9	6	8
3	8	1	9	6	2	5	4	7
9	6	5	4	8	7	1	2	3
2	4	3	6	9	8	7	5	1
5	9	8	1	7	4	2	3	6
1	7	6	2	5	3	4	8	9

443

7	5	4	8	2	3	9	1	6
6	3	9	1	5	7	2	8	4
2	1	8	9	4	6	3	7	5
9	2	5	4	6	1	8	3	7
1	8	6	7	3	9	4	5	2
4	7	3	2	8	5	6	9	1
5	9	2	6	7	8	1	4	3
3	6	1	5	9	4	7	2	8
8	4	7	3	1	2	5	6	9

444

7	2	9	4	5	1	6	3	8
3	8	4	2	6	7	9	1	5
1	6	5	9	3	8	4	2	7
2	9	6	7	1	3	8	5	4
8	4	1	6	2	5	7	9	3
5	7	3	8	9	4	2	6	1
6	1	8	3	4	9	5	7	2
4	3	2	5	7	6	1	8	9
9	5	7	1	8	2	3	4	6

445

7	6	3	1	9	8	2	5	4
1	9	5	2	3	4	6	7	8
8	4	2	7	5	6	3	9	1
2	1	6	4	7	3	5	8	9
9	3	4	8	6	5	1	2	7
5	8	7	9	2	1	4	6	3
*4	2	1	5	8	7	9	3	6
6	5	8	3	1	9	7	4	2
3	7	9	6	4	2	8	1	5

446

2	1	3	4	8	6	7	5	9
7	9	6	2	5	3	1	4	8
8	5	4	9	7	1	3	6	2
9	8	1	6	4	2	5	7	3
3	4	7	5	1	9	8	2	6
6	2	5	7	3	8	4	9	1
1	7	2	3	6	5	9	8	4
5	3	9	8	2	4	6	1	7
4	6	8	1	9	7	2	3	5

447

5	2	7	4	8	3	9	1	6
4	3	6	1	9	5	2	7	8
1	9	8	6	2	7	4	5	3
2	8	1	3	5	4	7	6	9
7	5	9	2	6	8	1	3	4
3	6	4	9	7	1	5	8	2
6	4	5	8	1	2	3	9	7
8	1	3	7	4	9	6	2	5
9	7	2	5	3	6	8	4	1

448

5	6	2	7	4	3	8	1	9
9	4	1	5	6	8	3	2	7
7	3	8	9	2	1	5	4	6
2	7	5	4	9	6	1	3	8
8	1	4	3	5	7	9	6	2
6	9	3	8	1	2	4	7	5
3	5	9	2	7	4	6	8	1
1	8	7	6	3	9	2	5	4
4	2	6	1	8	5	7	9	3

449

3	9	1	8	5	2	6	4	7
6	7	2	3	1	4	9	5	8
4	5	8	6	9	7	1	3	2
5	8	3	7	6	9	4	2	1
1	2	9	5	4	8	3	7	6
7	4	6	1	2	3	5	8	9
9	3	4	2	7	6	8	1	5
8	1	7	9	3	5	2	6	4
2	6	5	4	8	1	7	9	3

450

4	1	3	8	9	5	6	2	7
6	9	7	3	2	4	1	5	8
2	5	8	7	6	1	3	9	4
8	4	5	2	1	9	7	6	3
9	7	6	5	4	3	8	1	2
3	2	1	6	8	7	9	4	5
7	6	4	9	5	8	2	3	1
5	3	9	1	7	2	4	8	6
1	8	2	4	3	6	5	7	9

451

7	9	2	6	8	5	1	4	3
8	6	4	3	9	1	7	5	2
5	1	3	4	2	7	6	9	8
6	7	9	8	1	2	5	3	4
3	4	5	9	7	6	8	2	1
1	2	8	5	3	4	9	7	6
2	3	1	7	6	9	4	8	5
4	8	7	1	5	3	2	6	9
9	5	6	2	4	8	3	1	7

452

5	6	9	7	8	4	3	2	1
8	2	4	3	5	1	9	6	7
3	7	1	9	6	2	8	5	4
9	8	3	4	7	5	6	1	2
7	1	6	8	2	9	4	3	5
4	5	2	6	1	3	7	9	8
1	9	7	2	4	6	5	8	3
2	3	8	5	9	7	1	4	6
6	4	5	1	3	8	2	7	9

453

2	6	4	3	1	9	5	7	8
5	7	3	8	6	2	4	1	9
1	8	9	4	5	7	2	6	3
3	4	2	9	7	5	6	8	1
7	5	8	6	4	1	9	3	2
9	1	6	2	8	3	7	5	4
6	2	7	1	9	8	3	4	5
4	9	1	5	3	6	8	2	7
8	3	5	7	2	4	1	9	6

454

7	9	6	8	3	5	4	2	1
8	5	2	1	7	4	9	6	3
4	1	3	9	2	6	5	7	8
6	4	7	3	1	8	2	9	5
5	3	9	7	6	2	1	8	4
1	2	8	4	5	9	6	3	7
2	6	1	5	8	3	7	4	9
3	7	4	2	9	1	8	5	6
9	8	5	6	4	7	3	1	2

455

5	9	2	6	8	4	3	7	1
6	7	3	1	2	9	5	8	4
1	8	4	5	3	7	2	6	9
2	1	8	9	4	3	7	5	6
7	3	5	8	1	6	4	9	2
9	4	6	7	5	2	8	1	3
8	2	9	4	6	5	1	3	7
4	6	1	3	7	8	9	2	5
3	5	7	2	9	1	6	4	8

456

2	4	7	8	5	1	3	9	6
6	5	1	7	3	9	8	2	4
3	8	9	6	2	4	7	5	1
7	9	4	2	1	3	5	6	8
1	2	8	5	4	6	9	3	7
5	3	6	9	7	8	1	4	2
8	1	5	3	6	2	4	7	9
4	7	2	1	9	5	6	8	3
9	6	3	4	8	7	2	1	5

457

2	7	8	4	1	9	3	5	6
5	4	6	7	2	3	1	8	9
1	9	3	5	6	8	7	4	2
3	2	1	9	8	6	5	7	4
6	8	7	1	5	4	9	2	3
4	5	9	2	3	7	8	6	1
7	3	2	8	4	1	6	9	5
8	1	5	6	9	2	4	3	7
9	6	4	3	7	5	2	1	8

458

8	4	1	2	3	6	5	7	9
2	7	6	8	9	5	3	1	4
5	9	3	1	4	7	8	2	6
7	3	2	5	8	4	9	6	1
1	5	8	9	6	2	4	3	7
4	6	9	7	1	3	2	8	5
6	8	4	3	5	1	7	9	2
9	2	5	6	7	8	1	4	3
3	1	7	4	2	9	6	5	8

459

9	1	6	7	8	5	4	2	3
2	4	8	6	9	3	1	7	5
7	3	5	2	1	4	9	8	6
4	2	1	5	3	7	6	9	8
6	9	7	8	4	1	3	5	2
8	5	3	9	2	6	7	1	4
5	6	4	1	7	8	2	3	9
1	8	9	3	6	2	5	4	7
3	7	2	4	5	9	8	6	1

460

5	6	7	1	2	9	3	4	8
2	1	8	3	7	4	9	6	5
3	4	9	5	8	6	1	7	2
6	5	2	4	1	7	8	9	3
1	9	4	6	3	8	2	5	7
7	8	3	2	9	5	6	1	4
8	7	6	9	5	3	4	2	1
9	2	5	8	4	1	7	3	6
4	3	1	7	6	2	5	8	9

461

6	1	9	4	5	8	3	7	2
3	7	4	2	9	6	5	8	1
2	8	5	1	7	3	9	4	6
7	3	2	8	6	9	4	1	5
1	4	6	3	2	5	7	9	8
5	9	8	7	4	1	6	2	3
9	2	3	6	1	4	8	5	7
4	6	1	5	8	7	2	3	9
8	5	7	9	3	2	1	6	4

462

6	5	8	4	2	1	7	3	9
7	2	1	9	5	3	6	4	8
9	4	3	6	7	8	2	5	1
1	8	7	3	9	5	4	6	2
3	9	5	2	6	4	1	8	7
2	6	4	1	8	7	5	9	3
4	7	2	8	3	6	9	1	5
5	3	6	7	1	9	8	2	4
8	1	9	5	4	2	3	7	6

463

4	3	5	8	2	9	1	7	6
2	6	7	5	1	3	9	4	8
1	8	9	7	4	6	3	5	2
9	2	6	4	5	1	8	3	7
7	4	3	9	8	2	6	1	5
8	5	1	3	6	7	2	9	4
5	7	2	1	3	8	4	6	9
6	1	4	2	9	5	7	8	3
3	9	8	6	7	4	5	2	1

464

9	8	2	5	6	4	3	7	1
6	7	1	2	8	3	4	5	9
5	4	3	7	1	9	6	2	8
8	1	4	3	9	7	5	6	2
2	6	9	4	5	8	7	1	3
7	3	5	1	2	6	8	9	4
3	5	7	9	4	1	2	8	6
4	9	8	6	7	2	1	3	5
1	2	6	8	3	5	9	4	7

465

8	3	5	7	1	9	2	6	4
9	2	6	5	8	4	1	3	7
4	7	1	3	6	2	5	9	8
2	1	9	4	3	5	7	8	6
6	4	3	8	7	1	9	5	2
7	5	8	2	9	6	4	1	3
5	6	4	9	2	8	3	7	1
1	9	7	6	4	3	8	2	5
3	8	2	1	5	7	6	4	9

466

9	8	7	6	3	4	2	1	5
1	2	6	9	5	7	8	4	3
4	5	3	8	2	1	6	7	9
5	3	1	7	9	8	4	6	2
6	4	9	2	1	5	7	3	8
2	7	8	3	4	6	9	5	1
8	9	4	1	7	3	5	2	6
3	6	5	4	8	2	1	9	7
7	1	2	5	6	9	3	8	4

467

7	1	6	2	8	5	9	3	4
2	5	4	3	9	6	8	7	1
9	8	3	1	7	4	2	5	6
6	4	9	8	2	3	7	1	5
5	2	7	6	4	1	3	9	8
8	3	1	7	5	9	6	4	2
4	7	5	9	6	2	1	8	3
3	6	8	5	1	7	4	2	9
1	9	2	4	3	8	5	6	7

468

6	1	9	5	2	8	3	7	4
5	3	8	6	4	7	1	9	2
4	2	7	1	9	3	5	8	6
2	8	3	7	5	9	4	6	1
9	6	5	2	1	4	7	3	8
7	4	1	8	3	6	2	5	9
8	7	4	3	6	1	9	2	5
3	9	2	4	8	5	6	1	7
1	5	6	9	7	2	8	4	3

469

7	1	5	3	2	4	9	8	6
2	8	3	5	9	6	7	1	4
9	6	4	8	7	1	3	5	2
4	3	8	2	5	7	6	9	1
6	7	9	4	1	8	5	2	3
5	2	1	9	6	3	8	4	7
1	5	6	7	4	9	2	3	8
8	4	2	6	3	5	1	7	9
3	9	7	1	8	2	4	6	5

470

1	5	3	2	8	9	4	7	6
8	2	6	3	7	4	9	5	1
7	4	9	1	6	5	2	8	3
6	7	2	5	9	8	3	1	4
3	9	8	4	1	6	7	2	5
5	1	4	7	2	3	8	6	9
9	6	1	8	3	7	5	4	2
2	8	5	9	4	1	6	3	7
4	3	7	6	5	2	1	9	8

471

8	3	5	2	4	1	9	7	6
7	2	6	8	9	3	5	1	4
4	9	1	6	5	7	8	2	3
1	4	8	7	6	5	3	9	2
5	7	9	1	3	2	6	4	8
2	6	3	4	8	9	1	5	7
9	8	4	5	2	6	7	3	1
3	1	2	9	7	8	4	6	5
6	5	7	3	1	4	2	8	9

472

8	6	3	5	9	1	2	7	4
1	2	7	4	6	8	9	3	5
5	4	9	7	2	3	8	6	1
9	5	6	3	8	2	1	4	7
7	8	2	1	4	6	5	9	3
3	1	4	9	5	7	6	8	2
6	9	1	2	3	4	7	5	8
4	7	5	8	1	9	3	2	6
2	3	8	6	7	5	4	1	9

473

5	1	9	6	3	8	2	4	7
6	8	3	4	2	7	9	5	1
7	4	2	1	9	5	3	8	6
4	6	8	5	7	2	1	9	3
9	3	1	8	6	4	5	7	2
2	5	7	9	1	3	4	6	8
8	7	4	3	5	1	6	2	9
1	2	6	7	4	9	8	3	5
3	9	5	2	8	6	7	1	4

474

3	8	6	4	7	1	2	5	9
4	1	9	2	5	3	7	6	8
7	2	5	8	9	6	3	1	4
1	9	3	7	2	8	5	4	6
6	5	8	9	3	4	1	2	7
2	7	4	6	1	5	9	8	3
9	4	1	5	6	7	8	3	2
5	6	2	3	8	9	4	7	1
8	3	7	1	4	2	6	9	5

475

3	2	1	7	4	9	6	8	5
8	5	4	6	1	2	3	7	9
7	6	9	8	3	5	1	2	4
5	3	2	1	7	6	4	9	8
4	8	6	9	5	3	2	1	7
9	1	7	2	8	4	5	6	3
2	4	8	5	6	7	9	3	1
6	7	5	3	9	1	8	4	2
1	9	3	4	2	8	7	5	6

476

8	3	5	2	7	6	1	9	4
4	2	1	9	3	8	5	7	6
6	9	7	4	5	1	8	3	2
1	6	9	7	8	3	2	4	5
5	8	2	6	4	9	3	1	7
3	7	4	1	2	5	9	6	8
7	4	3	8	1	2	6	5	9
9	5	8	3	6	4	7	2	1
2	1	6	5	9	7	4	8	3

477

6	9	1	3	5	2	8	7	4
7	4	3	9	1	8	6	2	5
8	2	5	7	6	4	1	3	9
2	8	9	4	7	5	3	1	6
3	5	7	6	9	1	2	4	8
4	1	6	8	2	3	9	5	7
5	6	8	2	3	7	4	9	1
9	7	2	1	4	6	5	8	3
1	3	4	5	8	9	7	6	2

478

1	2	3	4	8	7	6	9	5
4	7	6	9	2	5	8	1	3
9	8	5	3	1	6	4	7	2
5	9	1	8	6	2	3	4	7
2	6	8	7	4	3	9	5	1
7	3	4	5	9	1	2	6	8
3	4	9	1	5	8	7	2	6
8	1	2	6	7	4	5	3	9
6	5	7	2	3	9	1	8	4

479

9	5	7	6	3	1	8	4	2
2	3	4	5	9	8	6	1	7
6	8	1	2	7	4	9	5	3
7	2	5	8	1	9	3	6	4
8	1	6	4	5	3	2	7	9
4	9	3	7	2	6	5	8	1
5	7	8	3	4	2	1	9	6
1	4	2	9	6	5	7	3	8
3	6	9	1	8	7	4	2	5

480

2	4	1	6	7	5	3	8	9
9	7	6	1	8	3	4	2	5
3	8	5	2	9	4	6	1	7
7	2	8	9	4	6	5	3	1
6	1	9	3	5	8	7	4	2
5	3	4	7	2	1	8	9	6
8	6	2	5	3	9	1	7	4
1	9	3	4	6	7	2	5	8
4	5	7	8	1	2	9	6	3

481

2	4	6	3	5	8	7	9	1
8	9	5	7	1	2	3	6	4
7	3	1	4	9	6	2	8	5
5	6	2	9	8	4	1	3	7
9	7	4	6	3	1	8	5	2
3	1	8	2	7	5	9	4	6
4	5	3	8	2	7	6	1	9
6	8	7	1	4	9	5	2	3
1	2	9	5	6	3	4	7	8

482

2	9	5	1	3	7	8	6	4
6	8	1	2	4	5	3	7	9
7	3	4	6	9	8	1	2	5
8	6	7	4	1	2	9	5	3
9	4	3	7	5	6	2	1	8
1	5	2	9	8	3	6	4	7
4	7	9	8	2	1	5	3	6
3	1	6	5	7	9	4	8	2
5	2	8	3	6	4	7	9	1

483

8	9	4	6	1	2	3	7	5
2	1	5	8	7	3	9	6	4
7	3	6	5	9	4	2	8	1
5	8	9	4	3	1	6	2	7
4	2	3	7	6	8	5	1	9
1	6	7	2	5	9	4	3	8
9	5	8	3	2	7	1	4	6
3	7	1	9	4	6	8	5	2
6	4	2	1	8	5	7	9	3

484

1	5	4	7	6	2	9	3	8
8	3	6	9	5	1	2	7	4
2	7	9	4	3	8	6	5	1
9	1	2	5	4	7	8	6	3
3	4	8	2	1	6	5	9	7
5	6	7	3	8	9	1	4	2
7	8	5	6	2	4	3	1	9
6	9	1	8	7	3	4	2	5
4	2	3	1	9	5	7	8	6

485

6	5	7	3	1	4	2	8	9
4	2	1	8	5	9	6	3	7
3	8	9	7	6	2	1	5	4
7	6	4	2	3	1	5	9	8
8	1	5	9	4	6	7	2	3
9	3	2	5	7	8	4	1	6
2	4	8	1	9	7	3	6	5
5	9	6	4	2	3	8	7	1
1	7	3	6	8	5	9	4	2

486

9	6	7	2	5	3	4	1	8
5	3	8	4	1	9	2	7	6
4	1	2	8	6	7	5	3	9
7	4	9	6	3	8	1	5	2
8	5	1	9	7	2	6	4	3
3	2	6	1	4	5	9	8	7
6	9	3	5	8	4	7	2	1
1	8	5	7	2	6	3	9	4
2	7	4	3	9	1	8	6	5

487

3	5	1	6	2	7	9	4	8
8	9	6	4	3	5	2	7	1
7	4	2	8	9	1	6	5	3
6	2	5	9	1	8	7	3	4
9	7	4	3	5	2	8	1	6
1	3	8	7	4	6	5	2	9
5	6	3	2	8	4	1	9	7
4	1	7	5	6	9	3	8	2
2	8	9	1	7	3	4	6	5

488

3	2	8	4	7	6	5	9	1
7	6	4	1	5	9	3	2	8
9	1	5	3	8	2	6	4	7
5	9	3	6	1	4	8	7	2
1	8	2	7	3	5	9	6	4
6	4	7	2	9	8	1	5	3
4	5	1	8	6	7	2	3	9
8	7	9	5	2	3	4	1	6
2	3	6	9	4	1	7	8	5

489

1	6	8	3	2	4	9	7	5
5	2	4	9	7	6	1	8	3
3	7	9	5	8	1	4	2	6
6	5	3	8	4	9	2	1	7
9	1	2	7	5	3	8	6	4
4	8	7	1	6	2	5	3	9
8	9	6	2	3	5	7	4	1
7	3	1	4	9	8	6	5	2
2	4	5	6	1	7	3	9	8

490

1	2	7	5	3	9	6	4	8
3	6	4	1	8	7	5	2	9
5	8	9	4	2	6	7	3	1
2	1	3	6	7	5	8	9	4
8	9	6	3	4	1	2	5	7
4	7	5	8	9	2	1	6	3
7	5	2	9	1	4	3	8	6
9	3	1	2	6	8	4	7	5
6	4	8	7	5	3	9	1	2

491

1	3	4	9	8	6	5	7	2
7	2	6	4	1	5	8	3	9
9	8	5	7	2	3	1	6	4
3	4	1	2	9	7	6	5	8
6	7	9	8	5	4	3	2	1
8	5	2	6	3	1	4	9	7
4	9	3	5	7	8	2	1	6
2	1	8	3	6	9	7	4	5
5	6	7	1	4	2	9	8	3

492

7	1	2	3	8	4	6	9	5
3	5	9	1	2	6	4	8	7
8	6	4	7	9	5	3	1	2
2	3	1	6	4	7	8	5	9
9	7	6	5	3	8	1	2	4
4	8	5	9	1	2	7	6	3
1	4	3	2	6	9	5	7	8
6	9	7	8	5	3	2	4	1
5	2	8	4	7	1	9	3	6

493

3	4	5	2	7	9	1	8	6
8	2	6	3	1	5	7	9	4
7	9	1	6	4	8	5	3	2
9	8	3	4	5	7	2	6	1
5	1	7	9	6	2	8	4	3
2	6	4	1	8	3	9	7	5
1	3	2	8	9	6	4	5	7
4	7	8	5	3	1	6	2	9
6	5	9	7	2	4	3	1	8

494

8	2	5	1	9	7	6	4	3
4	7	6	3	2	8	1	9	5
3	1	9	6	5	4	8	2	7
2	8	3	7	4	5	9	1	6
6	4	1	8	3	9	7	5	2
5	9	7	2	6	1	4	3	8
9	6	2	4	7	3	5	8	1
1	3	4	5	8	6	2	7	9
7	5	8	9	1	2	3	6	4

495

4	6	5	8	9	3	7	2	1
7	2	8	6	5	1	4	9	3
9	1	3	2	4	7	8	6	5
6	8	1	4	3	2	5	7	9
5	4	2	7	8	9	3	1	6
3	9	7	1	6	5	2	4	8
2	5	6	9	7	8	1	3	4
1	3	9	5	2	4	6	8	7
8	7	4	3	1	6	9	5	2

496

8	6	5	7	2	9	4	3	1
3	4	2	1	6	8	7	9	5
7	1	9	5	4	3	2	8	6
9	5	7	4	8	2	1	6	3
1	8	6	3	7	5	9	2	4
2	3	4	9	1	6	5	7	8
4	2	3	6	9	1	8	5	7
5	7	8	2	3	4	6	1	9
6	9	1	8	5	7	3	4	2

497

2	6	7	9	1	8	3	5	4
9	3	8	5	7	4	6	2	1
1	5	4	2	6	3	9	8	7
7	1	6	8	9	5	4	3	2
8	9	3	6	4	2	1	7	5
4	2	5	1	3	7	8	9	6
3	7	9	4	2	1	5	6	8
6	8	1	7	5	9	2	4	3
5	4	2	3	8	6	7	1	9

498

9	5	4	7	6	1	2	8	3
2	1	7	3	8	9	4	5	6
6	3	8	4	2	5	1	7	9
8	4	2	9	7	6	5	3	1
7	9	1	5	3	2	8	6	4
3	6	5	8	1	4	7	9	2
5	8	9	2	4	3	6	1	7
4	7	6	1	9	8	3	2	5
1	2	3	6	5	7	9	4	8

499

9	1	6	4	3	2	5	7	8
8	3	7	9	1	5	2	6	4
4	2	5	7	6	8	1	3	9
7	5	3	2	9	4	8	1	6
6	8	1	3	5	7	4	9	2
2	4	9	6	8	1	7	5	3
3	7	8	1	2	9	6	4	5
5	9	4	8	7	6	3	2	1
1	6	2	5	4	3	9	8	7

500

5	1	9	2	8	4	6	7	3
3	6	4	5	7	9	8	1	2
8	7	2	1	6	3	9	4	5
4	2	5	8	1	6	7	3	9
6	9	3	7	4	2	5	8	1
7	8	1	9	3	5	4	2	6
2	5	7	4	9	1	3	6	8
9	4	6	3	2	8	1	5	7
1	3	8	6	5	7	2	9	4

501

7	2	3	1	9	4	5	8	6
4	1	8	5	3	6	2	7	9
5	9	6	8	2	7	3	4	1
1	8	7	9	6	3	4	5	2
6	4	9	7	5	2	8	1	3
3	5	2	4	8	1	6	9	7
2	7	4	6	1	8	9	3	5
8	6	5	3	7	9	1	2	4
9	3	1	2	4	5	7	6	8

502

3	1	2	5	9	4	7	6	8
7	6	4	8	2	3	1	5	9
5	8	9	7	6	1	2	4	3
2	7	1	4	8	9	6	3	5
8	4	3	6	5	7	9	1	2
6	9	5	3	1	2	8	7	4
9	5	6	1	4	8	3	2	7
4	2	7	9	3	6	5	8	1
1	3	8	2	7	5	4	9	6

503

3	2	1	9	4	5	7	6	8
5	6	8	1	3	7	9	4	2
9	7	4	6	8	2	3	5	1
7	1	9	2	6	3	4	8	5
6	5	2	4	7	8	1	9	3
4	8	3	5	9	1	6	2	7
2	3	6	8	1	9	5	7	4
1	4	5	7	2	6	8	3	9
8	9	7	3	5	4	2	1	6

504

8	7	5	9	1	4	3	2	6
1	4	2	8	6	3	9	7	5
6	3	9	2	5	7	1	8	4
9	1	8	5	2	6	7	4	3
5	2	7	3	4	1	8	6	9
4	6	3	7	8	9	2	5	1
2	8	6	1	9	5	4	3	7
3	9	4	6	7	8	5	1	2
7	5	1	4	3	2	6	9	8

505

8	5	4	7	9	1	6	3	2
2	1	3	5	8	6	4	9	7
6	7	9	2	3	4	1	8	5
4	6	5	1	2	9	3	7	8
9	8	1	6	7	3	5	2	4
7	3	2	8	4	5	9	6	1
3	2	6	4	5	8	7	1	9
5	9	8	3	1	7	2	4	6
1	4	7	9	6	2	8	5	3

506

5	2	6	4	1	3	9	7	8
1	4	7	9	6	8	3	5	2
8	3	9	7	5	2	1	6	4
7	6	2	8	9	1	5	4	3
9	5	4	3	2	7	8	1	6
3	8	1	5	4	6	7	2	9
6	9	3	1	7	4	2	8	5
4	7	8	2	3	5	6	9	1
2	1	5	6	8	9	4	3	7

507

1	8	2	6	4	3	9	7	5
4	7	6	9	5	1	3	2	8
9	3	5	7	2	8	1	4	6
8	5	1	4	7	9	6	3	2
3	4	7	2	1	6	8	5	9
6	2	9	8	3	5	4	1	7
2	6	4	3	8	7	5	9	1
7	1	8	5	9	4	2	6	3
5	9	3	1	6	2	7	8	4

508

2	9	5	8	4	3	6	7	1
6	3	4	1	7	2	9	5	8
7	8	1	5	9	6	4	3	2
9	5	6	2	1	4	3	8	7
3	1	8	9	5	7	2	6	4
4	7	2	3	6	8	1	9	5
8	6	7	4	2	9	5	1	3
5	4	9	7	3	1	8	2	6
1	2	3	6	8	5	7	4	9

509

2	7	8	6	5	3	9	4	1
9	5	3	1	4	8	7	6	2
6	1	4	9	7	2	8	5	3
3	6	9	2	1	4	5	8	7
5	8	1	7	6	9	3	2	4
4	2	7	3	8	5	1	9	6
8	3	5	4	2	7	6	1	9
7	4	6	5	9	1	2	3	8
1	9	2	8	3	6	4	7	5

510

6	3	9	1	4	5	2	7	8
2	5	7	3	9	8	4	6	1
1	8	4	7	6	2	9	5	3
4	9	3	5	8	6	7	1	2
8	2	5	4	1	7	6	3	9
7	1	6	2	3	9	8	4	5
5	4	2	9	7	3	1	8	6
3	7	8	6	2	1	5	9	4
9	6	1	8	5	4	3	2	7

511

6	9	1	3	4	5	8	2	7
5	8	4	6	2	7	9	1	3
7	3	2	1	9	8	4	5	6
8	5	6	4	1	3	2	7	9
2	1	3	9	7	6	5	4	8
4	7	9	5	8	2	6	3	1
1	6	5	8	3	4	7	9	2
9	4	7	2	6	1	3	8	5
3	2	8	7	5	9	1	6	4

512

6	8	4	1	7	3	5	2	9
2	5	3	8	4	9	6	7	1
7	1	9	6	2	5	3	8	4
3	7	6	4	8	1	9	5	2
4	9	5	3	6	2	8	1	7
1	2	8	9	5	7	4	3	6
9	3	7	5	1	6	2	4	8
8	6	2	7	3	4	1	9	5
5	4	1	2	9	8	7	6	3

513

1	3	7	4	8	2	5	6	9
2	4	8	5	9	6	3	1	7
9	5	6	3	7	1	4	8	2
5	7	2	6	1	4	8	9	3
6	1	3	9	2	8	7	5	4
8	9	4	7	3	5	1	2	6
3	8	1	2	6	7	9	4	5
7	6	5	8	4	9	2	3	1
4	2	9	1	5	3	6	7	8

514

9	6	8	5	7	1	3	4	2
3	7	1	2	9	4	8	5	6
2	4	5	3	6	8	9	1	7
4	1	3	6	2	9	5	7	8
8	2	7	4	1	5	6	3	9
5	9	6	7	8	3	4	2	1
6	5	2	9	3	7	1	8	4
7	8	4	1	5	6	2	9	3
1	3	9	8	4	2	7	6	5

515

7	1	9	6	5	2	8	4	3
3	5	8	4	1	9	7	2	6
4	2	6	3	8	7	9	1	5
9	4	2	5	6	3	1	7	8
5	3	7	8	9	1	4	6	2
8	6	1	7	2	4	3	5	9
2	9	3	1	4	5	6	8	7
1	8	5	9	7	6	2	3	4
6	7	4	2	3	8	5	9	1

516

4	2	8	3	5	7	6	1	9
9	6	7	8	2	1	4	3	5
1	3	5	9	4	6	2	8	7
5	7	1	6	3	9	8	4	2
3	4	9	2	7	8	5	6	1
2	8	6	4	1	5	7	9	3
7	5	3	1	6	4	9	2	8
8	1	4	7	9	2	3	5	6
6	9	2	5	8	3	1	7	4

517

7	3	5	6	8	2	4	9	1
4	2	9	1	5	7	8	6	3
6	8	1	9	3	4	2	5	7
1	9	7	3	6	8	5	4	2
8	6	4	7	2	5	1	3	9
2	5	3	4	9	1	6	7	8
3	4	2	8	7	6	9	1	5
9	1	8	5	4	3	7	2	6
5	7	6	2	1	9	3	8	4

518

3	5	1	7	4	8	6	2	9
2	6	7	9	1	3	5	8	4
9	8	4	6	2	5	3	1	7
4	9	3	1	5	7	8	6	2
8	1	6	4	3	2	9	7	5
5	7	2	8	6	9	1	4	3
6	3	5	2	7	1	4	9	8
7	4	9	5	8	6	2	3	1
1	2	8	3	9	4	7	5	6

519

3	7	9	1	4	6	5	8	2
6	2	5	9	8	7	4	3	1
8	4	1	5	2	3	7	9	6
9	6	3	7	5	1	8	2	4
7	8	2	3	6	4	1	5	9
5	1	4	2	9	8	6	7	3
1	9	7	4	3	5	2	6	8
2	5	8	6	1	9	3	4	7
4	3	6	8	7	2	9	1	5

520

2	3	7	9	1	5	6	8	4
5	1	9	6	8	4	3	2	7
4	8	6	7	2	3	1	5	9
9	7	2	8	3	6	4	1	5
1	5	4	2	9	7	8	3	6
3	6	8	5	4	1	7	9	2
6	2	5	1	7	8	9	4	3
8	9	3	4	6	2	5	7	1
7	4	1	3	5	9	2	6	8

521

```
2 7 6 | 3 8 5 | 4 9 1
9 5 3 | 1 7 4 | 8 2 6
1 4 8 | 6 9 2 | 5 3 7
------+-------+------
3 2 9 | 4 5 6 | 1 7 8
7 6 1 | 8 3 9 | 2 5 4
4 8 5 | 7 2 1 | 9 6 3
------+-------+------
6 3 2 | 5 1 8 | 7 4 9
8 9 4 | 2 6 7 | 3 1 5
5 1 7 | 9 4 3 | 6 8 2
```

522

```
9 2 3 | 6 8 7 | 5 4 1
7 1 6 | 3 4 5 | 2 8 9
4 8 5 | 1 9 2 | 7 3 6
------+-------+------
3 5 1 | 7 2 9 | 4 6 8
8 9 4 | 5 1 6 | 3 7 2
6 7 2 | 8 3 4 | 1 9 5
------+-------+------
1 3 9 | 4 5 8 | 6 2 7
5 6 8 | 2 7 3 | 9 1 4
2 4 7 | 9 6 1 | 8 5 3
```

523

```
7 3 4 | 6 1 5 | 2 9 8
2 9 8 | 7 3 4 | 6 5 1
5 1 6 | 2 9 8 | 4 7 3
------+-------+------
8 7 2 | 3 4 6 | 5 1 9
3 4 1 | 5 2 9 | 7 8 6
6 5 9 | 1 8 7 | 3 2 4
------+-------+------
1 2 7 | 8 6 3 | 9 4 5
4 6 5 | 9 7 1 | 8 3 2
9 8 3 | 4 5 2 | 1 6 7
```

524

```
4 1 8 | 2 7 6 | 9 3 5
3 2 6 | 9 4 5 | 1 7 8
7 5 9 | 3 8 1 | 4 6 2
------+-------+------
6 9 2 | 5 3 7 | 8 4 1
1 4 3 | 8 6 9 | 2 5 7
5 8 7 | 1 2 4 | 6 9 3
------+-------+------
2 3 4 | 6 5 8 | 7 1 9
8 6 1 | 7 9 3 | 5 2 4
9 7 5 | 4 1 2 | 3 8 6
```

525

```
3 1 2 | 7 6 4 | 9 5 8
7 5 6 | 9 8 1 | 3 2 4
4 9 8 | 3 2 5 | 7 1 6
------+-------+------
6 7 5 | 4 9 3 | 1 8 2
8 3 9 | 2 1 6 | 5 4 7
1 2 4 | 5 7 8 | 6 3 9
------+-------+------
2 6 3 | 8 5 7 | 4 9 1
5 8 1 | 6 4 9 | 2 7 3
9 4 7 | 1 3 2 | 8 6 5
```

526

```
4 1 9 | 2 8 3 | 7 6 5
7 2 3 | 6 4 5 | 9 8 1
8 5 6 | 7 1 9 | 3 4 2
------+-------+------
5 9 8 | 1 3 2 | 4 7 6
3 4 7 | 8 5 6 | 1 2 9
1 6 2 | 9 7 4 | 5 3 8
------+-------+------
6 8 1 | 3 9 7 | 2 5 4
9 7 4 | 5 2 8 | 6 1 3
2 3 5 | 4 6 1 | 8 9 7
```

527

```
9 5 3 | 6 2 8 | 7 1 4
8 7 1 | 4 3 9 | 6 5 2
2 6 4 | 1 5 7 | 9 3 8
------+-------+------
3 2 8 | 5 7 1 | 4 6 9
4 1 6 | 2 9 3 | 8 7 5
5 9 7 | 8 4 6 | 1 2 3
------+-------+------
7 8 9 | 3 1 5 | 2 4 6
1 3 2 | 9 6 4 | 5 8 7
6 4 5 | 7 8 2 | 3 9 1
```

528

```
1 6 5 | 4 3 9 | 2 8 7
9 8 3 | 1 7 2 | 6 5 4
7 4 2 | 5 6 8 | 1 3 9
------+-------+------
4 5 8 | 7 9 1 | 3 6 2
2 9 6 | 3 8 4 | 5 7 1
3 1 7 | 2 5 6 | 9 4 8
------+-------+------
6 2 4 | 8 1 3 | 7 9 5
8 7 9 | 6 2 5 | 4 1 3
5 3 1 | 9 4 7 | 8 2 6
```

529

```
3 9 2 | 1 7 4 | 8 6 5
8 6 4 | 9 2 5 | 1 3 7
7 5 1 | 3 8 6 | 4 2 9
------+-------+------
6 7 5 | 8 3 2 | 9 4 1
1 4 3 | 6 5 9 | 7 8 2
2 8 9 | 7 4 1 | 6 5 3
------+-------+------
4 2 8 | 5 1 7 | 3 9 6
5 1 6 | 4 9 3 | 2 7 8
9 3 7 | 2 6 8 | 5 1 4
```

530

```
9 2 3 | 5 4 1 | 7 8 6
6 1 4 | 3 8 7 | 2 5 9
8 5 7 | 6 9 2 | 3 4 1
------+-------+------
7 8 5 | 1 6 3 | 9 2 4
2 4 6 | 9 5 8 | 1 3 7
3 9 1 | 7 2 4 | 8 6 5
------+-------+------
1 7 8 | 4 3 5 | 6 9 2
4 3 9 | 2 1 6 | 5 7 8
5 6 2 | 8 7 9 | 4 1 3
```

531

```
6 2 3 | 9 7 1 | 8 4 5
9 4 1 | 8 3 5 | 7 2 6
5 8 7 | 6 2 4 | 3 1 9
------+-------+------
8 1 4 | 5 9 7 | 6 3 2
3 9 6 | 1 8 2 | 4 5 7
2 7 5 | 4 6 3 | 9 8 1
------+-------+------
4 3 2 | 7 1 6 | 5 9 8
7 5 8 | 2 4 9 | 1 6 3
1 6 9 | 3 5 8 | 2 7 4
```

532

```
2 6 7 | 5 8 9 | 3 4 1
1 3 8 | 2 4 7 | 6 9 5
4 5 9 | 3 6 1 | 7 8 2
------+-------+------
6 8 5 | 4 1 3 | 9 2 7
3 7 2 | 9 5 6 | 8 1 4
9 4 1 | 8 7 2 | 5 3 6
------+-------+------
7 1 4 | 6 3 8 | 2 5 9
8 9 6 | 1 2 5 | 4 7 3
5 2 3 | 7 9 4 | 1 6 8
```

533

```
5 4 8 | 6 9 2 | 3 1 7
2 9 6 | 3 1 7 | 4 8 5
3 1 7 | 8 5 4 | 9 6 2
------+-------+------
7 2 5 | 4 8 6 | 1 9 3
4 3 9 | 5 7 1 | 6 2 8
8 6 1 | 2 3 9 | 7 5 4
------+-------+------
9 5 3 | 7 6 8 | 2 4 1
6 7 2 | 1 4 5 | 8 3 9
1 8 4 | 9 2 3 | 5 7 6
```

534

```
5 2 3 | 9 8 4 | 7 1 6
1 8 4 | 5 6 7 | 2 9 3
9 7 6 | 2 3 1 | 4 8 5
------+-------+------
3 9 5 | 1 2 8 | 6 4 7
2 6 1 | 7 4 9 | 5 3 8
8 4 7 | 6 5 3 | 1 2 9
------+-------+------
6 3 9 | 4 7 2 | 8 5 1
4 5 8 | 3 1 6 | 9 7 2
7 1 2 | 8 9 5 | 3 6 4
```

535

```
1 2 7 | 5 6 3 | 9 4 8
5 9 8 | 4 7 2 | 3 6 1
6 4 3 | 8 9 1 | 2 5 7
------+-------+------
9 7 1 | 3 8 5 | 6 2 4
4 6 5 | 9 2 7 | 8 1 3
8 3 2 | 6 1 4 | 7 9 5
------+-------+------
2 8 4 | 1 3 6 | 5 7 9
3 5 6 | 7 4 9 | 1 8 2
7 1 9 | 2 5 8 | 4 3 6
```

536

```
5 3 8 | 9 4 1 | 7 6 2
7 9 6 | 3 2 5 | 8 4 1
4 2 1 | 8 7 6 | 3 5 9
------+-------+------
8 4 9 | 6 5 3 | 2 1 7
1 7 5 | 2 8 9 | 6 3 4
3 6 2 | 4 1 7 | 5 9 8
------+-------+------
2 5 7 | 1 6 4 | 9 8 3
6 1 3 | 7 9 8 | 4 2 5
9 8 4 | 5 3 2 | 1 7 6
```

537

```
6 9 2 | 3 5 4 | 7 8 1
5 1 8 | 9 7 6 | 3 2 4
3 4 7 | 2 1 8 | 5 9 6
------+-------+------
7 6 5 | 8 3 2 | 4 1 9
8 3 1 | 4 9 5 | 6 7 2
9 2 4 | 1 6 7 | 8 5 3
------+-------+------
1 5 9 | 6 8 3 | 2 4 7
2 8 3 | 7 4 9 | 1 6 5
4 7 6 | 5 2 1 | 9 3 8
```

538

```
4 6 1 | 3 8 5 | 9 7 2
9 5 8 | 2 4 7 | 6 1 3
7 3 2 | 6 1 9 | 8 5 4
------+-------+------
1 2 5 | 4 9 8 | 7 3 6
8 9 7 | 1 3 6 | 4 2 5
3 4 6 | 7 5 2 | 1 9 8
------+-------+------
6 7 9 | 5 2 4 | 3 8 1
5 8 3 | 9 6 1 | 2 4 7
2 1 4 | 8 7 3 | 5 6 9
```

539

```
1 7 5 | 4 8 9 | 6 3 2
9 8 6 | 2 7 3 | 4 1 5
2 3 4 | 1 5 6 | 8 7 9
------+-------+------
3 2 1 | 6 9 4 | 5 8 7
8 5 9 | 7 2 1 | 3 6 4
4 6 7 | 8 3 5 | 2 9 1
------+-------+------
7 1 2 | 3 4 8 | 9 5 6
5 4 8 | 9 6 7 | 1 2 3
6 9 3 | 5 1 2 | 7 4 8
```

540

```
8 9 5 | 2 6 4 | 1 7 3
2 4 6 | 3 1 7 | 5 9 8
7 3 1 | 9 5 8 | 2 4 6
------+-------+------
9 6 8 | 4 3 1 | 7 2 5
1 7 3 | 5 2 6 | 9 8 4
4 5 2 | 7 8 9 | 6 3 1
------+-------+------
6 8 7 | 1 4 2 | 3 5 9
5 2 4 | 6 9 3 | 8 1 7
3 1 9 | 8 7 5 | 4 6 2
```

541

7	6	2	5	3	4	1	9	8
8	4	9	6	1	7	5	2	3
3	5	1	8	9	2	4	6	7
2	9	6	3	8	5	7	4	1
1	3	5	4	7	6	9	8	2
4	7	8	1	2	9	3	5	6
6	1	4	7	5	8	2	3	9
5	2	3	9	6	1	8	7	4
9	8	7	2	4	3	6	1	5

542

4	7	1	6	8	2	5	9	3
5	8	6	9	7	3	1	4	2
9	3	2	5	4	1	8	7	6
7	1	9	2	5	4	3	6	8
8	4	3	7	1	6	2	5	9
2	6	5	8	3	9	7	1	4
6	9	8	1	2	7	4	3	5
3	5	7	4	6	8	9	2	1
1	2	4	3	9	5	6	8	7

543

8	1	2	7	9	3	5	4	6
5	9	4	2	1	6	3	7	8
6	7	3	4	8	5	2	9	1
7	4	8	3	2	1	9	6	5
3	2	6	8	5	9	4	1	7
1	5	9	6	4	7	8	3	2
2	3	5	1	7	4	6	8	9
9	6	7	5	3	8	1	2	4
4	8	1	9	6	2	7	5	3

544

9	4	1	7	8	6	2	5	3
6	5	8	2	4	3	1	9	7
2	7	3	9	1	5	6	8	4
7	6	9	8	5	1	4	3	2
4	3	5	6	9	2	8	7	1
8	1	2	3	7	4	9	6	5
5	2	7	4	6	9	3	1	8
1	9	4	5	3	8	7	2	6
3	8	6	1	2	7	5	4	9

545

3	2	4	8	6	9	1	5	7
7	6	8	1	5	4	3	9	2
1	9	5	7	3	2	8	4	6
8	1	9	4	7	6	2	3	5
4	3	6	5	2	1	9	7	8
2	5	7	3	9	8	4	6	1
5	8	3	9	1	7	6	2	4
9	4	2	6	8	5	7	1	3
6	7	1	2	4	3	5	8	9

546

9	5	1	6	8	3	2	4	7
8	3	7	2	4	5	9	6	1
6	2	4	9	1	7	5	3	8
5	9	6	4	2	1	7	8	3
7	1	8	3	5	6	4	2	9
3	4	2	7	9	8	1	5	6
1	7	3	5	6	4	8	9	2
2	8	5	1	3	9	6	7	4
4	6	9	8	7	2	3	1	5

547

3	7	4	9	8	1	6	2	5
5	9	6	3	4	2	1	7	8
8	1	2	7	5	6	4	9	3
2	6	3	4	1	8	7	5	9
7	8	5	6	9	3	2	4	1
9	4	1	5	2	7	8	3	6
4	3	8	2	6	9	5	1	7
6	2	7	1	3	5	9	8	4
1	5	9	8	7	4	3	6	2

548

8	6	3	4	2	5	7	1	9
5	2	1	9	3	7	6	4	8
7	4	9	8	1	6	5	2	3
4	1	7	2	6	9	8	3	5
3	9	5	7	4	8	1	6	2
2	8	6	3	5	1	4	9	7
9	5	4	1	7	2	3	8	6
6	3	8	5	9	4	2	7	1
1	7	2	6	8	3	9	5	4

549

9	2	7	8	6	1	3	5	4
4	6	5	3	9	2	8	7	1
1	3	8	7	4	5	2	6	9
3	4	2	1	7	9	6	8	5
7	8	9	2	5	6	1	4	3
5	1	6	4	3	8	9	2	7
8	5	1	9	2	7	4	3	6
6	9	4	5	8	3	7	1	2
2	7	3	6	1	4	5	9	8

550

9	5	8	2	6	4	1	3	7
1	2	6	3	9	7	5	8	4
3	7	4	8	1	5	2	6	9
4	9	5	1	8	6	7	2	3
8	3	7	4	2	9	6	1	5
2	6	1	7	5	3	9	4	8
7	1	9	6	4	8	3	5	2
5	8	2	9	3	1	4	7	6
6	4	3	5	7	2	8	9	1

551

9	6	5	1	7	3	4	8	2
2	8	1	6	4	5	7	9	3
3	4	7	9	8	2	5	6	1
4	9	3	8	6	1	2	5	7
8	7	2	3	5	4	6	1	9
1	5	6	2	9	7	3	4	8
7	1	8	5	3	6	9	2	4
5	2	4	7	1	9	8	3	6
6	3	9	4	2	8	1	7	5

552

8	4	3	6	5	2	9	7	1
9	2	6	1	4	7	3	8	5
5	1	7	9	8	3	6	2	4
2	6	8	7	3	1	4	5	9
7	9	1	5	6	4	2	3	8
4	3	5	8	2	9	1	6	7
3	7	2	4	9	5	8	1	6
6	5	4	2	1	8	7	9	3
1	8	9	3	7	6	5	4	2

553

2	3	9	7	8	1	5	6	4
5	6	8	4	2	9	7	3	1
4	7	1	5	3	6	9	2	8
3	4	7	8	9	2	1	5	6
9	2	5	6	1	7	4	8	3
1	8	6	3	5	4	2	7	9
8	9	3	1	7	5	6	4	2
6	5	2	9	4	3	8	1	7
7	1	4	2	6	8	3	9	5

554

5	6	1	7	2	9	3	8	4
8	2	4	6	1	3	5	7	9
7	3	9	8	5	4	6	1	2
1	7	3	4	8	5	9	2	6
9	4	6	1	7	2	8	5	3
2	5	8	9	3	6	1	4	7
4	1	2	3	6	8	7	9	5
3	8	5	2	9	7	4	6	1
6	9	7	5	4	1	2	3	8

555

6	5	3	9	2	1	4	8	7
1	8	4	5	3	7	2	6	9
2	7	9	8	4	6	5	1	3
4	9	2	6	1	5	3	7	8
5	1	8	4	7	3	6	9	2
7	3	6	2	8	9	1	5	4
3	4	1	7	5	8	9	2	6
8	6	5	3	9	2	7	4	1
9	2	7	1	6	4	8	3	5

556

8	7	1	9	6	3	4	5	2
5	9	3	7	4	2	1	6	8
6	4	2	1	8	5	3	7	9
2	1	5	6	9	7	8	3	4
9	3	7	4	2	8	6	1	5
4	8	6	3	5	1	9	2	7
7	5	9	8	3	6	2	4	1
1	6	8	2	7	4	5	9	3
3	2	4	5	1	9	7	8	6

557

8	5	3	7	9	6	2	4	1
2	9	1	3	8	4	6	5	7
6	4	7	2	5	1	8	9	3
7	2	5	4	3	9	1	6	8
1	8	6	5	7	2	4	3	9
4	3	9	1	6	8	7	2	5
3	6	8	9	2	7	5	1	4
5	1	2	8	4	3	9	7	6
9	7	4	6	1	5	3	8	2

558

2	4	7	8	9	1	5	3	6
8	1	5	6	3	7	2	4	9
6	3	9	5	4	2	1	7	8
5	7	1	2	8	3	9	6	4
3	2	4	9	5	6	8	1	7
9	6	8	7	1	4	3	2	5
7	8	3	4	2	9	6	5	1
4	5	2	1	6	8	7	9	3
1	9	6	3	7	5	4	8	2

559

1	5	4	7	2	3	8	9	6
6	8	2	4	9	1	7	3	5
7	3	9	6	5	8	1	4	2
9	1	7	5	8	4	2	6	3
4	6	8	2	3	7	9	5	1
3	2	5	9	1	6	4	8	7
8	7	3	1	4	5	6	2	9
5	9	6	8	7	2	3	1	4
2	4	1	3	6	9	5	7	8

560

9	6	2	7	3	5	8	4	1
4	5	1	8	6	2	7	3	9
8	7	3	1	4	9	2	5	6
2	4	7	3	8	6	9	1	5
3	8	5	9	1	4	6	7	2
6	1	9	5	2	7	4	8	3
5	3	6	2	7	8	1	9	4
1	2	8	4	9	3	5	6	7
7	9	4	6	5	1	3	2	8

561

```
1 4 8 3 7 5 6 9 2
5 3 2 9 8 6 1 4 7
7 9 6 4 1 2 5 3 8
8 5 3 2 9 1 7 6 4
2 1 7 5 6 4 3 8 9
4 6 9 8 3 7 2 5 1
6 7 5 1 4 9 8 2 3
9 8 1 6 2 3 4 7 5
3 2 4 7 5 8 9 1 6
```

562

```
8 9 1 3 2 7 5 6 4
3 4 2 6 8 5 1 9 7
6 7 5 9 4 1 8 2 3
2 8 6 7 5 4 3 1 9
7 3 4 8 1 9 2 5 6
5 1 9 2 3 6 7 4 8
9 6 3 1 7 2 4 8 5
4 2 8 5 9 3 6 7 1
1 5 7 4 6 8 9 3 2
```

563

```
2 5 6 1 9 7 4 3 8
9 1 8 4 6 3 7 5 2
4 3 7 5 2 8 1 9 6
7 8 2 3 4 9 6 1 5
6 9 5 8 1 2 3 7 4
1 4 3 6 7 5 8 2 9
8 2 9 7 3 6 5 4 1
5 7 1 9 8 4 2 6 3
3 6 4 2 5 1 9 8 7
```

564

```
5 6 2 8 1 9 7 4 3
1 7 4 5 6 3 8 2 9
9 8 3 4 7 2 1 5 6
4 1 6 7 5 8 9 3 2
3 9 7 6 2 4 5 8 1
8 2 5 9 3 1 4 6 7
6 3 9 1 4 5 2 7 8
2 5 1 3 8 7 6 9 4
7 4 8 2 9 6 3 1 5
```

565

```
2 8 9 1 3 7 6 5 4
7 4 3 5 6 9 8 2 1
6 5 1 8 2 4 9 3 7
8 9 4 6 1 3 5 7 2
5 3 6 7 4 2 1 8 9
1 2 7 9 8 5 4 6 3
3 6 5 2 9 1 7 4 8
4 1 8 3 7 6 2 9 5
9 7 2 4 5 8 3 1 6
```

566

```
6 8 9 1 4 5 7 3 2
3 5 4 9 2 7 1 6 8
2 7 1 3 6 8 4 9 5
1 2 3 5 8 4 9 7 6
9 6 8 2 7 3 5 1 4
7 4 5 6 9 1 2 8 3
4 9 6 8 1 2 3 5 7
5 1 7 4 3 6 8 2 9
8 3 2 7 5 9 6 4 1
```

567

```
8 6 5 1 9 3 4 2 7
7 2 9 5 6 4 3 8 1
1 4 3 7 2 8 9 5 6
6 1 2 4 3 9 5 7 8
3 7 8 2 5 1 6 4 9
5 9 4 6 8 7 1 3 2
2 3 6 9 7 5 8 1 4
4 5 7 8 1 6 2 9 3
9 8 1 3 4 2 7 6 5
```

568

```
4 8 6 3 2 5 1 7 9
2 7 3 9 1 8 4 5 6
1 9 5 6 4 7 3 8 2
9 3 4 7 6 1 5 2 8
6 5 1 2 8 9 7 3 4
8 2 7 5 3 4 6 9 1
3 6 8 4 7 2 9 1 5
5 4 2 1 9 3 8 6 7
7 1 9 8 5 6 2 4 3
```

569

```
4 5 9 6 7 2 8 1 3
8 6 7 3 1 9 2 5 4
2 1 3 8 4 5 9 7 6
7 4 1 9 6 8 3 2 5
3 9 5 7 2 4 1 6 8
6 8 2 5 3 1 7 4 9
5 3 4 2 8 7 6 9 1
1 2 6 4 9 3 5 8 7
9 7 8 1 5 6 4 3 2
```

570

```
1 9 3 6 7 8 5 2 4
6 8 4 9 2 5 3 7 1
7 2 5 4 1 3 6 9 8
5 7 6 3 8 2 1 4 9
3 4 2 1 5 9 8 6 7
8 1 9 7 4 6 2 3 5
2 6 7 5 9 1 4 8 3
9 3 1 8 6 4 7 5 2
4 5 8 2 3 7 9 1 6
```

571

```
5 7 2 9 1 8 4 6 3
1 6 9 3 2 4 5 7 8
3 8 4 5 6 7 2 1 9
4 9 8 6 5 3 7 2 1
7 1 6 2 8 9 3 4 5
2 3 5 4 7 1 8 9 6
6 4 3 8 9 2 1 5 7
8 5 7 1 4 6 9 3 2
9 2 1 7 3 5 6 8 4
```

572

```
1 2 7 3 9 4 6 8 5
6 8 3 1 5 2 4 9 7
4 9 5 8 6 7 1 2 3
3 7 4 2 8 9 5 1 6
8 5 1 6 4 3 9 7 2
2 6 9 5 7 1 3 4 8
5 1 6 9 2 8 7 3 4
7 3 8 4 1 6 2 5 9
9 4 2 7 3 5 8 6 1
```

573

```
9 2 5 4 6 7 1 3 8
1 8 6 2 3 5 7 4 9
7 4 3 1 9 8 5 2 6
2 7 4 9 5 6 3 8 1
3 5 9 8 2 1 4 6 7
6 1 8 7 4 3 2 9 5
8 6 2 5 1 4 9 7 3
4 3 1 6 7 9 8 5 2
5 9 7 3 8 2 6 1 4
```

574

```
8 1 6 2 5 7 4 3 9
2 5 9 1 4 3 6 7 8
3 7 4 8 9 6 2 1 5
1 2 3 9 7 5 8 6 4
4 9 7 3 6 8 5 2 1
5 6 8 4 1 2 7 9 3
6 4 2 5 3 9 1 8 7
9 8 5 7 2 1 3 4 6
7 3 1 6 8 4 9 5 2
```

575

```
5 2 1 9 6 4 3 7 8
7 8 4 2 3 5 9 1 6
6 3 9 1 7 8 4 5 2
4 5 3 6 8 9 1 2 7
2 9 6 7 5 1 8 4 3
8 1 7 4 2 3 5 6 9
1 4 2 3 9 7 6 8 5
3 7 5 8 1 6 2 9 4
9 6 8 5 4 2 7 3 1
```

576

```
4 1 6 5 3 7 2 8 9
8 2 7 9 4 6 3 5 1
9 5 3 1 2 8 7 6 4
1 7 5 8 6 2 9 4 3
2 4 9 7 5 3 8 1 6
3 6 8 4 1 9 5 2 7
5 9 2 6 7 1 4 3 8
7 3 1 2 8 4 6 9 5
6 8 4 3 9 5 1 7 2
```

577

```
1 4 9 8 5 6 2 3 7
7 8 2 1 3 4 6 5 9
5 6 3 2 9 7 1 4 8
4 3 8 6 7 5 9 2 1
2 7 6 9 4 1 5 8 3
9 1 5 3 8 2 7 6 4
8 5 7 4 6 9 3 1 2
3 9 1 5 2 8 4 7 6
6 2 4 7 1 3 8 9 5
```

578

```
8 3 2 9 1 6 4 5 7
5 4 6 2 7 3 1 9 8
9 1 7 8 5 4 3 2 6
3 8 4 7 6 9 2 1 5
1 2 9 5 4 8 7 6 3
6 7 5 3 2 1 8 4 9
7 6 1 4 3 5 9 8 2
2 5 8 1 9 7 6 3 4
4 9 3 6 8 2 5 7 1
```

579

```
5 2 8 3 6 1 4 9 7
7 4 3 8 9 2 1 6 5
9 1 6 4 5 7 8 3 2
1 8 9 6 7 3 5 2 4
3 5 7 9 2 4 6 1 8
4 6 2 1 8 5 3 7 9
6 9 1 2 4 8 7 5 3
8 3 5 7 1 9 2 4 6
2 7 4 5 3 6 9 8 1
```

580

```
4 6 9 7 3 1 5 8 2
3 2 8 6 5 4 1 7 9
5 1 7 8 9 2 3 6 4
6 7 4 3 2 9 8 1 5
8 5 2 4 1 6 7 9 3
1 9 3 5 7 8 2 4 6
2 3 6 1 4 7 9 5 8
9 8 1 2 6 5 4 3 7
7 4 5 9 8 3 6 2 1
```

581

8	4	9	7	1	6	3	5	2
6	7	2	9	5	3	4	8	1
1	3	5	2	8	4	6	7	9
9	5	3	4	2	8	1	6	7
4	1	8	6	7	5	2	9	3
7	2	6	1	3	9	5	4	8
3	9	7	5	6	2	8	1	4
5	8	4	3	9	1	7	2	6
2	6	1	8	4	7	9	3	5

582

2	8	9	3	4	5	1	6	7
5	3	7	1	6	8	4	9	2
6	4	1	2	7	9	5	8	3
9	2	3	5	1	4	8	7	6
4	5	8	6	2	7	9	3	1
1	7	6	9	8	3	2	5	4
3	1	5	4	9	6	7	2	8
8	6	2	7	5	1	3	4	9
7	9	4	8	3	2	6	1	5

583

1	9	5	6	4	2	7	8	3
8	6	2	7	3	9	5	4	1
4	3	7	5	1	8	6	2	9
5	8	6	3	9	7	4	1	2
7	1	9	2	5	4	8	3	6
3	2	4	1	8	6	9	5	7
6	4	3	8	7	1	2	9	5
9	7	1	4	2	5	3	6	8
2	5	8	9	6	3	1	7	4

584

8	9	2	1	4	6	3	7	5
1	4	3	5	7	8	6	2	9
6	7	5	9	2	3	4	1	8
7	5	6	4	9	1	2	8	3
4	2	8	3	5	7	9	6	1
9	3	1	6	8	2	7	5	4
3	8	9	7	6	5	1	4	2
2	1	7	8	3	4	5	9	6
5	6	4	2	1	9	8	3	7

585

7	1	8	5	4	2	9	3	6
4	5	9	8	6	3	1	2	7
3	2	6	7	9	1	4	8	5
6	7	1	9	3	5	2	4	8
8	3	5	4	2	7	6	9	1
9	4	2	1	8	6	5	7	3
5	8	3	2	1	4	7	6	9
1	6	4	3	7	9	8	5	2
2	9	7	6	5	8	3	1	4

586

9	5	2	4	8	1	6	3	7
6	7	8	2	9	3	1	4	5
1	4	3	5	7	6	2	9	8
5	8	6	9	4	2	3	7	1
7	1	4	3	5	8	9	2	6
2	3	9	1	6	7	5	8	4
4	6	5	7	2	9	8	1	3
3	2	7	8	1	5	4	6	9
8	9	1	6	3	4	7	5	2

587

3	8	4	6	7	1	2	9	5
6	7	2	5	9	4	8	1	3
5	1	9	3	2	8	4	7	6
8	4	6	9	5	2	7	3	1
9	2	3	1	4	7	6	5	8
1	5	7	8	6	3	9	2	4
4	9	8	7	1	5	3	6	2
7	3	5	2	8	6	1	4	9
2	6	1	4	3	9	5	8	7

588

7	8	4	3	1	2	5	9	6
6	5	3	9	4	8	7	1	2
1	2	9	6	7	5	3	8	4
9	6	1	5	8	3	4	2	7
5	4	8	7	2	6	1	3	9
3	7	2	1	9	4	6	5	8
8	3	7	4	5	9	2	6	1
4	9	6	2	3	1	8	7	5
2	1	5	8	6	7	9	4	3

589

4	3	1	2	6	5	9	7	8
2	9	8	7	4	1	6	3	5
5	7	6	9	8	3	4	2	1
8	5	2	3	9	7	1	6	4
1	6	3	5	2	4	7	8	9
7	4	9	6	1	8	2	5	3
3	2	4	1	5	6	8	9	7
6	1	7	8	3	9	5	4	2
9	8	5	4	7	2	3	1	6

590

1	6	5	7	2	4	8	9	3
9	4	2	3	8	5	7	1	6
7	3	8	9	1	6	4	2	5
3	2	1	4	7	9	6	5	8
4	8	6	5	3	1	2	7	9
5	7	9	2	6	8	1	3	4
6	5	3	1	4	7	9	8	2
8	9	7	6	5	2	3	4	1
2	1	4	8	9	3	5	6	7

591

4	2	1	6	7	5	8	3	9
9	5	6	1	8	3	4	7	2
7	8	3	2	9	4	6	5	1
1	6	9	7	4	2	5	8	3
5	3	7	8	1	6	2	9	4
2	4	8	3	5	9	7	1	6
3	9	4	5	6	8	1	2	7
8	1	2	4	3	7	9	6	5
6	7	5	9	2	1	3	4	8

592

9	7	8	4	2	1	6	5	3
3	4	1	6	5	7	8	9	2
6	5	2	3	8	9	7	1	4
1	6	3	2	9	4	5	8	7
7	9	4	8	1	5	3	2	6
8	2	5	7	3	6	1	4	9
5	1	7	9	6	2	4	3	8
4	8	9	5	7	3	2	6	1
2	3	6	1	4	8	9	7	5

593

8	1	4	3	6	7	2	5	9
3	5	7	9	8	2	1	4	6
9	2	6	4	5	1	7	8	3
1	3	8	2	9	5	6	7	4
5	6	9	7	4	3	8	1	2
7	4	2	6	1	8	9	3	5
2	8	5	1	3	6	4	9	7
6	9	3	8	7	4	5	2	1
4	7	1	5	2	9	3	6	8

594

7	3	4	8	6	1	5	9	2
8	2	6	5	3	9	1	7	4
1	9	5	2	7	4	3	8	6
5	6	9	1	2	7	8	4	3
2	1	3	4	8	6	7	5	9
4	8	7	9	5	3	2	6	1
3	4	8	6	1	5	9	2	7
6	7	2	3	9	8	4	1	5
9	5	1	7	4	2	6	3	8

595

1	3	8	5	9	6	2	4	7
7	6	4	1	8	2	5	3	9
9	5	2	4	3	7	8	1	6
6	7	5	2	1	8	3	9	4
3	2	9	6	5	4	7	8	1
4	8	1	9	7	3	6	5	2
8	9	6	7	4	5	1	2	3
5	1	7	3	2	9	4	6	8
2	4	3	8	6	1	9	7	5

596

3	2	1	5	8	4	6	7	9
7	4	6	9	1	3	5	8	2
5	9	8	6	7	2	4	1	3
4	3	9	8	5	7	2	6	1
8	1	7	2	3	6	9	4	5
6	5	2	4	9	1	8	3	7
1	6	5	3	4	9	7	2	8
9	7	4	1	2	8	3	5	6
2	8	3	7	6	5	1	9	4

597

6	1	7	8	5	3	2	9	4
2	4	3	6	9	1	7	5	8
5	8	9	7	2	4	1	6	3
9	7	6	2	1	8	3	4	5
8	2	5	4	3	6	9	1	7
4	3	1	5	7	9	8	2	6
1	9	8	3	6	5	4	7	2
7	6	4	1	8	2	5	3	9
3	5	2	9	4	7	6	8	1

598

6	5	3	4	9	1	8	7	2
1	2	7	8	3	5	9	6	4
9	4	8	2	7	6	1	5	3
2	8	9	3	4	7	6	1	5
3	7	5	6	1	2	4	9	8
4	1	6	5	8	9	2	3	7
8	3	1	9	5	4	7	2	6
5	9	2	7	6	8	3	4	1
7	6	4	1	2	3	5	8	9

599

5	3	8	6	4	2	9	1	7
1	6	9	5	7	3	4	2	8
7	2	4	8	9	1	6	3	5
8	4	7	1	2	9	5	6	3
2	5	3	4	8	6	1	7	9
6	9	1	7	3	5	2	8	4
9	7	6	2	5	8	3	4	1
4	1	5	3	6	7	8	9	2
3	8	2	9	1	4	7	5	6

600

4	9	6	5	2	7	3	1	8
1	8	3	6	4	9	7	5	2
5	7	2	8	1	3	4	6	9
2	6	4	3	9	1	8	7	5
9	3	5	7	8	6	1	2	4
8	1	7	4	5	2	6	9	3
3	4	9	1	6	5	2	8	7
6	5	8	2	7	4	9	3	1
7	2	1	9	3	8	5	4	6

601

```
2 1 8 | 6 5 7 | 3 4 9
5 7 6 | 9 3 4 | 2 1 8
4 3 9 | 1 2 8 | 7 5 6
------+-------+------
3 9 4 | 2 7 5 | 8 6 1
1 2 5 | 3 8 6 | 9 7 4
8 6 7 | 4 1 9 | 5 3 2
------+-------+------
9 4 3 | 7 6 2 | 1 8 5
7 8 2 | 5 4 1 | 6 9 3
6 5 1 | 8 9 3 | 4 2 7
```

602

```
9 5 2 | 6 8 3 | 1 7 4
3 6 4 | 7 1 5 | 9 2 8
1 8 7 | 9 4 2 | 5 6 3
------+-------+------
8 9 5 | 2 3 6 | 4 1 7
4 7 3 | 8 5 1 | 2 9 6
6 2 1 | 4 7 9 | 3 8 5
------+-------+------
2 4 9 | 3 6 8 | 7 5 1
7 1 8 | 5 2 4 | 6 3 9
5 3 6 | 1 9 7 | 8 4 2
```

603

```
1 9 6 | 7 2 3 | 8 5 4
2 8 5 | 6 1 4 | 9 7 3
4 3 7 | 9 5 8 | 2 6 1
------+-------+------
9 1 8 | 3 7 2 | 6 4 5
5 6 2 | 1 4 9 | 7 3 8
3 7 4 | 5 8 6 | 1 2 9
------+-------+------
6 5 1 | 8 3 7 | 4 9 2
8 2 9 | 4 6 5 | 3 1 7
7 4 3 | 2 9 1 | 5 8 6
```

604

```
1 3 4 | 8 7 5 | 9 6 2
8 5 2 | 6 1 9 | 7 4 3
6 7 9 | 4 2 3 | 8 1 5
------+-------+------
5 4 1 | 9 6 8 | 2 3 7
9 6 7 | 3 5 2 | 1 8 4
2 8 3 | 7 4 1 | 5 9 6
------+-------+------
4 2 6 | 1 9 7 | 3 5 8
3 9 5 | 2 8 4 | 6 7 1
7 1 8 | 5 3 6 | 4 2 9
```

605

```
2 6 8 | 3 7 5 | 4 1 9
5 1 4 | 2 8 9 | 3 6 7
7 9 3 | 4 1 6 | 2 8 5
------+-------+------
1 3 9 | 5 6 7 | 8 2 4
4 7 2 | 8 3 1 | 9 5 6
6 8 5 | 9 4 2 | 7 3 1
------+-------+------
8 5 7 | 6 9 3 | 1 4 2
9 4 6 | 1 2 8 | 5 7 3
3 2 1 | 7 5 4 | 6 9 8
```

606

```
7 2 4 | 9 5 3 | 6 8 1
8 6 9 | 1 7 2 | 4 3 5
5 3 1 | 4 8 6 | 2 7 9
------+-------+------
6 1 7 | 8 3 9 | 5 4 2
2 4 8 | 6 1 5 | 7 9 3
3 9 5 | 2 4 7 | 8 1 6
------+-------+------
4 5 6 | 7 9 1 | 3 2 8
1 7 2 | 3 6 8 | 9 5 4
9 8 3 | 5 2 4 | 1 6 7
```

607

```
5 1 7 | 3 4 9 | 8 2 6
3 8 6 | 7 2 5 | 1 4 9
2 9 4 | 6 8 1 | 3 5 7
------+-------+------
9 2 1 | 4 3 7 | 5 6 8
4 3 5 | 8 1 6 | 9 7 2
7 6 8 | 5 9 2 | 4 3 1
------+-------+------
6 7 3 | 9 5 8 | 2 1 4
8 4 2 | 1 7 3 | 6 9 5
1 5 9 | 2 6 4 | 7 8 3
```

608

```
8 4 3 | 7 9 2 | 5 6 1
7 6 2 | 1 4 5 | 9 8 3
5 1 9 | 6 3 8 | 4 7 2
------+-------+------
4 7 5 | 8 2 1 | 6 3 9
1 9 6 | 3 5 7 | 8 2 4
3 2 8 | 4 6 9 | 7 1 5
------+-------+------
9 8 1 | 5 7 3 | 2 4 6
2 3 4 | 9 8 6 | 1 5 7
6 5 7 | 2 1 4 | 3 9 8
```

609

```
8 3 4 | 9 5 7 | 2 6 1
9 2 6 | 8 4 1 | 7 3 5
5 7 1 | 3 2 6 | 8 4 9
------+-------+------
7 4 3 | 5 1 2 | 6 9 8
2 8 5 | 7 6 9 | 4 1 3
6 1 9 | 4 3 8 | 5 2 7
------+-------+------
1 9 8 | 6 7 4 | 3 5 2
4 5 2 | 1 8 3 | 9 7 6
3 6 7 | 2 9 5 | 1 8 4
```

610

```
5 3 6 | 8 9 7 | 4 2 1
4 7 8 | 2 3 1 | 6 5 9
2 1 9 | 6 4 5 | 7 8 3
------+-------+------
7 9 1 | 4 8 2 | 3 6 5
3 4 2 | 5 7 6 | 9 1 8
6 8 5 | 3 1 9 | 2 4 7
------+-------+------
8 2 4 | 9 5 3 | 1 7 6
9 6 7 | 1 2 8 | 5 3 4
1 5 3 | 7 6 4 | 8 9 2
```

611

```
3 5 9 | 4 1 8 | 7 2 6
2 8 6 | 3 7 9 | 1 4 5
4 7 1 | 6 5 2 | 9 3 8
------+-------+------
6 9 5 | 8 2 1 | 4 7 3
8 2 3 | 7 4 5 | 6 9 1
1 4 7 | 9 3 6 | 8 5 2
------+-------+------
9 6 2 | 5 8 7 | 3 1 4
7 1 4 | 2 6 3 | 5 8 9
5 3 8 | 1 9 4 | 2 6 7
```

612

```
4 8 3 | 2 1 6 | 7 9 5
9 5 6 | 7 4 8 | 2 3 1
1 2 7 | 9 5 3 | 6 4 8
------+-------+------
8 6 2 | 5 7 4 | 3 1 9
7 3 9 | 6 8 1 | 5 2 4
5 1 4 | 3 2 9 | 8 6 7
------+-------+------
2 9 8 | 1 6 5 | 4 7 3
3 7 5 | 4 9 2 | 1 8 6
6 4 1 | 8 3 7 | 9 5 2
```

613

```
5 7 3 | 8 2 4 | 6 9 1
9 4 6 | 5 1 3 | 2 8 7
2 8 1 | 9 6 7 | 3 4 5
------+-------+------
6 2 7 | 3 9 8 | 5 1 4
4 1 8 | 7 5 2 | 9 3 6
3 5 9 | 6 4 1 | 8 7 2
------+-------+------
7 6 2 | 1 3 9 | 4 5 8
8 9 4 | 2 7 5 | 1 6 3
1 3 5 | 4 8 6 | 7 2 9
```

614

```
2 7 6 | 3 8 4 | 5 9 1
4 5 3 | 2 1 9 | 6 7 8
8 1 9 | 5 7 6 | 3 2 4
------+-------+------
1 9 4 | 7 6 3 | 8 5 2
3 2 7 | 8 5 1 | 4 6 9
5 6 8 | 9 4 2 | 7 1 3
------+-------+------
6 3 2 | 4 9 5 | 1 8 7
9 8 5 | 1 3 7 | 2 4 6
7 4 1 | 6 2 8 | 9 3 5
```

615

```
9 3 4 | 5 8 2 | 6 1 7
1 6 8 | 7 9 3 | 4 5 2
2 7 5 | 4 6 1 | 3 8 9
------+-------+------
5 2 9 | 6 3 7 | 8 4 1
7 1 6 | 2 4 8 | 5 9 3
8 4 3 | 1 5 9 | 7 2 6
------+-------+------
6 9 7 | 8 2 5 | 1 3 4
4 5 2 | 3 1 6 | 9 7 8
3 8 1 | 9 7 4 | 2 6 5
```

616

```
9 4 5 | 7 6 3 | 8 2 1
3 1 7 | 5 2 8 | 4 9 6
2 8 6 | 9 4 1 | 7 3 5
------+-------+------
4 7 9 | 1 8 6 | 3 5 2
8 5 2 | 4 3 9 | 1 6 7
6 3 1 | 2 7 5 | 9 8 4
------+-------+------
5 2 8 | 3 1 4 | 6 7 9
1 9 3 | 6 5 7 | 2 4 8
7 6 4 | 8 9 2 | 5 1 3
```

617

```
6 5 4 | 3 1 7 | 9 8 2
2 1 3 | 5 8 9 | 6 4 7
8 7 9 | 2 6 4 | 1 3 5
------+-------+------
5 9 8 | 6 2 1 | 4 7 3
1 4 6 | 8 7 3 | 2 5 9
7 3 2 | 4 9 5 | 8 1 6
------+-------+------
4 8 7 | 9 5 6 | 3 2 1
9 2 1 | 7 3 8 | 5 6 4
3 6 5 | 1 4 2 | 7 9 8
```

618

```
2 6 4 | 7 3 1 | 8 9 5
5 7 3 | 9 6 8 | 4 1 2
1 8 9 | 2 4 5 | 6 7 3
------+-------+------
3 5 7 | 1 2 4 | 9 8 6
9 2 8 | 6 5 7 | 3 4 1
6 4 1 | 3 8 9 | 5 2 7
------+-------+------
7 3 2 | 8 9 6 | 1 5 4
4 9 6 | 5 1 2 | 7 3 8
8 1 5 | 4 7 3 | 2 6 9
```

619

```
2 5 4 | 3 9 6 | 8 7 1
8 9 6 | 1 4 7 | 2 5 3
7 3 1 | 8 5 2 | 9 4 6
------+-------+------
3 8 7 | 5 6 4 | 1 2 9
1 4 5 | 2 3 9 | 7 6 8
9 6 2 | 7 1 8 | 5 3 4
------+-------+------
5 1 9 | 4 2 3 | 6 8 7
4 2 8 | 6 7 1 | 3 9 5
6 7 3 | 9 8 5 | 4 1 2
```

620

```
3 1 7 | 9 6 8 | 4 5 2
6 4 8 | 5 7 2 | 3 9 1
2 5 9 | 1 4 3 | 7 8 6
------+-------+------
1 2 6 | 4 3 5 | 8 7 9
7 9 5 | 8 2 6 | 1 3 4
4 8 3 | 7 1 9 | 6 2 5
------+-------+------
5 7 4 | 3 9 1 | 2 6 8
9 3 2 | 6 8 4 | 5 1 7
8 6 1 | 2 5 7 | 9 4 3
```

621

7	9	8	3	2	4	1	5	6
5	4	2	8	1	6	9	3	7
6	1	3	7	9	5	8	2	4
3	8	7	4	6	9	5	1	2
4	2	5	1	8	3	6	7	9
9	6	1	5	7	2	3	4	8
8	5	9	2	3	7	4	6	1
1	7	4	6	5	8	2	9	3
2	3	6	9	4	1	7	8	5

622

6	3	9	7	2	4	5	1	8
7	5	1	6	8	9	3	2	4
8	2	4	5	3	1	9	7	6
1	6	8	3	9	7	4	5	2
3	4	2	1	5	8	7	6	9
9	7	5	4	6	2	1	8	3
5	9	6	8	1	3	2	4	7
2	1	7	9	4	6	8	3	5
4	8	3	2	7	5	6	9	1

623

8	9	4	5	3	2	6	7	1
1	7	2	9	6	8	5	4	3
6	5	3	7	4	1	9	2	8
3	2	9	1	8	5	4	6	7
7	1	8	4	9	6	3	5	2
4	6	5	2	7	3	8	1	9
5	8	1	3	2	4	7	9	6
9	4	6	8	1	7	2	3	5
2	3	7	6	5	9	1	8	4

624

6	7	5	3	9	4	8	1	2
3	2	1	6	8	5	4	9	7
9	8	4	1	7	2	3	5	6
4	9	6	2	1	3	7	8	5
1	3	7	5	6	8	2	4	9
8	5	2	7	4	9	1	6	3
2	4	9	8	5	7	6	3	1
5	1	3	4	2	6	9	7	8
7	6	8	9	3	1	5	2	4

625

3	1	5	2	4	6	7	9	8
2	7	6	9	5	8	3	1	4
9	4	8	3	7	1	6	2	5
6	5	1	4	9	7	8	3	2
8	2	9	6	3	5	4	7	1
4	3	7	8	1	2	9	5	6
5	6	4	7	2	3	1	8	9
7	9	2	1	8	4	5	6	3
1	8	3	5	6	9	2	4	7

626

2	7	8	4	3	1	6	9	5
3	9	1	5	8	6	4	2	7
4	6	5	2	9	7	8	3	1
9	4	3	6	2	5	7	1	8
6	5	7	9	1	8	2	4	3
1	8	2	7	4	3	5	6	9
8	2	4	1	7	9	3	5	6
7	1	6	3	5	4	9	8	2
5	3	9	8	6	2	1	7	4

627

1	6	4	3	7	9	5	2	8
7	2	8	4	5	6	1	9	3
5	3	9	2	1	8	7	4	6
4	5	3	8	9	1	6	7	2
2	8	1	7	6	4	9	3	5
9	7	6	5	3	2	8	1	4
8	9	7	6	4	3	2	5	1
3	1	2	9	8	5	4	6	7
6	4	5	1	2	7	3	8	9

628

5	8	9	1	7	6	2	3	4
6	2	3	4	8	9	5	1	7
1	7	4	3	5	2	8	9	6
2	4	1	8	3	5	7	6	9
7	6	5	2	9	1	4	8	3
3	9	8	7	6	4	1	5	2
9	3	2	5	4	8	6	7	1
4	5	6	9	1	7	3	2	8
8	1	7	6	2	3	9	4	5

629

3	4	5	7	2	8	1	9	6
1	7	6	4	3	9	2	8	5
9	2	8	1	5	6	7	3	4
7	1	4	2	8	5	3	6	9
5	9	3	6	7	4	8	2	1
8	6	2	9	1	3	5	4	7
4	3	1	8	9	7	6	5	2
2	5	9	3	6	1	4	7	8
6	8	7	5	4	2	9	1	3

630

1	6	4	8	7	2	3	9	5
3	7	2	5	4	9	8	6	1
5	9	8	3	6	1	4	7	2
7	8	6	9	1	5	2	3	4
2	5	1	4	3	7	6	8	9
9	4	3	6	2	8	1	5	7
8	1	9	2	5	3	7	4	6
4	3	7	1	9	6	5	2	8
6	2	5	7	8	4	9	1	3

631

5	8	1	9	3	7	2	6	4
9	6	4	1	2	5	7	8	3
2	3	7	4	8	6	9	1	5
6	2	9	5	4	1	3	7	8
3	7	5	6	9	8	4	2	1
1	4	8	3	7	2	6	5	9
4	5	2	8	6	9	1	3	7
7	1	3	2	5	4	8	9	6
8	9	6	7	1	3	5	4	2

632

4	2	9	7	3	8	1	6	5
1	5	7	2	9	6	4	3	8
8	3	6	1	5	4	2	9	7
3	1	2	4	8	5	9	7	6
5	7	4	6	2	9	8	1	3
9	6	8	3	7	1	5	2	4
7	9	3	8	4	2	6	5	1
6	4	5	9	1	7	3	8	2
2	8	1	5	6	3	7	4	9

633

1	4	5	8	3	9	6	7	2
7	8	3	2	6	5	4	9	1
6	2	9	4	7	1	5	8	3
3	9	6	1	2	4	8	5	7
8	7	1	9	5	3	2	6	4
4	5	2	7	8	6	1	3	9
2	6	7	3	1	8	9	4	5
9	1	8	5	4	7	3	2	6
5	3	4	6	9	2	7	1	8

634

6	2	3	5	9	8	1	4	7
1	5	4	7	3	2	8	9	6
9	8	7	6	4	1	5	3	2
2	7	1	9	6	5	4	8	3
8	3	9	4	2	7	6	1	5
4	6	5	1	8	3	2	7	9
5	4	2	3	1	9	7	6	8
3	1	8	2	7	6	9	5	4
7	9	6	8	5	4	3	2	1

635

9	5	7	6	3	2	8	1	4
4	1	2	8	5	9	3	6	7
6	8	3	4	1	7	5	9	2
7	2	5	3	9	1	4	8	6
1	3	4	2	8	6	9	7	5
8	9	6	5	7	4	2	3	1
5	4	8	7	6	3	1	2	9
3	7	9	1	2	5	6	4	8
2	6	1	9	4	8	7	5	3

636

1	3	2	4	9	5	6	7	8
5	8	4	7	1	6	3	9	2
9	6	7	2	3	8	5	1	4
6	5	9	1	8	4	2	3	7
7	2	8	9	6	3	4	5	1
3	4	1	5	2	7	8	6	9
4	1	6	3	7	2	9	8	5
8	7	5	6	4	9	1	2	3
2	9	3	8	5	1	7	4	6

637

2	1	6	4	9	3	8	7	5
8	7	3	5	6	2	1	4	9
9	5	4	7	8	1	2	6	3
1	3	8	2	4	6	5	9	7
5	4	9	3	1	7	6	8	2
7	6	2	9	5	8	3	1	4
6	9	5	1	3	4	7	2	8
3	8	7	6	2	9	4	5	1
4	2	1	8	7	5	9	3	6

638

8	5	7	4	3	9	6	1	2
6	2	9	8	1	7	3	5	4
3	1	4	6	5	2	9	8	7
4	8	6	1	2	5	7	3	9
1	9	2	3	7	4	5	6	8
5	7	3	9	6	8	2	4	1
9	4	5	7	8	6	1	2	3
7	6	1	2	4	3	8	9	5
2	3	8	5	9	1	4	7	6

639

8	9	6	5	1	4	7	2	3
7	3	5	6	9	2	8	4	1
4	2	1	3	7	8	9	6	5
1	6	8	7	4	3	2	5	9
5	4	2	1	8	9	6	3	7
9	7	3	2	6	5	4	1	8
3	8	9	4	2	1	5	7	6
6	1	4	8	5	7	3	9	2
2	5	7	9	3	6	1	8	4

640

9	4	5	1	3	6	7	2	8
3	7	2	4	5	8	1	6	9
8	1	6	9	7	2	4	3	5
2	9	1	6	8	3	5	7	4
6	5	8	7	1	4	3	9	2
4	3	7	2	9	5	6	8	1
1	8	9	3	4	7	2	5	6
7	6	4	5	2	9	8	1	3
5	2	3	8	6	1	9	4	7

641

9	3	2	1	5	6	8	7	4
8	1	6	4	7	9	2	5	3
4	5	7	8	3	2	6	1	9
7	6	4	5	1	3	9	2	8
3	2	1	7	9	8	5	4	6
5	8	9	6	2	4	7	3	1
2	4	8	3	6	7	1	9	5
6	7	5	9	4	1	3	8	2
1	9	3	2	8	5	4	6	7

642

5	7	1	2	8	4	3	9	6
6	4	9	7	3	5	1	2	8
2	8	3	1	9	6	7	4	5
4	2	5	3	6	1	8	7	9
9	3	7	8	5	2	4	6	1
8	1	6	4	7	9	5	3	2
7	6	8	5	2	3	9	1	4
1	5	2	9	4	7	6	8	3
3	9	4	6	1	8	2	5	7

643

9	7	8	1	4	3	6	2	5
4	5	1	6	2	9	7	8	3
6	2	3	7	5	8	4	1	9
7	4	5	8	3	2	9	6	1
1	3	2	9	6	4	8	5	7
8	6	9	5	1	7	3	4	2
3	8	4	2	9	5	1	7	6
5	1	7	3	8	6	2	9	4
2	9	6	4	7	1	5	3	8

644

2	6	7	9	1	4	3	5	8
4	1	5	3	8	2	6	7	9
8	3	9	5	6	7	1	2	4
5	2	6	7	9	1	8	4	3
3	7	8	4	5	6	9	1	2
9	4	1	2	3	8	5	6	7
6	5	2	8	7	3	4	9	1
1	8	4	6	2	9	7	3	5
7	9	3	1	4	5	2	8	6

645

6	3	9	7	2	8	5	4	1
5	8	1	4	9	6	3	2	7
2	4	7	1	5	3	8	6	9
3	7	6	8	1	5	2	9	4
9	2	8	3	6	4	7	1	5
4	1	5	9	7	2	6	3	8
7	6	4	2	8	9	1	5	3
1	9	2	5	3	7	4	8	6
8	5	3	6	4	1	9	7	2

646

7	9	8	1	5	6	2	3	4
5	1	2	3	9	4	8	6	7
4	6	3	8	2	7	9	1	5
1	2	7	6	4	5	3	9	8
3	8	4	9	1	2	7	5	6
6	5	9	7	8	3	4	2	1
8	4	1	2	6	9	5	7	3
9	3	6	5	7	8	1	4	2
2	7	5	4	3	1	6	8	9

647

9	8	4	1	7	2	3	5	6
7	1	3	6	8	5	9	2	4
2	6	5	9	4	3	1	7	8
4	9	1	3	2	8	5	6	7
5	2	6	7	9	4	8	3	1
3	7	8	5	1	6	4	9	2
6	4	7	8	3	9	2	1	5
1	3	2	4	5	7	6	8	9
8	5	9	2	6	1	7	4	3

648

2	9	8	1	6	5	4	3	7
7	4	1	2	3	9	5	8	6
3	6	5	8	4	7	2	9	1
8	2	9	4	7	1	6	5	3
1	3	4	9	5	6	8	7	2
6	5	7	3	2	8	9	1	4
9	8	6	7	1	2	3	4	5
5	1	3	6	9	4	7	2	8
4	7	2	5	8	3	1	6	9

649

4	1	6	8	2	5	7	9	3
5	2	8	9	7	3	1	6	4
7	9	3	4	1	6	5	2	8
8	7	1	6	3	4	9	5	2
2	3	4	1	5	9	6	8	7
6	5	9	2	8	7	4	3	1
9	6	2	3	4	1	8	7	5
3	4	7	5	9	8	2	1	6
1	8	5	7	6	2	3	4	9

650

5	8	7	6	1	3	9	2	4
2	9	6	4	8	5	7	1	3
3	1	4	9	2	7	5	6	8
1	5	3	7	9	6	8	4	2
8	7	2	1	5	4	6	3	9
6	4	9	8	3	2	1	7	5
7	2	1	5	4	8	3	9	6
9	3	5	2	6	1	4	8	7
4	6	8	3	7	9	2	5	1

651

6	9	1	4	8	7	3	5	2
2	7	3	6	9	5	8	4	1
4	5	8	1	2	3	6	9	7
5	8	6	2	1	9	4	7	3
7	4	9	3	6	8	1	2	5
3	1	2	7	5	4	9	8	6
9	6	5	8	3	2	7	1	4
8	3	4	5	7	1	2	6	9
1	2	7	9	4	6	5	3	8

652

9	1	4	6	7	8	2	5	3
7	2	8	3	1	5	9	6	4
6	5	3	2	9	4	7	1	8
5	9	2	4	8	1	3	7	6
8	3	1	7	6	2	5	4	9
4	7	6	9	5	3	8	2	1
2	8	9	5	4	6	1	3	7
3	4	7	1	2	9	6	8	5
1	6	5	8	3	7	4	9	2

653

2	4	6	1	9	5	8	3	7
1	7	3	4	6	8	9	2	5
9	8	5	3	2	7	4	1	6
5	9	7	2	1	4	6	8	3
8	1	2	7	3	6	5	4	9
3	6	4	5	8	9	2	7	1
6	2	9	8	7	1	3	5	4
7	5	8	9	4	3	1	6	2
4	3	1	6	5	2	7	9	8

654

1	8	3	9	7	4	2	5	6
4	2	7	6	5	1	8	9	3
5	9	6	2	8	3	1	7	4
3	6	1	7	4	5	9	2	8
9	5	8	3	2	6	4	1	7
7	4	2	1	9	8	3	6	5
6	3	4	5	1	2	7	8	9
8	1	9	4	6	7	5	3	2
2	7	5	8	3	9	6	4	1

655

5	4	6	9	7	8	1	3	2
1	8	7	5	2	3	4	9	6
2	9	3	1	6	4	5	7	8
6	7	2	8	5	1	3	4	9
8	5	9	4	3	6	7	2	1
3	1	4	2	9	7	8	6	5
4	3	5	6	8	2	9	1	7
7	2	8	3	1	9	6	5	4
9	6	1	7	4	5	2	8	3

656

6	4	8	2	5	9	7	3	1
1	5	7	8	3	6	4	2	9
9	3	2	4	1	7	5	6	8
4	6	5	9	2	3	8	1	7
3	2	1	7	8	5	6	9	4
7	8	9	6	4	1	3	5	2
5	7	3	1	9	4	2	8	6
8	1	6	3	7	2	9	4	5
2	9	4	5	6	8	1	7	3

657

4	6	9	3	7	1	2	5	8
7	8	2	9	5	6	3	1	4
1	5	3	8	4	2	9	7	6
9	2	7	1	8	3	4	6	5
3	4	8	7	6	5	1	9	2
6	1	5	4	2	9	8	3	7
2	7	1	5	3	4	6	8	9
8	3	6	2	9	7	5	4	1
5	9	4	6	1	8	7	2	3

658

6	9	1	5	8	4	3	7	2
5	4	2	7	3	9	1	6	8
7	8	3	2	1	6	9	4	5
3	6	4	1	9	5	8	2	7
8	5	7	3	4	2	6	1	9
2	1	9	8	6	7	4	5	3
9	2	8	6	5	1	7	3	4
4	7	6	9	2	3	5	8	1
1	3	5	4	7	8	2	9	6

659

2	8	4	5	6	9	7	1	3
7	5	6	3	1	8	4	9	2
9	1	3	2	7	4	6	5	8
3	4	5	7	9	1	8	2	6
8	9	1	6	3	2	5	4	7
6	2	7	8	4	5	9	3	1
1	6	2	4	5	7	3	8	9
5	7	8	9	2	3	1	6	4
4	3	9	1	8	6	2	7	5

660

6	2	1	3	9	7	5	8	4
7	8	4	5	6	1	9	3	2
3	5	9	4	2	8	6	7	1
4	1	6	8	7	2	3	9	5
5	9	7	6	3	4	2	1	8
2	3	8	1	5	9	7	4	6
9	4	3	2	8	5	1	6	7
8	7	2	9	1	6	4	5	3
1	6	5	7	4	3	8	2	9

661
6	9	3	5	2	4	8	1	7
2	7	4	8	9	1	3	5	6
1	8	5	7	6	3	2	4	9
8	6	1	3	7	9	5	2	4
9	4	2	6	8	5	7	3	1
3	5	7	1	4	2	6	9	8
7	2	9	4	5	6	1	8	3
5	1	8	9	3	7	4	6	2
4	3	6	2	1	8	9	7	5

662
3	9	1	2	4	7	5	8	6
5	8	7	9	6	3	1	2	4
6	4	2	5	1	8	7	9	3
1	2	3	4	7	5	8	6	9
8	7	6	1	3	9	4	5	2
4	5	9	6	8	2	3	7	1
9	1	4	8	5	6	2	3	7
2	3	8	7	9	1	6	4	5
7	6	5	3	2	4	9	1	8

663
3	9	1	7	8	2	4	5	6
2	5	4	6	3	9	7	8	1
7	6	8	5	1	4	2	3	9
1	4	3	2	6	5	8	9	7
9	8	2	3	7	1	6	4	5
5	7	6	9	4	8	3	1	2
4	2	5	8	9	7	1	6	3
6	1	9	4	2	3	5	7	8
8	3	7	1	5	6	9	2	4

664
1	3	8	5	2	6	9	7	4
9	6	7	4	8	3	1	2	5
2	5	4	7	9	1	6	3	8
5	9	3	6	1	8	2	4	7
7	1	6	2	5	4	3	8	9
4	8	2	3	7	9	5	1	6
8	4	5	9	3	2	7	6	1
3	7	1	8	6	5	4	9	2
6	2	9	1	4	7	8	5	3

665
7	9	6	8	5	1	2	4	3
4	3	5	7	2	9	6	8	1
2	1	8	3	6	4	5	7	9
8	7	2	9	1	6	4	3	5
9	5	1	4	8	3	7	6	2
3	6	4	5	7	2	1	9	8
6	8	3	2	4	5	9	1	7
5	4	9	1	3	7	8	2	6
1	2	7	6	9	8	3	5	4

666
8	2	9	6	7	4	3	5	1
5	6	4	2	1	3	8	9	7
7	3	1	8	9	5	4	6	2
2	9	7	5	3	6	1	8	4
1	5	8	7	4	9	6	2	3
3	4	6	1	2	8	9	7	5
6	1	2	3	8	7	5	4	9
9	7	5	4	6	1	2	3	8
4	8	3	9	5	2	7	1	6

667
6	1	4	3	5	9	8	2	7
3	9	7	2	4	8	5	6	1
2	8	5	7	6	1	4	3	9
4	5	8	9	7	2	3	1	6
9	2	3	5	1	6	7	4	8
1	7	6	4	8	3	2	9	5
8	4	9	1	3	5	6	7	2
5	3	2	6	9	7	1	8	4
7	6	1	8	2	4	9	5	3

668
2	6	8	7	5	3	9	4	1
7	1	4	9	2	8	5	6	3
3	5	9	6	1	4	2	8	7
6	2	1	5	4	7	8	3	9
8	3	7	1	9	6	4	5	2
9	4	5	3	8	2	1	7	6
1	7	2	4	3	5	6	9	8
5	9	3	8	6	1	7	2	4
4	8	6	2	7	9	3	1	5

669
7	5	6	9	1	8	4	3	2
9	2	1	3	7	4	6	5	8
3	4	8	5	2	6	1	9	7
4	1	3	2	6	7	5	8	9
2	7	9	8	5	1	3	6	4
8	6	5	4	9	3	2	7	1
6	9	7	1	4	5	8	2	3
1	8	2	6	3	9	7	4	5
5	3	4	7	8	2	9	1	6

670
9	3	8	6	4	2	5	7	1
4	1	5	9	3	7	6	2	8
7	6	2	5	1	8	9	4	3
8	7	1	4	6	5	2	3	9
5	2	9	3	7	1	4	8	6
6	4	3	8	2	9	1	5	7
1	8	6	7	5	4	3	9	2
2	9	4	1	8	3	7	6	5
3	5	7	2	9	6	8	1	4

671
9	7	2	8	4	5	3	1	6
8	5	3	1	6	2	4	9	7
6	4	1	7	9	3	8	2	5
3	6	4	5	7	1	2	8	9
1	2	5	9	8	6	7	4	3
7	9	8	2	3	4	5	6	1
5	1	7	4	2	9	6	3	8
2	3	9	6	5	8	1	7	4
4	8	6	3	1	7	9	5	2

672
2	8	3	9	7	1	6	4	5
1	7	6	8	4	5	3	2	9
5	4	9	2	6	3	1	8	7
8	3	1	4	9	7	5	6	2
7	9	2	5	1	6	4	3	8
6	5	4	3	8	2	7	9	1
4	6	5	7	2	9	8	1	3
3	2	8	1	5	4	9	7	6
9	1	7	6	3	8	2	5	4

673
8	6	1	4	2	3	9	7	5
3	7	4	5	9	6	8	1	2
9	2	5	7	8	1	4	3	6
1	4	9	2	6	8	7	5	3
2	3	6	9	5	7	1	8	4
7	5	8	3	1	4	6	2	9
5	8	3	6	7	9	2	4	1
4	9	7	1	3	2	5	6	8
6	1	2	8	4	5	3	9	7

674
2	8	6	5	4	3	9	1	7
9	1	3	7	6	8	4	2	5
7	5	4	2	1	9	3	8	6
3	7	2	8	5	4	6	9	1
8	4	5	6	9	1	7	3	2
6	9	1	3	2	7	8	5	4
1	6	7	9	8	5	2	4	3
5	3	9	4	7	2	1	6	8
4	2	8	1	3	6	5	7	9

675
4	1	7	3	5	9	8	6	2
2	6	9	8	7	1	4	3	5
8	5	3	2	4	6	1	7	9
6	3	4	7	9	2	5	8	1
9	8	5	1	6	4	3	2	7
7	2	1	5	8	3	9	4	6
1	4	2	9	3	7	6	5	8
3	9	8	6	2	5	7	1	4
5	7	6	4	1	8	2	9	3

676
2	7	5	1	3	4	6	8	9
4	3	9	5	6	8	7	2	1
6	8	1	2	9	7	4	5	3
5	4	8	7	2	9	1	3	6
1	6	7	3	4	5	8	9	2
9	2	3	6	8	1	5	4	7
8	1	2	9	5	6	3	7	4
3	5	6	4	7	2	9	1	8
7	9	4	8	1	3	2	6	5

677
1	7	5	3	6	8	9	2	4
2	9	6	5	4	7	8	3	1
3	8	4	1	9	2	5	6	7
7	6	2	8	1	9	4	5	3
5	4	8	2	3	6	7	1	9
9	1	3	7	5	4	2	8	6
4	5	9	6	2	1	3	7	8
6	3	7	9	8	5	1	4	2
8	2	1	4	7	3	6	9	5

678
2	7	6	1	9	3	4	5	8
9	8	5	7	4	6	1	3	2
4	1	3	5	2	8	6	9	7
6	2	4	3	7	9	5	8	1
7	9	8	6	1	5	3	2	4
3	5	1	2	8	4	9	7	6
5	3	2	4	6	7	8	1	9
8	4	7	9	3	1	2	6	5
1	6	9	8	5	2	7	4	3

679
3	2	6	7	4	1	9	5	8
4	9	7	8	5	3	1	2	6
1	8	5	2	6	9	7	3	4
8	7	1	9	2	4	5	6	3
2	5	3	1	7	6	4	8	9
6	4	9	3	8	5	2	7	1
7	6	4	5	9	8	3	1	2
9	3	2	6	1	7	8	4	5
5	1	8	4	3	2	6	9	7

680
8	5	9	2	6	7	4	1	3
6	4	7	8	1	3	9	5	2
1	2	3	4	5	9	6	7	8
2	8	4	1	9	5	7	3	6
7	9	1	3	8	6	2	4	5
3	6	5	7	4	2	1	8	9
5	1	8	6	2	4	3	9	7
4	3	6	9	7	8	5	2	1
9	7	2	5	3	1	8	6	4

681

2	4	3	9	5	6	8	1	7
5	9	1	4	7	8	2	6	3
7	8	6	3	2	1	9	4	5
6	5	9	1	8	4	3	7	2
8	7	4	2	3	5	6	9	1
1	3	2	7	6	9	4	5	8
9	6	8	5	1	3	7	2	4
4	2	5	8	9	7	1	3	6
3	1	7	6	4	2	5	8	9

682

1	5	3	2	8	9	4	7	6
7	8	6	1	3	4	9	5	2
4	9	2	6	5	7	1	3	8
6	1	9	3	4	2	7	8	5
5	2	7	8	1	6	3	9	4
3	4	8	9	7	5	2	6	1
2	6	5	7	9	1	8	4	3
9	3	1	4	6	8	5	2	7
8	7	4	5	2	3	6	1	9

683

9	1	3	7	2	5	4	8	6
7	8	2	6	4	9	1	3	5
4	5	6	3	1	8	7	2	9
3	4	5	8	7	1	6	9	2
2	7	8	9	6	3	5	1	4
1	6	9	4	5	2	3	7	8
5	3	4	2	9	7	8	6	1
8	2	1	5	3	6	9	4	7
6	9	7	1	8	4	2	5	3

684

1	6	7	8	9	3	2	5	4
9	4	2	7	1	5	6	3	8
3	8	5	2	6	4	9	1	7
6	3	8	9	7	1	5	4	2
5	9	1	4	3	2	7	8	6
7	2	4	5	8	6	3	9	1
2	1	9	6	5	8	4	7	3
4	7	3	1	2	9	8	6	5
8	5	6	3	4	7	1	2	9

685

1	9	6	4	3	5	8	7	2
4	3	5	8	7	2	6	1	9
7	2	8	6	9	1	3	5	4
2	7	4	5	1	3	9	6	8
5	6	9	2	4	8	7	3	1
8	1	3	7	6	9	2	4	5
9	4	1	3	8	6	5	2	7
6	8	2	1	5	7	4	9	3
3	5	7	9	2	4	1	8	6

686

7	2	9	1	8	4	5	6	3
1	6	5	2	9	3	4	7	8
3	8	4	6	5	7	2	9	1
6	1	8	7	3	5	9	4	2
2	9	3	4	6	8	7	1	5
5	4	7	9	1	2	8	3	6
9	5	2	3	7	1	6	8	4
4	7	1	8	2	6	3	5	9
8	3	6	5	4	9	1	2	7

687

6	5	9	2	8	4	7	3	1
1	7	2	3	9	5	4	6	8
3	8	4	7	1	6	9	5	2
7	6	8	1	2	9	5	4	3
9	3	1	4	5	8	2	7	6
2	4	5	6	3	7	1	8	9
5	1	6	9	4	3	8	2	7
8	9	7	5	6	2	3	1	4
4	2	3	8	7	1	6	9	5

688

4	8	2	9	1	6	7	3	5
3	9	6	4	7	5	2	1	8
1	7	5	8	2	3	9	4	6
7	4	1	2	6	8	3	5	9
9	5	3	7	4	1	8	6	2
2	6	8	5	3	9	4	7	1
6	2	9	3	5	4	1	8	7
8	1	4	6	9	7	5	2	3
5	3	7	1	8	2	6	9	4

689

9	7	8	1	2	4	6	5	3
3	1	6	7	8	5	2	4	9
5	4	2	9	3	6	7	8	1
8	9	1	4	5	2	3	7	6
7	2	3	8	6	1	4	9	5
6	5	4	3	7	9	1	2	8
2	8	7	5	1	3	9	6	4
4	3	5	6	9	7	8	1	2
1	6	9	2	4	8	5	3	7

690

5	2	7	9	1	8	3	6	4
4	9	1	6	5	3	2	8	7
3	8	6	7	4	2	5	1	9
2	6	8	5	7	1	4	9	3
1	7	5	4	3	9	6	2	8
9	3	4	2	8	6	1	7	5
8	5	9	1	6	4	7	3	2
6	4	3	8	2	7	9	5	1
7	1	2	3	9	5	8	4	6

691

5	2	9	7	8	1	4	3	6
7	4	3	5	9	6	1	8	2
8	1	6	2	3	4	5	7	9
1	9	5	4	2	7	8	6	3
2	3	4	8	6	5	7	9	1
6	8	7	3	1	9	2	4	5
3	7	1	6	5	8	9	2	4
4	5	2	9	7	3	6	1	8
9	6	8	1	4	2	3	5	7

692

4	3	8	7	2	1	9	5	6
6	1	5	4	9	8	7	3	2
9	2	7	5	3	6	4	1	8
7	4	3	1	6	2	8	9	5
2	9	1	3	8	5	6	4	7
8	5	6	9	7	4	3	2	1
3	8	4	2	5	7	1	6	9
1	7	2	6	4	9	5	8	3
5	6	9	8	1	3	2	7	4

693

1	7	4	9	6	8	2	3	5
6	3	5	1	7	2	9	4	8
8	9	2	5	3	4	6	7	1
9	4	1	8	5	6	7	2	3
3	6	8	2	4	7	1	5	9
2	5	7	3	1	9	8	6	4
5	8	9	6	2	3	4	1	7
7	1	6	4	8	5	3	9	2
4	2	3	7	9	1	5	8	6

694

4	2	9	6	3	1	7	8	5
6	8	7	4	5	2	3	9	1
1	3	5	9	8	7	2	6	4
9	5	8	2	1	3	6	4	7
3	6	1	7	9	4	5	2	8
7	4	2	8	6	5	1	3	9
8	7	3	1	2	9	4	5	6
2	9	4	5	7	6	8	1	3
5	1	6	3	4	8	9	7	2

695

4	3	7	9	6	5	8	2	1
1	2	6	4	7	8	3	5	9
9	8	5	2	3	1	4	6	7
3	5	9	7	4	6	2	1	8
6	4	8	1	5	2	7	9	3
7	1	2	3	8	9	6	4	5
5	6	1	8	2	3	9	7	4
8	9	4	6	1	7	5	3	2
2	7	3	5	9	4	1	8	6

696

3	6	8	2	9	4	1	5	7
4	5	9	8	7	1	3	6	2
7	1	2	3	5	6	8	4	9
9	3	7	1	6	5	4	2	8
8	4	1	7	2	9	6	3	5
5	2	6	4	8	3	9	7	1
6	7	4	9	1	2	5	8	3
1	8	5	6	3	7	2	9	4
2	9	3	5	4	8	7	1	6

697

5	8	3	1	2	6	9	4	7
7	6	9	3	4	5	2	8	1
4	1	2	8	9	7	6	5	3
1	3	5	2	6	8	4	7	9
2	4	8	7	3	9	1	6	5
6	9	7	5	1	4	8	3	2
8	5	6	9	7	2	3	1	4
3	2	4	6	5	1	7	9	8
9	7	1	4	8	3	5	2	6

698

8	4	5	2	9	3	7	1	6
2	7	6	1	8	5	9	4	3
3	1	9	6	4	7	2	8	5
1	8	3	5	7	9	6	2	4
6	5	4	3	2	1	8	7	9
9	2	7	4	6	8	5	3	1
4	9	1	7	5	2	3	6	8
7	3	8	9	1	6	4	5	2
5	6	2	8	3	4	1	9	7

699

3	1	9	2	5	8	4	6	7
2	4	7	6	9	1	5	3	8
8	5	6	4	7	3	1	9	2
4	7	8	3	1	9	6	2	5
6	9	3	5	2	4	8	7	1
1	2	5	7	8	6	9	4	3
5	6	2	8	4	7	3	1	9
9	8	4	1	3	2	7	5	6
7	3	1	9	6	5	2	8	4

700

8	2	1	3	6	5	7	9	4
3	6	7	9	4	2	1	5	8
9	5	4	8	1	7	2	3	6
2	7	5	4	9	8	6	1	3
4	1	8	2	3	6	5	7	9
6	3	9	5	7	1	8	4	2
1	4	2	7	8	3	9	6	5
5	9	6	1	2	4	3	8	7
7	8	3	6	5	9	4	2	1

701

5	9	3	2	8	1	4	6	7
6	2	4	7	9	5	8	3	1
7	1	8	3	6	4	2	9	5
8	7	5	1	4	6	9	2	3
4	3	2	5	7	9	6	1	8
1	6	9	8	2	3	5	7	4
9	5	6	4	1	7	3	8	2
2	4	1	9	3	8	7	5	6
3	8	7	6	5	2	1	4	9

702

1	7	9	8	5	6	4	3	2
3	6	2	9	1	4	8	7	5
5	8	4	3	2	7	9	1	6
4	1	3	5	9	2	6	8	7
6	2	7	1	4	8	5	9	3
9	5	8	7	6	3	1	2	4
7	9	6	2	8	5	3	4	1
2	4	1	6	3	9	7	5	8
8	3	5	4	7	1	2	6	9

703

8	6	7	1	3	2	5	4	9
9	2	3	4	6	5	8	7	1
5	1	4	8	7	9	6	2	3
7	3	9	6	5	8	4	1	2
1	5	8	2	9	4	3	6	7
2	4	6	3	1	7	9	5	8
4	8	5	9	2	1	7	3	6
3	7	2	5	8	6	1	9	4
6	9	1	7	4	3	2	8	5

704

6	3	4	9	8	2	5	1	7
9	1	7	5	4	6	2	3	8
2	8	5	3	1	7	9	6	4
5	7	1	4	2	3	6	8	9
8	6	3	7	9	5	4	2	1
4	9	2	1	6	8	7	5	3
1	5	9	2	3	4	8	7	6
3	2	8	6	7	9	1	4	5
7	4	6	8	5	1	3	9	2

705

6	7	9	3	2	4	5	8	1
4	3	5	6	1	8	7	2	9
1	8	2	7	5	9	3	4	6
9	2	1	4	3	7	8	6	5
3	6	4	9	8	5	1	7	2
7	5	8	1	6	2	4	9	3
8	9	6	5	4	1	2	3	7
2	1	7	8	9	3	6	5	4
5	4	3	2	7	6	9	1	8

706

9	7	4	6	1	3	5	8	2
2	8	6	4	7	5	3	1	9
5	3	1	9	8	2	7	4	6
7	4	5	1	3	6	2	9	8
6	9	8	5	2	7	1	3	4
3	1	2	8	4	9	6	5	7
8	5	9	2	6	1	4	7	3
1	2	3	7	9	4	8	6	5
4	6	7	3	5	8	9	2	1

707

3	4	2	1	9	7	6	8	5
6	9	8	5	4	3	1	2	7
7	5	1	6	8	2	9	3	4
1	8	6	3	7	5	4	9	2
4	3	5	8	2	9	7	1	6
9	2	7	4	6	1	3	5	8
2	6	9	7	3	8	5	4	1
8	1	4	9	5	6	2	7	3
5	7	3	2	1	4	8	6	9

708

2	8	9	4	3	5	7	6	1
5	1	6	7	8	2	3	4	9
3	4	7	1	9	6	5	2	8
6	9	8	3	5	7	4	1	2
1	3	2	8	6	4	9	5	7
4	7	5	9	2	1	8	3	6
8	2	4	6	7	3	1	9	5
7	6	1	5	4	9	2	8	3
9	5	3	2	1	8	6	7	4

709

1	6	9	4	5	2	8	7	3
5	8	3	9	1	7	2	6	4
4	2	7	6	8	3	5	1	9
6	5	1	2	9	4	3	8	7
3	9	8	7	6	5	1	4	2
2	7	4	8	3	1	9	5	6
8	4	2	5	7	9	6	3	1
7	1	6	3	2	8	4	9	5
9	3	5	1	4	6	7	2	8

710

5	8	1	6	3	9	7	2	4
7	2	6	4	1	5	3	9	8
9	4	3	2	8	7	6	5	1
1	9	5	7	6	4	2	8	3
3	6	4	9	2	8	5	1	7
2	7	8	1	5	3	9	4	6
4	1	9	5	7	6	8	3	2
8	5	7	3	4	2	1	6	9
6	3	2	8	9	1	4	7	5

711

1	3	2	8	6	7	5	4	9
8	4	7	2	5	9	3	1	6
9	5	6	4	1	3	8	7	2
2	7	1	6	9	8	4	5	3
3	8	5	7	2	4	6	9	1
4	6	9	5	3	1	2	8	7
7	1	8	3	4	2	9	6	5
5	2	4	9	7	6	1	3	8
6	9	3	1	8	5	7	2	4

712

6	8	2	5	1	9	7	4	3
9	1	7	4	3	6	8	2	5
4	5	3	2	8	7	9	6	1
8	9	4	6	2	3	5	1	7
5	3	6	7	9	1	2	8	4
7	2	1	8	5	4	3	9	6
3	6	9	1	7	2	4	5	8
2	4	8	3	6	5	1	7	9
1	7	5	9	4	8	6	3	2

713

2	1	8	4	7	5	6	3	9
9	7	4	1	3	6	8	2	5
3	6	5	8	2	9	7	1	4
8	3	2	9	1	4	5	7	6
7	4	6	5	8	2	1	9	3
1	5	9	3	6	7	2	4	8
5	9	1	7	4	8	3	6	2
4	2	7	6	5	3	9	8	1
6	8	3	2	9	1	4	5	7

714

7	4	8	3	6	2	5	1	9
6	2	5	4	9	1	3	8	7
3	1	9	7	8	5	6	4	2
8	7	4	2	5	6	1	9	3
2	9	1	8	3	4	7	6	5
5	3	6	1	7	9	8	2	4
9	5	3	6	4	8	2	7	1
1	6	7	9	2	3	4	5	8
4	8	2	5	1	7	9	3	6

715

4	1	8	7	5	9	6	3	2
7	3	9	4	2	6	5	8	1
5	2	6	8	1	3	9	7	4
3	4	5	1	9	2	7	6	8
1	9	7	6	8	4	3	2	5
6	8	2	5	3	7	4	1	9
9	5	3	2	7	1	8	4	6
2	7	4	9	6	8	1	5	3
8	6	1	3	4	5	2	9	7

716

4	6	1	8	5	3	2	9	7
5	3	7	2	9	1	6	4	8
2	8	9	7	6	4	1	3	5
7	2	6	3	1	9	5	8	4
1	9	8	4	7	5	3	6	2
3	4	5	6	8	2	9	7	1
9	7	3	1	2	8	4	5	6
6	5	2	9	4	7	8	1	3
8	1	4	5	3	6	7	2	9

717

7	5	9	6	1	8	2	3	4
1	8	4	2	5	3	9	7	6
2	3	6	9	4	7	1	8	5
8	6	1	4	3	9	7	5	2
5	4	7	1	2	6	8	9	3
9	2	3	7	8	5	6	4	1
4	1	8	5	9	2	3	6	7
6	9	5	3	7	1	4	2	8
3	7	2	8	6	4	5	1	9

718

1	9	7	2	5	8	6	4	3
8	4	6	7	3	9	2	5	1
2	5	3	6	4	1	9	7	8
9	6	4	1	7	5	3	8	2
5	8	1	3	2	6	4	9	7
7	3	2	9	8	4	5	1	6
6	7	8	5	9	3	1	2	4
3	2	9	4	1	7	8	6	5
4	1	5	8	6	2	7	3	9

719

1	4	3	6	5	9	2	7	8
5	2	8	7	4	3	6	1	9
6	7	9	2	1	8	5	4	3
8	5	2	4	9	1	3	6	7
3	6	4	8	7	2	1	9	5
9	1	7	5	3	6	4	8	2
2	9	5	1	8	4	7	3	6
7	8	1	3	6	5	9	2	4
4	3	6	9	2	7	8	5	1

720

8	7	4	1	2	5	9	3	6
6	1	5	4	3	9	7	2	8
9	2	3	6	8	7	4	5	1
2	6	7	8	5	1	3	9	4
3	9	1	7	4	6	5	8	2
5	4	8	2	9	3	1	6	7
7	8	9	5	6	4	2	1	3
4	5	6	3	1	2	8	7	9
1	3	2	9	7	8	6	4	5

721

7	9	3	1	4	8	6	2	5
8	5	1	7	6	2	9	3	4
6	4	2	3	5	9	1	8	7
9	2	6	8	3	4	5	7	1
4	1	7	2	9	5	3	6	8
5	3	8	6	7	1	2	4	9
3	6	5	9	8	7	4	1	2
2	7	9	4	1	6	8	5	3
1	8	4	5	2	3	7	9	6

722

3	7	1	9	5	6	8	4	2
8	6	2	4	7	3	5	1	9
5	4	9	8	2	1	6	3	7
6	1	7	2	3	8	4	9	5
4	8	3	5	1	9	7	2	6
2	9	5	6	4	7	3	8	1
9	3	4	1	6	5	2	7	8
7	5	8	3	9	2	1	6	4
1	2	6	7	8	4	9	5	3

723

9	6	3	1	7	2	5	4	8
5	1	4	6	3	8	2	9	7
7	8	2	9	5	4	1	3	6
8	3	9	5	1	6	4	7	2
4	5	1	7	2	3	8	6	9
2	7	6	8	4	9	3	1	5
6	4	5	2	9	1	7	8	3
3	2	8	4	6	7	9	5	1
1	9	7	3	8	5	6	2	4

724

3	1	8	6	7	9	4	5	2
9	2	5	3	4	8	7	1	6
4	6	7	2	1	5	8	3	9
8	4	2	5	9	1	6	7	3
7	3	9	8	2	6	5	4	1
1	5	6	7	3	4	9	2	8
6	7	1	9	5	2	3	8	4
2	9	3	4	8	7	1	6	5
5	8	4	1	6	3	2	9	7

725

9	3	2	4	5	7	8	6	1
6	4	5	8	1	2	7	3	9
8	7	1	6	9	3	2	5	4
7	6	3	5	2	9	1	4	8
4	1	9	7	3	8	5	2	6
2	5	8	1	4	6	9	7	3
1	8	7	3	6	5	4	9	2
5	9	6	2	8	4	3	1	7
3	2	4	9	7	1	6	8	5

726

8	5	6	1	2	3	9	7	4
3	2	4	8	9	7	5	6	1
7	1	9	6	4	5	3	2	8
9	6	1	2	5	8	4	3	7
5	4	7	3	1	6	8	9	2
2	8	3	9	7	4	1	5	6
6	3	2	4	8	9	7	1	5
4	9	5	7	6	1	2	8	3
1	7	8	5	3	2	6	4	9

727

1	8	6	7	4	9	5	3	2
5	4	2	6	8	3	9	7	1
9	3	7	2	5	1	6	8	4
4	7	5	1	9	8	2	6	3
3	1	8	5	2	6	4	9	7
2	6	9	4	3	7	8	1	5
6	5	3	9	7	4	1	2	8
7	2	1	8	6	5	3	4	9
8	9	4	3	1	2	7	5	6

728

8	1	6	7	3	4	2	5	9
3	5	4	6	9	2	8	1	7
2	9	7	5	1	8	6	4	3
6	3	8	1	7	9	4	2	5
7	4	9	2	8	5	3	6	1
5	2	1	4	6	3	7	9	8
9	7	5	3	4	6	1	8	2
1	6	2	8	5	7	9	3	4
4	8	3	9	2	1	5	7	6

729

1	9	3	5	6	7	4	8	2
5	4	8	9	1	2	3	7	6
2	6	7	3	4	8	5	9	1
6	7	5	4	8	3	1	2	9
9	8	2	1	5	6	7	4	3
4	3	1	2	7	9	8	6	5
7	1	4	6	2	5	9	3	8
3	5	6	8	9	4	2	1	7
8	2	9	7	3	1	6	5	4

730

5	6	2	7	1	9	8	3	4
4	3	9	6	5	8	2	7	1
7	8	1	4	3	2	9	5	6
9	5	3	1	8	7	6	4	2
1	2	4	5	9	6	3	8	7
6	7	8	3	2	4	1	9	5
3	1	6	9	7	5	4	2	8
8	9	7	2	4	1	5	6	3
2	4	5	8	6	3	7	1	9

731

7	5	3	4	2	1	8	6	9
4	1	2	9	8	6	7	5	3
8	9	6	7	5	3	1	2	4
6	8	5	3	9	2	4	1	7
3	2	4	8	1	7	6	9	5
1	7	9	6	4	5	3	8	2
2	3	1	5	7	8	9	4	6
5	4	7	1	6	9	2	3	8
9	6	8	2	3	4	5	7	1

732

1	8	4	2	3	7	5	6	9
3	9	2	5	6	4	1	8	7
5	7	6	8	9	1	2	3	4
4	5	9	6	1	3	7	2	8
7	2	8	4	5	9	3	1	6
6	3	1	7	8	2	9	4	5
8	1	3	9	4	5	6	7	2
9	4	7	1	2	6	8	5	3
2	6	5	3	7	8	4	9	1

733

9	6	3	1	8	2	5	4	7
8	4	1	5	3	7	6	2	9
7	2	5	6	9	4	8	1	3
5	7	6	2	4	8	9	3	1
3	8	2	9	7	1	4	5	6
1	9	4	3	5	6	7	8	2
4	3	7	8	2	9	1	6	5
2	1	9	4	6	5	3	7	8
6	5	8	7	1	3	2	9	4

734

5	4	2	7	3	6	9	1	8
1	8	6	9	2	5	7	3	4
9	7	3	4	1	8	2	5	6
3	1	4	5	7	9	8	6	2
8	6	9	2	4	3	1	7	5
2	5	7	8	6	1	3	4	9
4	2	1	6	9	7	5	8	3
6	3	5	1	8	2	4	9	7
7	9	8	3	5	4	6	2	1

735

2	7	1	3	6	4	5	9	8
4	3	5	9	8	7	2	6	1
6	8	9	5	1	2	7	3	4
3	6	2	1	9	8	4	7	5
1	5	8	7	4	3	9	2	6
7	9	4	6	2	5	8	1	3
9	4	3	8	7	1	6	5	2
8	1	6	2	5	9	3	4	7
5	2	7	4	3	6	1	8	9

736

9	8	2	6	4	3	7	1	5
3	5	7	8	2	1	6	9	4
1	6	4	5	7	9	8	3	2
2	9	3	7	6	4	1	5	8
6	1	8	9	3	5	4	2	7
4	7	5	2	1	8	3	6	9
5	4	6	1	8	2	9	7	3
8	2	1	3	9	7	5	4	6
7	3	9	4	5	6	2	8	1

737

8	7	3	4	1	2	9	5	6
4	5	9	8	7	6	1	2	3
2	1	6	3	9	5	4	7	8
7	9	2	1	6	8	3	4	5
1	6	8	5	4	3	7	9	2
3	4	5	7	2	9	8	6	1
9	2	1	6	3	4	5	8	7
5	3	4	2	8	7	6	1	9
6	8	7	9	5	1	2	3	4

738

2	6	1	8	5	9	4	7	3
8	9	3	4	2	7	1	6	5
5	4	7	6	1	3	2	9	8
9	5	6	3	8	1	7	4	2
1	3	2	5	7	4	9	8	6
4	7	8	2	9	6	3	5	1
3	8	4	7	6	2	5	1	9
6	2	9	1	4	5	8	3	7
7	1	5	9	3	8	6	2	4

739

8	6	5	9	1	2	7	3	4
2	4	3	5	7	8	1	6	9
7	1	9	6	4	3	8	2	5
6	2	1	8	5	7	4	9	3
3	8	7	4	9	6	2	5	1
9	5	4	2	3	1	6	7	8
4	3	6	1	2	5	9	8	7
1	7	8	3	6	9	5	4	2
5	9	2	7	8	4	3	1	6

740

5	6	1	2	9	8	4	3	7
3	8	2	4	6	7	1	9	5
7	9	4	1	3	5	2	8	6
1	5	9	8	2	3	7	6	4
2	4	3	6	7	1	9	5	8
8	7	6	9	5	4	3	1	2
9	3	7	5	8	2	6	4	1
6	1	5	7	4	9	8	2	3
4	2	8	3	1	6	5	7	9

741

5	9	4	1	3	8	6	7	2
6	1	3	7	2	9	8	4	5
2	8	7	4	6	5	3	1	9
1	7	9	3	4	2	5	6	8
4	5	6	8	9	7	2	3	1
3	2	8	5	1	6	4	9	7
7	3	5	6	8	1	9	2	4
8	4	2	9	7	3	1	5	6
9	6	1	2	5	4	7	8	3

742

9	3	4	1	8	5	2	7	6
1	6	2	7	9	4	8	5	3
8	5	7	2	3	6	1	9	4
3	4	6	9	5	8	7	1	2
5	2	8	3	1	7	6	4	9
7	1	9	6	4	2	5	3	8
4	7	3	8	6	1	9	2	5
2	8	5	4	7	9	3	6	1
6	9	1	5	2	3	4	8	7

743

4	7	8	2	1	5	6	9	3
2	5	3	9	6	7	8	1	4
1	6	9	4	8	3	5	2	7
8	9	4	3	5	1	2	7	6
5	1	6	8	7	2	3	4	9
7	3	2	6	4	9	1	5	8
9	2	7	1	3	6	4	8	5
6	4	1	5	9	8	7	3	2
3	8	5	7	2	4	9	6	1

744

4	5	6	2	7	3	1	8	9
9	1	7	5	6	8	4	3	2
8	3	2	9	4	1	5	7	6
5	8	4	1	2	9	3	6	7
3	6	9	7	8	4	2	1	5
7	2	1	6	3	5	9	4	8
6	7	5	3	1	2	8	9	4
1	9	8	4	5	6	7	2	3
2	4	3	8	9	7	6	5	1

745

1	2	8	6	7	3	5	9	4
3	6	5	4	9	1	8	2	7
4	9	7	2	8	5	3	1	6
6	5	3	1	2	4	9	7	8
2	7	4	9	3	8	1	6	5
8	1	9	5	6	7	2	4	3
7	3	1	8	4	9	6	5	2
9	4	6	3	5	2	7	8	1
5	8	2	7	1	6	4	3	9

746

8	9	5	4	6	7	1	2	3
3	1	4	2	9	5	7	8	6
2	7	6	3	1	8	5	4	9
7	4	3	5	8	2	9	6	1
5	8	9	1	3	6	2	7	4
6	2	1	7	4	9	8	3	5
1	6	2	9	7	4	3	5	8
4	3	7	8	5	1	6	9	2
9	5	8	6	2	3	4	1	7

747

1	4	3	5	6	8	7	2	9
7	9	5	2	3	1	8	4	6
8	6	2	7	9	4	3	1	5
6	7	8	4	2	9	1	5	3
4	3	9	1	5	6	2	8	7
2	5	1	3	8	7	6	9	4
5	8	4	6	7	2	9	3	1
3	2	6	9	1	5	4	7	8
9	1	7	8	4	3	5	6	2

748

9	2	7	6	8	3	4	5	1
3	1	5	2	4	7	8	6	9
6	8	4	9	1	5	7	3	2
4	9	2	3	6	1	5	7	8
8	7	6	4	5	2	9	1	3
5	3	1	8	7	9	2	4	6
2	6	8	5	3	4	1	9	7
1	5	3	7	9	8	6	2	4
7	4	9	1	2	6	3	8	5

749

1	6	4	3	7	9	5	8	2
7	5	2	6	1	8	4	3	9
3	8	9	4	5	2	7	1	6
9	3	6	2	4	5	8	7	1
5	7	8	1	9	6	3	2	4
2	4	1	7	8	3	9	6	5
4	9	7	8	2	1	6	5	3
6	2	5	9	3	7	1	4	8
8	1	3	5	6	4	2	9	7

750

2	9	6	4	1	3	7	5	8
4	5	1	2	7	8	6	3	9
7	8	3	6	9	5	1	4	2
1	6	9	7	3	2	4	8	5
8	2	5	9	4	1	3	7	6
3	7	4	5	8	6	2	9	1
6	3	2	8	5	4	9	1	7
9	4	8	1	2	7	5	6	3
5	1	7	3	6	9	8	2	4

751

8	3	4	9	2	5	6	1	7
1	7	6	4	8	3	9	5	2
5	9	2	1	6	7	3	4	8
2	8	7	3	4	9	1	6	5
4	1	3	2	5	6	7	8	9
9	6	5	7	1	8	4	2	3
3	2	8	6	7	4	5	9	1
6	5	9	8	3	1	2	7	4
7	4	1	5	9	2	8	3	6

752

3	2	8	9	7	6	1	4	5
1	9	4	2	5	8	7	3	6
6	5	7	4	1	3	2	9	8
4	8	2	1	6	5	9	7	3
7	1	9	3	8	4	6	5	2
5	6	3	7	9	2	4	8	1
2	7	1	5	3	9	8	6	4
9	3	6	8	4	1	5	2	7
8	4	5	6	2	7	3	1	9

753

2	4	5	8	1	7	9	6	3
8	6	7	5	9	3	2	1	4
1	3	9	6	4	2	8	5	7
3	5	4	7	2	1	6	8	9
6	9	2	4	5	8	3	7	1
7	8	1	3	6	9	4	2	5
4	1	8	2	3	5	7	9	6
9	2	3	1	7	6	5	4	8
5	7	6	9	8	4	1	3	2

754

8	4	1	2	6	5	9	7	3
3	5	2	1	7	9	6	8	4
7	6	9	3	8	4	2	5	1
6	1	8	7	4	2	3	9	5
4	3	5	8	9	1	7	2	6
9	2	7	6	5	3	1	4	8
1	9	4	5	2	6	8	3	7
5	8	3	9	1	7	4	6	2
2	7	6	4	3	8	5	1	9

755

9	2	3	1	5	8	7	4	6
7	4	6	3	2	9	1	8	5
5	8	1	6	7	4	2	3	9
8	1	4	2	9	5	3	6	7
3	5	7	8	1	6	4	9	2
2	6	9	7	4	3	8	5	1
4	7	8	9	6	1	5	2	3
1	9	5	4	3	2	6	7	8
6	3	2	5	8	7	9	1	4

756

5	8	1	4	2	3	6	9	7
9	3	2	1	6	7	5	4	8
7	6	4	8	9	5	3	2	1
3	4	9	5	7	8	2	1	6
8	2	7	6	4	1	9	5	3
1	5	6	2	3	9	7	8	4
6	9	5	7	8	4	1	3	2
2	1	8	3	5	6	4	7	9
4	7	3	9	1	2	8	6	5

757

7	6	1	4	2	8	3	9	5
5	3	9	6	7	1	4	2	8
4	2	8	5	3	9	7	6	1
6	8	2	1	5	7	9	3	4
1	5	4	9	6	3	8	7	2
3	9	7	8	4	2	1	5	6
8	4	6	7	9	5	2	1	3
2	7	5	3	1	4	6	8	9
9	1	3	2	8	6	5	4	7

758

7	3	9	2	8	5	4	1	6
2	5	6	4	9	1	3	8	7
1	8	4	3	6	7	5	9	2
6	2	8	1	5	3	9	7	4
4	1	3	9	7	8	6	2	5
9	7	5	6	4	2	8	3	1
3	6	7	5	1	9	2	4	8
5	9	1	8	2	4	7	6	3
8	4	2	7	3	6	1	5	9

759

3	1	2	4	7	9	5	8	6
8	6	7	5	2	3	1	4	9
9	5	4	1	6	8	2	7	3
7	9	5	3	4	1	6	2	8
2	3	8	9	5	6	7	1	4
1	4	6	7	8	2	3	9	5
6	2	1	8	3	4	9	5	7
5	8	3	2	9	7	4	6	1
4	7	9	6	1	5	8	3	2

760

6	5	1	7	9	3	2	4	8
8	9	2	5	1	4	3	6	7
3	7	4	2	6	8	1	9	5
2	8	9	4	3	7	5	1	6
4	1	6	9	2	5	8	7	3
5	3	7	6	8	1	4	2	9
9	6	3	1	5	2	7	8	4
7	2	8	3	4	9	6	5	1
1	4	5	8	7	6	9	3	2

761

2	1	3	4	7	5	9	8	6
5	6	9	1	2	8	7	4	3
8	4	7	9	6	3	5	2	1
7	8	4	3	1	2	6	5	9
1	2	5	6	9	4	8	3	7
3	9	6	5	8	7	4	1	2
9	3	8	2	5	6	1	7	4
6	5	2	7	4	1	3	9	8
4	7	1	8	3	9	2	6	5

762

3	7	5	9	4	8	6	2	1
2	6	9	1	3	5	8	4	7
4	8	1	7	2	6	5	9	3
8	4	2	6	1	7	9	3	5
7	1	6	3	5	9	4	8	2
5	9	3	4	8	2	7	1	6
6	3	7	2	9	4	1	5	8
9	2	8	5	6	1	3	7	4
1	5	4	8	7	3	2	6	9

763

4	8	6	1	9	5	3	2	7
9	1	7	8	3	2	6	4	5
3	2	5	7	4	6	9	1	8
8	4	3	9	5	1	7	6	2
7	6	2	4	8	3	5	9	1
1	5	9	2	6	7	4	8	3
5	3	8	6	2	9	1	7	4
6	7	4	5	1	8	2	3	9
2	9	1	3	7	4	8	5	6

764

4	5	7	3	2	9	6	1	8
9	1	6	4	7	8	2	3	5
3	8	2	1	5	6	7	4	9
5	2	1	6	9	3	4	8	7
7	9	8	2	4	1	5	6	3
6	3	4	7	8	5	1	9	2
1	6	5	8	3	2	9	7	4
2	7	3	9	1	4	8	5	6
8	4	9	5	6	7	3	2	1

765

3	4	9	8	6	7	2	1	5
2	7	1	4	9	5	3	6	8
8	5	6	3	2	1	7	9	4
7	6	4	1	3	9	8	5	2
9	1	8	7	5	2	4	3	6
5	2	3	6	8	4	9	7	1
4	3	2	9	1	6	5	8	7
1	9	5	2	7	8	6	4	3
6	8	7	5	4	3	1	2	9

766

1	4	3	5	7	8	2	6	9
5	9	8	6	1	2	4	3	7
7	2	6	3	9	4	5	1	8
9	1	7	8	4	6	3	5	2
4	3	5	7	2	9	1	8	6
8	6	2	1	3	5	9	7	4
3	5	9	2	8	7	6	4	1
6	8	4	9	5	1	7	2	3
2	7	1	4	6	3	8	9	5

767

3	2	4	6	5	1	8	9	7
1	5	7	9	4	8	6	3	2
6	8	9	3	7	2	4	5	1
4	6	2	5	3	9	7	1	8
8	7	3	1	2	6	5	4	9
5	9	1	7	8	4	3	2	6
7	3	8	2	9	5	1	6	4
2	4	6	8	1	3	9	7	5
9	1	5	4	6	7	2	8	3

768

7	3	4	2	8	6	5	9	1
8	6	5	1	3	9	2	7	4
2	9	1	5	4	7	6	8	3
3	5	9	7	2	8	1	4	6
6	2	7	9	1	4	8	3	5
1	4	8	6	5	3	7	2	9
9	8	2	4	6	1	3	5	7
4	1	3	8	7	5	9	6	2
5	7	6	3	9	2	4	1	8

769

8	9	5	7	2	6	3	4	1
1	3	6	4	5	9	8	2	7
7	4	2	8	3	1	9	6	5
6	2	4	9	7	3	1	5	8
3	8	7	1	6	5	4	9	2
5	1	9	2	4	8	7	3	6
9	5	1	3	8	2	6	7	4
4	6	8	5	9	7	2	1	3
2	7	3	6	1	4	5	8	9

770

5	1	4	3	6	7	8	9	2
2	9	3	8	5	1	7	6	4
6	7	8	4	2	9	3	1	5
9	2	7	1	4	5	6	8	3
4	6	5	7	3	8	9	2	1
3	8	1	6	9	2	4	5	7
7	5	2	9	8	3	1	4	6
8	3	6	5	1	4	2	7	9
1	4	9	2	7	6	5	3	8

771

9	1	3	2	4	5	6	8	7
4	6	7	1	8	9	2	5	3
2	5	8	6	3	7	4	9	1
8	4	6	7	9	1	5	3	2
1	7	5	3	2	6	8	4	9
3	2	9	8	5	4	1	7	6
6	9	2	4	7	8	3	1	5
7	8	1	5	6	3	9	2	4
5	3	4	9	1	2	7	6	8

772

1	5	8	4	9	7	3	2	6
9	6	3	8	5	2	7	1	4
7	4	2	3	6	1	5	8	9
4	3	5	7	2	6	8	9	1
8	9	7	1	4	3	6	5	2
6	2	1	5	8	9	4	7	3
2	8	4	9	3	5	1	6	7
3	1	9	6	7	8	2	4	5
5	7	6	2	1	4	9	3	8

773

3	6	2	7	1	4	5	9	8
9	1	7	5	2	8	6	3	4
5	4	8	9	6	3	7	2	1
2	5	3	6	4	1	8	7	9
8	9	1	3	5	7	4	6	2
6	7	4	8	9	2	1	5	3
7	3	9	4	8	6	2	1	5
1	8	6	2	3	5	9	4	7
4	2	5	1	7	9	3	8	6

774

7	9	5	8	3	2	4	6	1
1	6	3	9	4	5	7	8	2
2	8	4	7	6	1	5	9	3
8	1	6	4	7	3	9	2	5
3	7	2	1	5	9	6	4	8
4	5	9	6	2	8	1	3	7
9	4	8	3	1	7	2	5	6
6	2	7	5	8	4	3	1	9
5	3	1	2	9	6	8	7	4

775

2	8	5	3	9	6	4	7	1
7	1	4	5	8	2	6	3	9
9	6	3	4	1	7	2	8	5
1	5	8	2	6	9	7	4	3
3	4	7	8	5	1	9	6	2
6	9	2	7	4	3	1	5	8
8	2	6	1	7	5	3	9	4
4	3	9	6	2	8	5	1	7
5	7	1	9	3	4	8	2	6

776

5	8	7	6	2	4	9	3	1
3	6	1	9	7	5	4	8	2
2	4	9	3	8	1	6	5	7
4	7	3	1	6	8	5	2	9
6	2	8	5	3	9	1	7	4
9	1	5	7	4	2	8	6	3
8	5	2	4	1	7	3	9	6
7	3	4	8	9	6	2	1	5
1	9	6	2	5	3	7	4	8

777

1	2	9	5	7	4	6	8	3
6	3	7	1	8	9	5	4	2
5	8	4	3	6	2	1	7	9
8	6	5	4	2	3	9	1	7
3	4	2	9	1	7	8	6	5
9	7	1	6	5	8	2	3	4
7	1	6	2	3	5	4	9	8
4	5	8	7	9	6	3	2	1
2	9	3	8	4	1	7	5	6

778

8	1	7	5	6	4	3	2	9
5	3	6	9	8	2	4	1	7
2	9	4	1	3	7	6	5	8
1	6	2	4	7	3	9	8	5
9	8	5	2	1	6	7	3	4
4	7	3	8	9	5	2	6	1
6	4	1	3	5	9	8	7	2
7	5	9	6	2	8	1	4	3
3	2	8	7	4	1	5	9	6

779

1	9	5	8	6	2	7	3	4
3	8	7	1	4	5	6	2	9
4	2	6	7	3	9	5	8	1
2	3	9	6	7	4	8	1	5
6	1	4	2	5	8	3	9	7
5	7	8	9	1	3	4	6	2
9	6	2	4	8	7	1	5	3
8	4	3	5	2	1	9	7	6
7	5	1	3	9	6	2	4	8

780

4	7	2	8	6	3	1	5	9
9	3	1	5	4	7	2	6	8
5	6	8	9	2	1	4	7	3
3	5	7	2	9	4	6	8	1
2	8	9	3	1	6	5	4	7
1	4	6	7	5	8	9	3	2
7	1	5	6	8	2	3	9	4
8	9	4	1	3	5	7	2	6
6	2	3	4	7	9	8	1	5

781

```
1 9 7 5 8 6 4 2 3
6 4 5 9 3 2 7 8 1
2 8 3 7 4 1 9 6 5
3 7 6 2 1 4 5 9 8
9 1 4 8 6 5 2 3 7
8 5 2 3 7 9 6 1 4
4 2 1 6 5 8 3 7 9
7 6 8 4 9 3 1 5 2
5 3 9 1 2 7 8 4 6
```

782

```
9 3 6 8 7 4 1 5 2
8 5 4 6 1 2 3 7 9
1 2 7 5 9 3 4 6 8
7 4 9 2 5 6 8 1 3
2 8 3 7 4 1 6 9 5
6 1 5 3 8 9 2 4 7
3 9 2 4 6 5 7 8 1
5 6 8 1 3 7 9 2 4
4 7 1 9 2 8 5 3 6
```

783

```
4 9 6 1 2 3 8 5 7
5 3 8 6 7 9 2 4 1
7 1 2 4 5 8 6 3 9
6 4 9 2 1 7 3 8 5
3 5 7 8 4 6 9 1 2
8 2 1 9 3 5 7 6 4
1 8 3 7 9 4 5 2 6
2 7 5 3 6 1 4 9 8
9 6 4 5 8 2 1 7 3
```

784

```
9 5 8 4 2 1 6 3 7
6 7 1 9 3 8 2 4 5
3 4 2 6 7 5 8 1 9
5 1 3 2 4 7 9 6 8
7 6 4 8 9 3 1 5 2
2 8 9 5 1 6 3 7 4
1 9 7 3 8 4 5 2 6
8 3 5 7 6 2 4 9 1
4 2 6 1 5 9 7 8 3
```

785

```
5 4 7 8 9 3 2 6 1
1 2 8 5 6 4 3 7 9
6 3 9 2 7 1 8 5 4
3 1 5 4 8 2 7 9 6
8 9 6 1 3 7 5 4 2
2 7 4 6 5 9 1 3 8
9 5 1 3 4 8 6 2 7
7 6 2 9 1 5 4 8 3
4 8 3 7 2 6 9 1 5
```

786

```
9 1 8 4 3 7 5 2 6
5 3 4 8 2 6 1 7 9
6 7 2 9 1 5 8 3 4
3 6 9 2 7 8 4 1 5
8 4 1 3 5 9 7 6 2
7 2 5 1 6 4 9 8 3
1 8 3 5 9 2 6 4 7
4 9 6 7 8 3 2 5 1
2 5 7 6 4 1 3 9 8
```

787

```
6 1 7 2 3 5 8 4 9
2 3 4 9 8 1 7 6 5
8 9 5 4 6 7 2 1 3
5 7 1 6 2 4 9 3 8
9 6 2 8 5 3 4 7 1
3 4 8 1 7 9 5 2 6
1 5 9 7 4 6 3 8 2
4 2 3 5 1 8 6 9 7
7 8 6 3 9 2 1 5 4
```

788

```
7 2 9 6 4 8 3 1 5
1 4 5 2 3 7 6 9 8
8 3 6 9 1 5 7 4 2
4 9 3 8 2 6 5 7 1
2 5 1 3 7 9 4 8 6
6 7 8 1 5 4 9 2 3
3 1 4 5 9 2 8 6 7
9 8 2 7 6 3 1 5 4
5 6 7 4 8 1 2 3 9
```

789

```
7 9 5 8 3 6 2 4 1
4 3 2 5 1 7 8 6 9
1 8 6 4 2 9 7 3 5
5 2 7 9 4 3 1 8 6
8 4 3 1 6 5 9 2 7
6 1 9 7 8 2 4 5 3
9 7 8 3 5 4 6 1 2
2 5 1 6 9 8 3 7 4
3 6 4 2 7 1 5 9 8
```

790

```
6 1 5 9 2 3 4 7 8
3 2 8 4 1 7 6 9 5
4 9 7 5 8 6 1 2 3
9 8 3 7 6 2 5 1 4
2 7 1 3 5 4 8 6 9
5 6 4 8 9 1 7 3 2
1 4 9 2 7 8 3 5 6
8 5 6 1 3 9 2 4 7
7 3 2 6 4 5 9 8 1
```

791

```
5 2 6 9 7 1 3 4 8
1 7 8 6 3 4 5 2 9
4 3 9 2 5 8 6 7 1
8 6 2 1 9 7 4 5 3
3 4 1 8 6 5 2 9 7
7 9 5 3 4 2 1 8 6
2 1 7 5 8 6 9 3 4
6 8 3 4 2 9 7 1 5
9 5 4 7 1 3 8 6 2
```

792

```
8 2 3 9 4 1 5 6 7
6 4 9 5 2 7 8 1 3
7 5 1 8 6 3 9 4 2
9 8 7 3 1 2 6 5 4
5 6 2 4 9 8 3 7 1
1 3 4 7 5 6 2 8 9
3 9 5 1 8 4 7 2 6
2 1 8 6 7 9 4 3 5
4 7 6 2 3 5 1 9 8
```

793

```
8 6 1 9 5 4 2 3 7
5 3 7 2 1 6 8 9 4
9 4 2 8 3 7 1 5 6
1 7 4 5 8 3 9 6 2
2 8 3 7 6 9 5 4 1
6 9 5 1 4 2 3 7 8
3 5 8 4 7 1 6 2 9
7 1 9 6 2 5 4 8 3
4 2 6 3 9 8 7 1 5
```

794

```
8 5 9 6 2 1 3 7 4
2 1 6 4 3 7 9 5 8
3 7 4 9 5 8 2 1 6
9 2 1 5 4 3 8 6 7
4 6 7 1 8 2 5 3 9
5 8 3 7 9 6 4 2 1
7 3 8 2 1 4 6 9 5
1 9 2 8 6 5 7 4 3
6 4 5 3 7 9 1 8 2
```

795

```
4 3 9 6 8 7 2 5 1
8 5 2 9 1 3 6 7 4
7 1 6 5 4 2 8 3 9
5 8 7 4 3 1 9 6 2
1 9 3 8 2 6 7 4 5
6 2 4 7 5 9 1 8 3
9 4 8 2 7 5 3 1 6
2 7 1 3 6 4 5 9 8
3 6 5 1 9 8 4 2 7
```

796

```
6 9 2 4 3 5 1 7 8
1 4 5 8 7 9 2 3 6
3 8 7 1 6 2 9 5 4
5 2 8 3 9 1 6 4 7
9 7 6 2 5 4 8 1 3
4 1 3 6 8 7 5 2 9
8 5 1 9 4 3 7 6 2
7 6 4 5 2 8 3 9 1
2 3 9 7 1 6 4 8 5
```

797

```
2 4 8 7 3 6 9 1 5
9 6 3 5 2 1 7 8 4
7 5 1 9 8 4 6 3 2
4 1 7 3 9 8 5 2 6
6 3 9 1 5 2 8 4 7
8 2 5 4 6 7 3 9 1
5 7 2 8 4 3 1 6 9
3 9 6 2 1 5 4 7 8
1 8 4 6 7 9 2 5 3
```

798

```
8 2 5 9 7 4 3 1 6
6 4 7 8 3 1 5 9 2
9 1 3 6 5 2 4 7 8
4 9 2 3 8 7 1 6 5
3 5 1 2 6 9 8 4 7
7 8 6 4 1 5 9 2 3
2 7 8 1 4 3 6 5 9
5 6 4 7 9 8 2 3 1
1 3 9 5 2 6 7 8 4
```

799

```
8 4 3 6 2 9 1 5 7
6 1 9 5 3 7 2 4 8
7 5 2 4 8 1 9 6 3
4 9 8 3 6 5 7 1 2
3 2 1 9 7 4 5 8 6
5 6 7 2 1 8 4 3 9
2 8 5 1 9 3 6 7 4
1 3 6 7 4 2 8 9 5
9 7 4 8 5 6 3 2 1
```

800

```
5 1 6 8 4 7 9 2 3
8 2 7 1 3 9 4 5 6
3 9 4 5 6 2 8 1 7
9 4 2 7 1 5 6 3 8
1 8 3 4 2 6 5 7 9
7 6 5 3 9 8 2 4 1
6 3 1 9 5 4 7 8 2
2 5 8 6 7 3 1 9 4
4 7 9 2 8 1 3 6 5
```

801

3	7	6	4	5	2	8	1	9
4	5	8	6	1	9	7	2	3
1	2	9	3	8	7	6	5	4
8	9	2	7	6	5	3	4	1
5	1	7	9	3	4	2	6	8
6	3	4	1	2	8	5	9	7
2	4	5	8	7	1	9	3	6
7	6	1	5	9	3	4	8	2
9	8	3	2	4	6	1	7	5

802

5	7	1	4	3	2	8	9	6
4	3	6	9	8	5	2	7	1
2	8	9	6	1	7	3	5	4
6	5	4	3	7	8	1	2	9
7	9	3	1	2	6	4	8	5
8	1	2	5	4	9	6	3	7
1	2	5	7	6	3	9	4	8
3	4	7	8	9	1	5	6	2
9	6	8	2	5	4	7	1	3

803

8	7	4	6	3	1	2	9	5
9	3	1	8	2	5	4	6	7
6	2	5	9	7	4	8	1	3
5	9	3	7	8	6	1	4	2
1	6	8	3	4	2	5	7	9
7	4	2	5	1	9	3	8	6
2	5	7	4	6	8	9	3	1
3	8	9	1	5	7	6	2	4
4	1	6	2	9	3	7	5	8

804

2	8	6	4	7	5	9	3	1
4	7	3	9	2	1	6	5	8
1	9	5	3	8	6	2	7	4
6	4	1	7	5	2	3	8	9
3	2	7	6	9	8	1	4	5
9	5	8	1	4	3	7	6	2
5	3	9	8	1	7	4	2	6
7	1	2	5	6	4	8	9	3
8	6	4	2	3	9	5	1	7

805

8	2	5	4	3	6	9	1	7
9	4	1	8	7	5	6	2	3
6	7	3	1	9	2	8	5	4
3	8	9	7	2	4	5	6	1
7	1	2	6	5	9	3	4	8
5	6	4	3	8	1	2	7	9
2	3	7	5	4	8	1	9	6
4	9	6	2	1	3	7	8	5
1	5	8	9	6	7	4	3	2

806

4	1	3	6	2	5	8	7	9
9	8	5	7	4	1	2	6	3
6	7	2	9	3	8	1	4	5
5	6	8	4	1	3	7	9	2
3	9	1	5	7	2	4	8	6
2	4	7	8	6	9	3	5	1
8	3	6	1	5	4	9	2	7
1	5	4	2	9	7	6	3	8
7	2	9	3	8	6	5	1	4

807

3	2	6	1	9	8	7	4	5
9	5	4	3	6	7	1	8	2
7	8	1	4	2	5	3	9	6
1	9	7	8	3	2	6	5	4
8	4	2	5	1	6	9	3	7
5	6	3	7	4	9	8	2	1
4	1	5	9	7	3	2	6	8
6	3	8	2	5	1	4	7	9
2	7	9	6	8	4	5	1	3

808

6	1	8	5	4	9	3	7	2
2	9	4	6	3	7	1	5	8
3	7	5	2	8	1	6	9	4
5	4	7	8	6	2	9	3	1
1	8	3	7	9	4	2	6	5
9	2	6	3	1	5	4	8	7
4	5	9	1	7	6	8	2	3
7	3	1	9	2	8	5	4	6
8	6	2	4	5	3	7	1	9

809

2	8	5	4	9	7	6	1	3
4	7	1	3	6	2	5	8	9
3	6	9	8	5	1	4	2	7
9	5	4	6	2	8	7	3	1
7	3	8	1	4	5	2	9	6
1	2	6	7	3	9	8	5	4
6	9	7	5	8	3	1	4	2
5	4	3	2	1	6	9	7	8
8	1	2	9	7	4	3	6	5

810

6	7	4	5	9	8	1	3	2
8	3	1	6	4	2	9	7	5
5	2	9	7	3	1	6	8	4
9	4	3	8	6	5	2	1	7
1	5	7	9	2	3	4	6	8
2	6	8	4	1	7	5	9	3
7	9	5	1	8	4	3	2	6
3	8	6	2	5	9	7	4	1
4	1	2	3	7	6	8	5	9

811

3	4	9	2	8	1	7	6	5
1	6	8	7	5	9	2	3	4
5	7	2	4	6	3	8	1	9
2	9	4	1	7	5	6	8	3
8	1	6	9	3	2	4	5	7
7	3	5	8	4	6	1	9	2
6	2	3	5	1	7	9	4	8
9	8	1	3	2	4	5	7	6
4	5	7	6	9	8	3	2	1

812

7	1	3	6	4	9	5	2	8
5	8	6	1	3	2	9	4	7
4	2	9	5	7	8	1	6	3
2	6	4	8	9	1	3	7	5
8	3	5	2	6	7	4	9	1
9	7	1	3	5	4	6	8	2
1	9	7	4	2	5	8	3	6
3	4	8	7	1	6	2	5	9
6	5	2	9	8	3	7	1	4

813

4	6	8	3	7	1	9	2	5
2	5	1	4	9	8	3	7	6
7	3	9	2	5	6	1	8	4
3	9	6	1	2	5	8	4	7
5	2	7	8	4	3	6	1	9
8	1	4	7	6	9	5	3	2
1	4	5	9	8	7	2	6	3
6	8	2	5	3	4	7	9	1
9	7	3	6	1	2	4	5	8

814

7	8	5	9	3	1	2	6	4
1	9	4	2	7	6	8	3	5
6	2	3	8	4	5	1	9	7
5	4	2	6	1	3	7	8	9
3	6	8	4	9	7	5	2	1
9	7	1	5	8	2	6	4	3
4	1	6	3	5	8	9	7	2
2	5	9	7	6	4	3	1	8
8	3	7	1	2	9	4	5	6

815

2	5	8	4	6	7	1	3	9
7	3	6	1	9	5	4	2	8
1	4	9	8	2	3	6	5	7
5	9	3	2	1	8	7	4	6
4	1	2	7	5	6	8	9	3
6	8	7	3	4	9	5	1	2
3	6	4	9	7	1	2	8	5
8	7	1	5	3	2	9	6	4
9	2	5	6	8	4	3	7	1

816

2	4	1	9	8	3	5	7	6
6	3	5	4	7	2	8	9	1
9	7	8	6	1	5	2	3	4
1	2	3	7	4	8	9	6	5
5	8	4	3	9	6	1	2	7
7	9	6	5	2	1	4	8	3
4	5	7	2	6	9	3	1	8
3	1	9	8	5	7	6	4	2
8	6	2	1	3	4	7	5	9

817

3	8	1	6	5	7	4	2	9
6	9	2	4	1	3	8	5	7
7	5	4	9	8	2	3	6	1
4	6	7	5	9	1	2	8	3
5	3	9	2	4	8	1	7	6
2	1	8	3	7	6	9	4	5
1	4	5	7	2	9	6	3	8
9	7	3	8	6	4	5	1	2
8	2	6	1	3	5	7	9	4

818

5	7	2	6	3	8	1	4	9
9	3	8	1	4	2	7	6	5
4	1	6	9	7	5	2	3	8
6	5	1	4	2	9	8	7	3
7	9	3	8	6	1	5	2	4
2	8	4	7	5	3	6	9	1
1	2	7	3	8	4	9	5	6
8	4	5	2	9	6	3	1	7
3	6	9	5	1	7	4	8	2

819

1	9	3	2	4	6	8	5	7
4	8	2	5	7	1	3	9	6
7	6	5	9	8	3	4	1	2
6	2	1	3	5	9	7	8	4
3	5	7	4	1	8	6	2	9
9	4	8	7	6	2	1	3	5
8	7	4	1	9	5	2	6	3
5	3	6	8	2	4	9	7	1
2	1	9	6	3	7	5	4	8

820

1	9	8	5	2	4	7	3	6
4	3	5	6	8	7	9	1	2
6	2	7	9	1	3	8	4	5
9	5	2	4	7	6	3	8	1
7	1	3	8	9	2	6	5	4
8	6	4	1	3	5	2	9	7
5	4	9	7	6	8	1	2	3
3	8	6	2	4	1	5	7	9
2	7	1	3	5	9	4	6	8

821

8	9	4	5	2	3	1	7	6
5	7	3	1	8	6	4	9	2
1	6	2	9	7	4	8	5	3
9	3	5	6	4	7	2	1	8
6	1	8	3	5	2	7	4	9
4	2	7	8	1	9	3	6	5
2	4	9	7	3	5	6	8	1
3	5	1	4	6	8	9	2	7
7	8	6	2	9	1	5	3	4

822

8	7	5	3	4	9	2	1	6
6	3	9	1	5	2	7	4	8
4	2	1	7	6	8	3	5	9
1	6	2	9	3	7	5	8	4
5	9	7	4	8	1	6	2	3
3	8	4	5	2	6	9	7	1
7	1	6	8	9	5	4	3	2
9	4	8	2	7	3	1	6	5
2	5	3	6	1	4	8	9	7

823

7	1	6	8	2	5	9	4	3
3	5	8	4	9	7	6	1	2
4	2	9	6	1	3	7	8	5
5	8	2	3	7	1	4	9	6
6	3	7	9	8	4	5	2	1
9	4	1	5	6	2	3	7	8
2	9	5	7	3	8	1	6	4
1	7	3	2	4	6	8	5	9
8	6	4	1	5	9	2	3	7

824

2	4	6	8	5	1	9	3	7
9	8	3	6	7	2	5	1	4
7	5	1	4	9	3	8	6	2
4	3	9	5	8	6	7	2	1
6	2	8	7	1	4	3	5	9
5	1	7	2	3	9	6	4	8
1	9	2	3	6	8	4	7	5
3	7	4	9	2	5	1	8	6
8	6	5	1	4	7	2	9	3

825

2	7	3	6	5	8	4	1	9
6	4	8	1	7	9	3	5	2
9	5	1	3	4	2	8	6	7
1	8	6	9	3	7	5	2	4
5	3	9	2	8	4	6	7	1
7	2	4	5	1	6	9	8	3
8	6	7	4	9	1	2	3	5
4	1	5	8	2	3	7	9	6
3	9	2	7	6	5	1	4	8

826

4	5	1	9	3	2	8	7	6
2	7	3	6	5	8	1	4	9
8	9	6	1	7	4	3	2	5
1	2	4	3	9	5	7	6	8
7	8	9	2	4	6	5	3	1
3	6	5	7	8	1	4	9	2
9	1	7	8	6	3	2	5	4
5	3	8	4	2	9	6	1	7
6	4	2	5	1	7	9	8	3

827

6	5	2	7	4	1	3	8	9
3	8	1	9	6	2	4	5	7
4	9	7	3	8	5	2	1	6
7	4	8	6	2	3	1	9	5
5	2	6	4	1	9	7	3	8
1	3	9	5	7	8	6	2	4
9	7	5	1	3	6	8	4	2
2	1	4	8	5	7	9	6	3
8	6	3	2	9	4	5	7	1

828

3	5	4	7	1	9	8	6	2
2	6	8	3	4	5	1	9	7
1	7	9	8	6	2	5	3	4
7	9	6	5	2	3	4	1	8
5	4	3	1	8	6	7	2	9
8	1	2	9	7	4	3	5	6
9	3	7	2	5	8	6	4	1
4	2	1	6	3	7	9	8	5
6	8	5	4	9	1	2	7	3

829

5	6	9	8	1	2	4	7	3
2	1	3	5	7	4	8	6	9
8	4	7	9	6	3	1	2	5
6	2	8	3	4	9	7	5	1
4	9	1	7	5	6	2	3	8
3	7	5	2	8	1	9	4	6
9	8	2	4	3	5	6	1	7
1	5	4	6	9	7	3	8	2
7	3	6	1	2	8	5	9	4

830

3	1	4	5	8	2	9	6	7
7	8	2	6	9	3	5	1	4
6	5	9	7	4	1	8	3	2
5	9	6	3	2	7	1	4	8
8	2	1	4	5	6	7	9	3
4	3	7	8	1	9	2	5	6
2	6	5	9	3	8	4	7	1
9	7	8	1	6	4	3	2	5
1	4	3	2	7	5	6	8	9

831

7	1	5	3	4	9	2	6	8
8	3	2	5	6	7	9	1	4
6	4	9	1	8	2	3	7	5
1	5	3	6	7	8	4	9	2
9	7	6	4	2	5	8	3	1
2	8	4	9	3	1	6	5	7
4	2	1	7	9	6	5	8	3
3	9	7	8	5	4	1	2	6
5	6	8	2	1	3	7	4	9

832

2	8	4	6	1	5	3	9	7
1	5	3	4	9	7	6	8	2
9	6	7	8	2	3	5	1	4
5	1	8	9	7	6	2	4	3
4	3	9	2	5	1	7	6	8
7	2	6	3	4	8	1	5	9
8	9	5	1	3	2	4	7	6
6	7	2	5	8	4	9	3	1
3	4	1	7	6	9	8	2	5

833

1	3	2	4	5	8	9	7	6
5	4	6	9	7	1	3	8	2
8	7	9	2	3	6	4	5	1
2	5	7	1	4	9	6	3	8
4	9	8	3	6	5	1	2	7
3	6	1	8	2	7	5	4	9
6	8	3	5	1	2	7	9	4
9	1	4	7	8	3	2	6	5
7	2	5	6	9	4	8	1	3

834

6	9	2	5	7	4	1	3	8
3	4	1	6	2	8	5	9	7
5	8	7	1	3	9	2	4	6
2	7	4	9	8	1	6	5	3
9	1	3	7	5	6	8	2	4
8	5	6	3	4	2	9	7	1
7	3	9	8	6	5	4	1	2
1	2	8	4	9	7	3	6	5
4	6	5	2	1	3	7	8	9

835

6	7	3	1	5	4	2	8	9
1	5	8	2	9	7	4	6	3
4	2	9	3	6	8	7	1	5
9	6	4	8	7	3	5	2	1
7	8	1	5	2	6	3	9	4
5	3	2	4	1	9	6	7	8
8	9	5	6	4	2	1	3	7
3	4	6	7	8	1	9	5	2
2	1	7	9	3	5	8	4	6

836

6	5	1	3	7	2	8	9	4
7	3	8	1	4	9	6	5	2
4	9	2	6	5	8	7	3	1
5	4	6	9	2	3	1	7	8
8	7	9	4	1	6	5	2	3
1	2	3	5	8	7	4	6	9
2	8	4	7	9	5	3	1	6
9	6	7	8	3	1	2	4	5
3	1	5	2	6	4	9	8	7

837

1	6	2	7	8	4	3	9	5
4	8	9	5	6	3	7	2	1
3	7	5	1	9	2	8	6	4
5	3	4	8	2	7	6	1	9
6	9	1	3	4	5	2	8	7
8	2	7	9	1	6	5	4	3
7	4	6	2	5	9	1	3	8
2	1	3	4	7	8	9	5	6
9	5	8	6	3	1	4	7	2

838

3	2	4	1	6	7	9	8	5
6	8	9	2	3	5	1	7	4
7	5	1	4	9	8	3	2	6
5	4	7	3	1	2	6	9	8
9	6	3	8	7	4	2	5	1
8	1	2	9	5	6	7	4	3
1	3	5	7	8	9	4	6	2
4	7	8	6	2	3	5	1	9
2	9	6	5	4	1	8	3	7

839

8	4	9	3	6	5	2	1	7
3	2	7	9	1	4	8	5	6
5	1	6	7	2	8	9	3	4
7	8	3	4	9	6	1	2	5
6	9	2	1	5	3	7	4	8
1	5	4	8	7	2	6	9	3
9	3	5	6	8	1	4	7	2
2	7	8	5	4	9	3	6	1
4	6	1	2	3	7	5	8	9

840

5	4	7	2	1	3	6	8	9
6	2	1	8	5	9	4	3	7
8	9	3	6	7	4	1	2	5
7	5	4	3	8	2	9	1	6
2	3	6	1	9	7	5	4	8
9	1	8	4	6	5	2	7	3
1	6	5	7	2	8	3	9	4
3	7	9	5	4	1	8	6	2
4	8	2	9	3	6	7	5	1

841

1	6	5	4	2	8	7	3	9
3	2	4	9	7	6	5	1	8
8	9	7	1	3	5	6	4	2
9	5	2	6	1	3	4	8	7
4	8	3	5	9	7	1	2	6
7	1	6	2	8	4	9	5	3
5	4	8	7	6	2	3	9	1
6	3	1	8	4	9	2	7	5
2	7	9	3	5	1	8	6	4

842

9	5	7	3	4	8	6	2	1
6	8	3	5	1	2	4	9	7
2	4	1	6	9	7	8	5	3
1	3	6	2	8	9	5	7	4
4	2	9	7	6	5	3	1	8
8	7	5	4	3	1	9	6	2
7	9	8	1	5	3	2	4	6
5	1	4	8	2	6	7	3	9
3	6	2	9	7	4	1	8	5

843

5	3	4	9	2	1	7	8	6
2	8	1	6	7	3	5	4	9
6	7	9	5	8	4	1	3	2
3	1	5	8	6	2	4	9	7
9	2	6	1	4	7	3	5	8
7	4	8	3	9	5	2	6	1
1	9	3	7	5	8	6	2	4
4	6	7	2	3	9	8	1	5
8	5	2	4	1	6	9	7	3

844

7	8	9	1	4	3	2	6	5
1	2	6	7	5	8	3	4	9
3	4	5	6	2	9	7	1	8
2	6	1	3	9	4	5	8	7
4	9	7	8	6	5	1	2	3
8	5	3	2	7	1	4	9	6
9	7	4	5	1	6	8	3	2
6	3	2	4	8	7	9	5	1
5	1	8	9	3	2	6	7	4

845

6	3	8	9	2	4	7	1	5
7	4	1	8	6	5	9	2	3
9	2	5	3	7	1	4	8	6
4	8	9	1	5	3	2	6	7
3	6	7	4	9	2	8	5	1
1	5	2	7	8	6	3	9	4
8	9	6	5	3	7	1	4	2
5	1	3	2	4	8	6	7	9
2	7	4	6	1	9	5	3	8

846

9	6	8	4	7	5	1	2	3
4	3	7	2	8	1	9	6	5
5	1	2	6	3	9	4	7	8
6	4	9	8	1	7	5	3	2
1	2	3	9	5	6	8	4	7
8	7	5	3	4	2	6	9	1
2	8	1	7	9	4	3	5	6
7	5	4	1	6	3	2	8	9
3	9	6	5	2	8	7	1	4

847

1	2	8	4	5	3	9	6	7
3	5	6	9	7	2	4	8	1
7	9	4	8	1	6	2	5	3
8	4	2	3	6	9	7	1	5
5	7	3	1	8	4	6	2	9
6	1	9	7	2	5	3	4	8
2	3	5	6	9	1	8	7	4
9	8	1	2	4	7	5	3	6
4	6	7	5	3	8	1	9	2

848

5	8	4	2	1	6	9	3	7
6	3	1	9	7	5	4	8	2
7	2	9	8	4	3	5	6	1
4	9	7	3	5	1	8	2	6
2	5	8	6	9	7	3	1	4
1	6	3	4	8	2	7	5	9
9	4	6	5	2	8	1	7	3
8	7	2	1	3	4	6	9	5
3	1	5	7	6	9	2	4	8

849

4	6	2	9	8	5	1	3	7
9	5	7	1	3	6	4	8	2
3	8	1	4	7	2	5	6	9
7	2	9	5	4	8	6	1	3
5	1	8	2	6	3	9	7	4
6	4	3	7	9	1	8	2	5
1	3	5	6	2	9	7	4	8
2	7	6	8	5	4	3	9	1
8	9	4	3	1	7	2	5	6

850

4	2	3	7	6	9	1	5	8
7	8	9	4	1	5	2	3	6
5	6	1	3	2	8	9	7	4
8	7	2	1	4	6	5	9	3
9	1	5	8	7	3	6	4	2
3	4	6	9	5	2	8	1	7
6	3	4	2	9	1	7	8	5
1	5	8	6	3	7	4	2	9
2	9	7	5	8	4	3	6	1

851

2	9	3	8	6	7	1	5	4
1	7	8	5	2	4	3	6	9
4	6	5	3	9	1	2	7	8
8	1	7	2	3	6	9	4	5
9	3	2	4	5	8	6	1	7
6	5	4	7	1	9	8	3	2
3	2	9	6	7	5	4	8	1
7	4	6	1	8	2	5	9	3
5	8	1	9	4	3	7	2	6

852

8	6	3	7	2	1	5	4	9
4	1	7	9	6	5	3	2	8
2	5	9	4	8	3	1	6	7
7	2	5	3	1	4	9	8	6
3	4	6	8	7	9	2	5	1
1	9	8	2	5	6	4	7	3
9	8	1	5	4	7	6	3	2
6	7	4	1	3	2	8	9	5
5	3	2	6	9	8	7	1	4

853

4	6	5	8	1	2	3	9	7
1	2	7	4	3	9	8	5	6
8	9	3	7	5	6	4	2	1
5	7	8	6	9	3	1	4	2
2	3	6	5	4	1	7	8	9
9	1	4	2	8	7	5	6	3
7	4	9	3	2	5	6	1	8
3	8	2	1	6	4	9	7	5
6	5	1	9	7	8	2	3	4

854

8	3	7	6	2	1	9	5	4
9	6	4	5	3	8	2	7	1
1	5	2	7	4	9	6	8	3
4	9	5	1	7	3	8	2	6
7	2	1	8	6	4	5	3	9
6	8	3	9	5	2	4	1	7
3	7	9	4	8	5	1	6	2
5	1	6	2	9	7	3	4	8
2	4	8	3	1	6	7	9	5

855

7	3	8	9	6	2	4	5	1
1	6	9	7	4	5	3	8	2
2	5	4	1	8	3	9	6	7
3	9	2	8	1	6	7	4	5
8	7	1	2	5	4	6	3	9
6	4	5	3	7	9	2	1	8
4	2	6	5	9	8	1	7	3
9	8	7	4	3	1	5	2	6
5	1	3	6	2	7	8	9	4

856

1	2	5	8	3	6	9	4	7
8	6	7	9	5	4	1	3	2
3	4	9	2	7	1	8	5	6
2	3	6	1	4	9	7	8	5
9	7	4	5	2	8	3	6	1
5	1	8	7	6	3	2	9	4
7	8	3	4	1	5	6	2	9
6	5	2	3	9	7	4	1	8
4	9	1	6	8	2	5	7	3

857

4	6	5	7	2	9	8	3	1
9	7	3	8	5	1	6	4	2
1	8	2	6	4	3	9	7	5
7	2	1	5	9	4	3	8	6
6	4	8	3	1	7	5	2	9
5	3	9	2	8	6	7	1	4
3	1	4	9	7	5	2	6	8
8	5	6	4	3	2	1	9	7
2	9	7	1	6	8	4	5	3

858

7	3	1	8	6	4	2	9	5
2	9	4	7	5	3	1	8	6
6	8	5	2	9	1	4	7	3
8	6	3	4	2	5	9	1	7
5	1	9	3	7	8	6	2	4
4	7	2	9	1	6	5	3	8
9	2	6	5	8	7	3	4	1
3	5	8	1	4	2	7	6	9
1	4	7	6	3	9	8	5	2

859

1	4	9	7	8	6	3	2	5
5	6	8	2	4	3	9	1	7
2	3	7	9	1	5	4	6	8
9	2	5	1	7	4	6	8	3
8	7	3	5	6	2	1	4	9
4	1	6	3	9	8	7	5	2
6	9	2	8	3	1	5	7	4
7	8	4	6	5	9	2	3	1
3	5	1	4	2	7	8	9	6

860

8	7	2	9	3	4	6	5	1
4	5	9	1	6	2	8	3	7
3	1	6	7	5	8	9	2	4
9	6	8	5	2	7	4	1	3
5	2	1	4	8	3	7	6	9
7	4	3	6	1	9	5	8	2
1	8	7	3	9	6	2	4	5
6	3	4	2	7	5	1	9	8
2	9	5	8	4	1	3	7	6

861

3	2	8	1	9	6	7	5	4
1	9	7	4	5	3	6	2	8
5	6	4	8	7	2	3	9	1
6	3	2	5	1	4	8	7	9
4	8	9	2	6	7	5	1	3
7	5	1	3	8	9	2	4	6
9	7	3	6	2	1	4	8	5
8	1	6	7	4	5	9	3	2
2	4	5	9	3	8	1	6	7

862

9	8	3	6	5	7	1	4	2
1	4	6	9	8	2	7	3	5
7	5	2	3	4	1	8	6	9
3	9	4	2	7	5	6	1	8
8	2	7	1	3	6	9	5	4
6	1	5	4	9	8	2	7	3
2	3	1	8	6	4	5	9	7
5	6	9	7	2	3	4	8	1
4	7	8	5	1	9	3	2	6

863

5	1	4	2	7	8	9	6	3
6	8	3	5	4	9	7	2	1
9	7	2	3	6	1	8	4	5
2	4	5	7	3	6	1	8	9
8	3	1	9	2	4	6	5	7
7	9	6	1	8	5	2	3	4
4	5	7	6	9	2	3	1	8
3	6	8	4	1	7	5	9	2
1	2	9	8	5	3	4	7	6

864

8	4	5	2	7	1	6	3	9
9	6	1	5	4	3	7	8	2
2	3	7	6	8	9	5	1	4
3	7	9	4	5	2	8	6	1
5	8	4	3	1	6	9	2	7
6	1	2	8	9	7	3	4	5
4	5	6	9	2	8	1	7	3
7	2	3	1	6	5	4	9	8
1	9	8	7	3	4	2	5	6

865

7	8	3	4	6	2	9	1	5
6	4	5	9	1	3	2	8	7
9	1	2	7	5	8	4	6	3
4	9	1	2	3	6	7	5	8
8	5	7	1	9	4	3	2	6
2	3	6	8	7	5	1	4	9
3	6	9	5	2	1	8	7	4
1	7	4	6	8	9	5	3	2
5	2	8	3	4	7	6	9	1

866

3	8	9	7	6	2	1	4	5
2	4	6	5	1	8	7	9	3
1	7	5	4	3	9	2	6	8
7	6	3	2	4	5	8	1	9
8	5	1	6	9	7	3	2	4
4	9	2	3	8	1	6	5	7
6	1	8	9	5	3	4	7	2
9	3	7	1	2	4	5	8	6
5	2	4	8	7	6	9	3	1

867

9	1	3	8	2	7	5	4	6
6	7	2	4	5	3	9	8	1
5	8	4	9	1	6	3	2	7
1	5	8	6	7	2	4	9	3
3	9	6	1	4	5	2	7	8
2	4	7	3	8	9	6	1	5
4	2	5	7	6	8	1	3	9
8	6	9	2	3	1	7	5	4
7	3	1	5	9	4	8	6	2

868

4	7	1	8	2	5	9	6	3
3	2	6	7	9	1	4	8	5
5	9	8	6	3	4	7	1	2
9	8	7	4	5	6	2	3	1
1	6	3	2	7	9	8	5	4
2	4	5	3	1	8	6	7	9
8	3	9	1	4	7	5	2	6
6	5	2	9	8	3	1	4	7
7	1	4	5	6	2	3	9	8

869

6	5	4	7	9	2	3	1	8
8	2	7	1	4	3	5	6	9
9	1	3	8	6	5	4	2	7
2	8	5	9	1	4	6	7	3
7	4	6	3	2	8	1	9	5
1	3	9	6	5	7	2	8	4
4	6	2	5	7	9	8	3	1
3	9	1	4	8	6	7	5	2
5	7	8	2	3	1	9	4	6

870

1	9	2	6	3	5	8	4	7
8	4	7	9	2	1	6	3	5
6	3	5	8	4	7	2	1	9
4	7	6	3	5	2	1	9	8
2	1	9	4	8	6	5	7	3
3	5	8	7	1	9	4	2	6
9	2	1	5	6	3	7	8	4
7	6	4	2	9	8	3	5	1
5	8	3	1	7	4	9	6	2

871

4	7	3	6	5	1	2	8	9
8	5	9	3	2	7	6	4	1
2	6	1	4	9	8	7	5	3
3	8	2	1	7	5	9	6	4
7	9	4	2	3	6	8	1	5
6	1	5	9	8	4	3	2	7
9	3	6	5	4	2	1	7	8
1	4	8	7	6	9	5	3	2
5	2	7	8	1	3	4	9	6

872

9	3	1	2	8	7	6	4	5
7	2	5	4	1	6	3	9	8
4	8	6	5	9	3	7	2	1
3	6	2	1	5	8	4	7	9
1	9	7	3	6	4	5	8	2
8	5	4	7	2	9	1	6	3
5	4	8	6	3	2	9	1	7
6	1	9	8	7	5	2	3	4
2	7	3	9	4	1	8	5	6

873

4	3	6	2	8	7	1	5	9
8	5	9	1	4	3	7	6	2
1	2	7	6	9	5	8	3	4
7	8	5	9	6	4	2	1	3
3	4	1	5	7	2	6	9	8
9	6	2	8	3	1	5	4	7
5	1	8	3	2	9	4	7	6
2	7	3	4	1	6	9	8	5
6	9	4	7	5	8	3	2	1

874

9	5	3	8	6	4	7	1	2
4	2	1	5	3	7	8	6	9
6	7	8	1	9	2	3	4	5
2	8	6	9	4	5	1	3	7
1	4	5	2	7	3	6	9	8
7	3	9	6	1	8	5	2	4
5	1	4	7	2	6	9	8	3
8	9	2	3	5	1	4	7	6
3	6	7	4	8	9	2	5	1

875

2	4	8	3	5	7	6	9	1
6	7	5	4	1	9	2	8	3
9	1	3	2	8	6	5	7	4
4	5	1	7	2	3	9	6	8
3	8	6	5	9	4	1	2	7
7	9	2	1	6	8	3	4	5
8	2	4	6	3	5	7	1	9
5	6	9	8	7	1	4	3	2
1	3	7	9	4	2	8	5	6

876

2	6	4	7	5	3	8	1	9
5	3	8	1	9	4	2	6	7
7	1	9	8	6	2	5	4	3
4	2	7	9	3	8	1	5	6
6	9	3	5	2	1	4	7	8
8	5	1	6	4	7	9	3	2
3	8	6	4	1	9	7	2	5
9	4	2	3	7	5	6	8	1
1	7	5	2	8	6	3	9	4

877

2	5	4	7	3	8	1	6	9
3	8	6	4	9	1	2	7	5
7	1	9	6	2	5	8	4	3
6	3	2	9	8	4	5	1	7
1	4	7	5	6	2	3	9	8
5	9	8	3	1	7	6	2	4
9	7	1	8	5	6	4	3	2
4	6	5	2	7	3	9	8	1
8	2	3	1	4	9	7	5	6

878

3	6	5	1	4	9	2	8	7
1	2	4	8	3	7	6	9	5
7	8	9	2	6	5	4	3	1
4	1	8	5	9	2	7	6	3
9	7	2	6	1	3	8	5	4
5	3	6	7	8	4	1	2	9
8	5	7	3	2	1	9	4	6
6	4	3	9	7	8	5	1	2
2	9	1	4	5	6	3	7	8

879

6	7	1	9	2	8	3	5	4
9	3	2	1	5	4	6	7	8
4	8	5	6	7	3	2	9	1
1	6	7	3	8	9	4	2	5
3	2	9	5	4	6	1	8	7
5	4	8	7	1	2	9	3	6
2	1	6	8	3	7	5	4	9
8	9	4	2	6	5	7	1	3
7	5	3	4	9	1	8	6	2

880

4	6	1	3	5	7	8	2	9
2	9	8	1	4	6	7	3	5
3	5	7	9	8	2	4	6	1
8	3	6	5	9	1	2	4	7
9	4	2	7	6	3	5	1	8
1	7	5	8	2	4	6	9	3
6	8	3	4	1	5	9	7	2
7	2	9	6	3	8	1	5	4
5	1	4	2	7	9	3	8	6

881

```
8 5 2 9 1 7 3 4 6
4 3 1 6 5 8 9 7 2
7 9 6 3 4 2 1 8 5
3 6 8 7 9 4 2 5 1
9 2 7 1 6 5 8 3 4
5 1 4 8 2 3 7 6 9
1 4 3 5 8 9 6 2 7
2 8 9 4 7 6 5 1 3
6 7 5 2 3 1 4 9 8
```

882

```
2 7 5 3 6 9 4 8 1
4 1 3 2 7 8 6 9 5
8 6 9 5 4 1 2 3 7
6 5 7 8 1 3 9 2 4
9 8 1 6 2 4 5 7 3
3 4 2 7 9 5 8 1 6
7 9 8 4 3 6 1 5 2
1 2 4 9 5 7 3 6 8
5 3 6 1 8 2 7 4 9
```

883

```
9 3 8 1 7 5 2 6 4
7 4 2 6 9 8 3 5 1
5 1 6 4 3 2 9 8 7
4 2 1 7 8 3 6 9 5
8 6 9 5 1 4 7 3 2
3 7 5 9 2 6 4 1 8
2 5 7 3 6 1 8 4 9
6 8 4 2 5 9 1 7 3
1 9 3 8 4 7 5 2 6
```

884

```
8 4 5 6 2 7 1 9 3
3 9 2 4 5 1 7 6 8
7 1 6 8 3 9 2 4 5
1 5 9 7 6 8 4 3 2
4 3 7 5 1 2 6 8 9
2 6 8 9 4 3 5 7 1
5 7 3 1 8 6 9 2 4
9 2 4 3 7 5 8 1 6
6 8 1 2 9 4 3 5 7
```

885

```
9 3 4 1 5 8 7 6 2
6 7 8 2 4 3 1 5 9
1 2 5 6 9 7 8 4 3
2 5 1 3 8 4 9 7 6
3 8 9 7 2 6 5 1 4
4 6 7 9 1 5 3 2 8
7 4 3 8 6 1 2 9 5
5 1 2 4 3 9 6 8 7
8 9 6 5 7 2 4 3 1
```

886

```
3 8 2 7 6 9 4 1 5
1 5 6 2 4 8 7 3 9
4 7 9 1 5 3 2 6 8
5 3 8 6 7 2 1 9 4
6 1 7 8 9 4 3 5 2
2 9 4 3 1 5 6 8 7
7 4 1 9 8 6 5 2 3
8 2 5 4 3 1 9 7 6
9 6 3 5 2 7 8 4 1
```

887

```
7 2 6 5 4 9 8 3 1
3 1 5 7 8 2 9 6 4
9 8 4 3 6 1 7 2 5
1 9 3 6 2 8 4 5 7
5 4 8 1 3 7 6 9 2
2 6 7 9 5 4 3 1 8
4 5 2 8 9 3 1 7 6
6 7 9 4 1 5 2 8 3
8 3 1 2 7 6 5 4 9
```

888

```
6 1 3 8 7 2 4 9 5
9 2 8 4 5 3 6 7 1
5 4 7 6 1 9 8 3 2
2 5 4 3 9 8 1 6 7
8 9 1 7 4 6 5 2 3
3 7 6 5 2 1 9 8 4
1 8 2 9 3 5 7 4 6
7 3 9 1 6 4 2 5 8
4 6 5 2 8 7 3 1 9
```

889

```
6 2 4 3 9 5 7 1 8
8 9 5 7 1 6 4 2 3
3 7 1 8 4 2 5 6 9
7 1 9 2 8 3 6 5 4
4 3 2 5 6 9 8 7 1
5 8 6 4 7 1 3 9 2
9 6 7 1 3 4 2 8 5
2 4 8 9 5 7 1 3 6
1 5 3 6 2 8 9 4 7
```

890

```
2 4 9 1 6 7 3 5 8
6 8 1 5 3 4 2 9 7
7 5 3 2 9 8 4 1 6
1 7 8 9 4 2 6 3 5
4 3 5 7 1 6 8 2 9
9 6 2 3 8 5 7 4 1
8 2 4 6 5 1 9 7 3
5 9 6 4 7 3 1 8 2
3 1 7 8 2 9 5 6 4
```

891

```
9 4 7 6 1 2 8 5 3
8 2 5 7 4 3 6 9 1
6 3 1 8 9 5 2 4 7
3 5 9 4 6 1 7 2 8
1 6 4 2 8 7 5 3 9
2 7 8 5 3 9 1 6 4
7 9 6 1 2 4 3 8 5
4 1 2 3 5 8 9 7 6
5 8 3 9 7 6 4 1 2
```

892

```
6 8 4 9 7 2 5 3 1
7 5 9 3 1 4 6 2 8
2 1 3 8 6 5 9 4 7
1 4 5 2 9 7 8 6 3
8 6 7 5 4 3 2 1 9
3 9 2 6 8 1 7 5 4
9 7 1 4 5 6 3 8 2
5 3 8 1 2 9 4 7 6
4 2 6 7 3 8 1 9 5
```

893

```
4 7 6 3 9 8 1 2 5
2 8 5 7 1 6 9 4 3
9 1 3 2 4 5 8 6 7
8 9 7 6 2 1 5 3 4
6 4 1 5 8 3 2 7 9
5 3 2 9 7 4 6 8 1
7 6 8 4 5 9 3 1 2
1 5 4 8 3 2 7 9 6
3 2 9 1 6 7 4 5 8
```

894

```
1 3 8 5 9 4 2 7 6
2 5 7 1 6 3 4 9 8
4 6 9 8 2 7 1 3 5
3 7 2 6 8 5 9 1 4
6 1 4 9 7 2 5 8 3
8 9 5 4 3 1 7 6 2
9 2 3 7 4 6 8 5 1
7 4 1 3 5 8 6 2 9
5 8 6 2 1 9 3 4 7
```

895

```
4 8 7 9 3 2 5 1 6
5 9 3 6 1 7 8 4 2
1 6 2 8 4 5 7 9 3
3 5 4 2 7 6 9 8 1
9 2 6 4 8 1 3 7 5
8 7 1 3 5 9 6 2 4
2 3 8 7 6 4 1 5 9
6 1 9 5 2 8 4 3 7
7 4 5 1 9 3 2 6 8
```

896

```
7 6 5 3 8 9 2 1 4
3 2 1 4 6 7 5 9 8
4 9 8 5 1 2 3 7 6
6 8 9 2 5 4 1 3 7
1 4 3 9 7 8 6 5 2
5 7 2 1 3 6 8 4 9
8 1 6 7 4 5 9 2 3
2 5 4 8 9 3 7 6 1
9 3 7 6 2 1 4 8 5
```

897

```
8 6 4 9 3 1 2 7 5
7 5 1 4 2 8 3 9 6
3 9 2 6 7 5 8 1 4
9 2 3 7 5 4 6 8 1
4 1 5 8 6 3 7 2 9
6 7 8 1 9 2 5 4 3
5 4 9 3 8 7 1 6 2
2 8 6 5 1 9 4 3 7
1 3 7 2 4 6 9 5 8
```

898

```
6 3 8 4 1 5 2 9 7
4 7 5 2 9 6 3 8 1
1 2 9 8 7 3 4 5 6
3 4 7 5 2 8 6 1 9
2 5 6 1 4 9 8 7 3
9 8 1 6 3 7 5 2 4
5 6 3 9 8 1 7 4 2
8 9 2 7 6 4 1 3 5
7 1 4 3 5 2 9 6 8
```

899

```
1 6 7 9 8 2 5 4 3
3 8 2 5 7 4 1 6 9
4 9 5 1 3 6 7 2 8
6 2 1 3 9 7 8 5 4
9 4 3 2 5 8 6 7 1
7 5 8 4 6 1 3 9 2
5 1 6 8 2 9 4 3 7
8 7 9 6 4 3 2 1 5
2 3 4 7 1 5 9 8 6
```

900

```
2 6 4 7 5 1 9 8 3
7 1 9 8 6 3 5 4 2
3 5 8 4 2 9 7 1 6
9 3 6 5 1 2 4 7 8
5 7 1 3 4 8 6 2 9
4 8 2 6 9 7 1 3 5
1 9 7 2 8 5 3 6 4
8 4 3 9 7 6 2 5 1
6 2 5 1 3 4 8 9 7
```

901

8	2	9	1	5	3	4	7	6
4	3	1	7	2	6	8	5	9
7	6	5	8	4	9	3	2	1
5	8	4	9	3	7	1	6	2
9	7	3	2	6	1	5	8	4
2	1	6	4	8	5	9	3	7
6	4	7	3	9	8	2	1	5
3	5	2	6	1	4	7	9	8
1	9	8	5	7	2	6	4	3

902

8	5	2	6	9	3	4	7	1
4	1	9	7	5	8	6	2	3
3	7	6	2	1	4	5	9	8
7	2	3	9	4	5	1	8	6
5	6	4	1	8	7	2	3	9
1	9	8	3	6	2	7	5	4
2	4	7	8	3	6	9	1	5
6	8	1	5	7	9	3	4	2
9	3	5	4	2	1	8	6	7

903

7	5	4	6	8	2	3	1	9
1	8	6	9	7	3	4	5	2
2	9	3	5	1	4	8	6	7
4	7	5	8	9	6	2	3	1
3	6	9	2	4	1	5	7	8
8	1	2	3	5	7	9	4	6
6	4	8	1	2	5	7	9	3
9	3	7	4	6	8	1	2	5
5	2	1	7	3	9	6	8	4

904

2	5	9	7	1	4	8	6	3
4	8	3	6	9	5	1	2	7
7	1	6	3	8	2	5	4	9
1	7	4	8	3	9	6	5	2
9	6	8	5	2	1	3	7	4
3	2	5	4	6	7	9	1	8
8	9	7	2	5	6	4	3	1
5	3	2	1	4	8	7	9	6
6	4	1	9	7	3	2	8	5

905

8	6	2	9	3	1	7	5	4
4	1	9	6	7	5	3	2	8
7	5	3	2	4	8	1	9	6
6	9	1	3	5	4	2	8	7
2	8	4	7	9	6	5	1	3
3	7	5	1	8	2	6	4	9
1	2	8	4	6	3	9	7	5
9	4	6	5	2	7	8	3	1
5	3	7	8	1	9	4	6	2

906

4	7	3	5	8	6	1	9	2
1	5	6	2	9	7	8	4	3
8	2	9	4	3	1	7	6	5
9	8	7	1	5	4	3	2	6
6	3	1	9	2	8	4	5	7
2	4	5	7	6	3	9	1	8
7	6	4	3	1	2	5	8	9
5	1	8	6	7	9	2	3	4
3	9	2	8	4	5	6	7	1

907

6	9	5	2	4	3	8	1	7
2	3	1	8	9	7	4	5	6
7	8	4	6	1	5	3	9	2
3	5	9	1	7	6	2	4	8
1	2	7	3	8	4	5	6	9
8	4	6	5	2	9	1	7	3
4	1	3	7	6	2	9	8	5
9	7	2	4	5	8	6	3	1
5	6	8	9	3	1	7	2	4

908

3	4	5	6	8	7	2	9	1
7	9	8	1	2	5	3	4	6
2	6	1	3	4	9	7	5	8
9	1	7	4	5	3	6	8	2
8	5	2	7	1	6	4	3	9
4	3	6	2	9	8	1	7	5
6	8	4	9	7	1	5	2	3
5	2	3	8	6	4	9	1	7
1	7	9	5	3	2	8	6	4

909

6	7	4	9	3	1	8	2	5
5	1	2	7	6	8	9	3	4
3	8	9	5	2	4	1	7	6
2	9	8	1	5	6	7	4	3
7	4	5	2	9	3	6	8	1
1	3	6	4	8	7	2	5	9
8	5	7	3	1	9	4	6	2
9	6	3	8	4	2	5	1	7
4	2	1	6	7	5	3	9	8

910

7	1	2	4	9	3	5	6	8
3	5	6	7	8	2	9	1	4
4	8	9	1	5	6	3	7	2
9	2	8	3	1	5	7	4	6
1	7	3	6	4	8	2	5	9
5	6	4	2	7	9	1	8	3
8	4	7	9	2	1	6	3	5
2	3	1	5	6	4	8	9	7
6	9	5	8	3	7	4	2	1

911

7	2	5	9	1	4	6	8	3
3	8	9	2	7	6	4	1	5
6	1	4	3	5	8	7	2	9
2	4	8	7	9	1	3	5	6
9	7	1	6	3	5	2	4	8
5	3	6	4	8	2	1	9	7
8	5	3	1	4	7	9	6	2
4	9	2	5	6	3	8	7	1
1	6	7	8	2	9	5	3	4

912

3	7	5	2	8	9	1	4	6
8	1	6	4	7	5	9	2	3
9	2	4	1	6	3	8	7	5
7	8	1	5	9	4	6	3	2
2	4	3	8	1	6	5	9	7
5	6	9	3	2	7	4	8	1
6	3	2	9	4	1	7	5	8
1	9	8	7	5	2	3	6	4
4	5	7	6	3	8	2	1	9

913

5	3	1	4	9	6	7	8	2
8	9	4	1	2	7	5	6	3
2	7	6	5	3	8	1	4	9
3	8	5	2	4	1	6	9	7
6	2	9	8	7	5	4	3	1
1	4	7	9	6	3	2	5	8
9	5	3	6	1	2	8	7	4
7	1	8	3	5	4	9	2	6
4	6	2	7	8	9	3	1	5

914

4	3	7	6	9	5	8	2	1
6	2	9	8	4	1	7	3	5
1	8	5	2	3	7	6	4	9
2	5	8	7	1	6	3	9	4
7	4	6	3	5	9	1	8	2
3	9	1	4	8	2	5	7	6
5	7	4	1	2	3	9	6	8
8	1	3	9	6	4	2	5	7
9	6	2	5	7	8	4	1	3

915

9	2	5	4	3	1	8	6	7
6	3	1	9	7	8	2	5	4
8	4	7	6	5	2	1	3	9
3	5	9	7	2	6	4	1	8
1	7	8	5	9	4	3	2	6
2	6	4	8	1	3	7	9	5
4	1	6	3	8	9	5	7	2
7	8	2	1	6	5	9	4	3
5	9	3	2	4	7	6	8	1

916

3	9	6	5	4	1	7	2	8
2	8	4	7	9	6	1	5	3
5	1	7	3	2	8	6	9	4
9	6	3	8	7	2	5	4	1
1	7	5	9	3	4	2	8	6
8	4	2	1	6	5	9	3	7
6	5	9	4	8	7	3	1	2
4	2	1	6	5	3	8	7	9
7	3	8	2	1	9	4	6	5

917

7	9	8	6	3	1	4	2	5
5	6	2	7	4	8	1	3	9
3	1	4	2	9	5	6	7	8
4	7	1	5	6	9	3	8	2
2	8	6	4	7	3	5	9	1
9	3	5	8	1	2	7	6	4
8	2	3	1	5	7	9	4	6
1	4	7	9	8	6	2	5	3
6	5	9	3	2	4	8	1	7

918

9	8	3	4	5	7	2	6	1
5	1	6	9	2	3	7	4	8
2	7	4	6	1	8	9	5	3
7	4	9	2	3	5	1	8	6
1	3	2	7	8	6	5	9	4
6	5	8	1	4	9	3	2	7
8	2	1	5	7	4	6	3	9
4	9	7	3	6	2	8	1	5
3	6	5	8	9	1	4	7	2

919

6	9	4	5	3	7	8	2	1
7	8	5	1	2	6	9	4	3
2	1	3	9	8	4	6	5	7
4	3	2	6	7	5	1	8	9
1	7	6	4	9	8	2	3	5
8	5	9	2	1	3	7	6	4
9	4	1	3	6	2	5	7	8
3	2	8	7	5	9	4	1	6
5	6	7	8	4	1	3	9	2

920

1	9	8	4	7	5	3	6	2
4	6	7	3	1	2	5	9	8
5	3	2	6	8	9	4	7	1
2	8	4	9	5	7	6	1	3
9	7	3	1	6	8	2	4	5
6	5	1	2	4	3	9	8	7
7	2	5	8	9	4	1	3	6
8	4	6	5	3	1	7	2	9
3	1	9	7	2	6	8	5	4

921

```
6 1 8 | 9 7 5 | 4 2 3
3 4 5 | 6 1 2 | 8 9 7
9 2 7 | 4 3 8 | 1 5 6
5 3 6 | 1 8 7 | 9 4 2
1 8 4 | 2 6 9 | 7 3 5
2 7 9 | 3 5 4 | 6 8 1
8 6 2 | 7 9 3 | 5 1 4
4 5 1 | 8 2 6 | 3 7 9
7 9 3 | 5 4 1 | 2 6 8
```

922

```
4 7 8 | 1 9 2 | 3 6 5
1 2 6 | 3 7 5 | 8 9 4
9 5 3 | 4 6 8 | 2 7 1
6 4 7 | 2 5 9 | 1 8 3
5 1 2 | 8 3 6 | 9 4 7
8 3 9 | 7 4 1 | 5 2 6
2 9 5 | 6 1 7 | 4 3 8
7 8 4 | 5 2 3 | 6 1 9
3 6 1 | 9 8 4 | 7 5 2
```

923

```
6 5 7 | 2 8 3 | 4 9 1
2 4 1 | 9 5 6 | 7 3 8
8 9 3 | 1 4 7 | 2 5 6
7 3 4 | 5 9 8 | 6 1 2
5 1 2 | 6 7 4 | 3 8 9
9 6 8 | 3 2 1 | 5 7 4
3 8 9 | 4 6 5 | 1 2 7
4 7 5 | 8 1 2 | 9 6 3
1 2 6 | 7 3 9 | 8 4 5
```

924

```
4 1 9 | 8 2 7 | 3 5 6
7 5 3 | 1 4 6 | 2 9 8
6 8 2 | 5 3 9 | 4 1 7
9 7 1 | 2 8 3 | 6 4 5
5 3 6 | 9 7 4 | 8 2 1
2 4 8 | 6 5 1 | 7 3 9
8 6 5 | 3 9 2 | 1 7 4
1 2 4 | 7 6 5 | 9 8 3
3 9 7 | 4 1 8 | 5 6 2
```

925

```
9 6 7 | 8 2 1 | 5 3 4
5 2 8 | 3 4 9 | 7 6 1
4 1 3 | 5 6 7 | 2 8 9
6 9 1 | 2 7 3 | 4 5 8
3 4 2 | 6 5 8 | 9 1 7
7 8 5 | 9 1 4 | 3 2 6
2 5 4 | 7 8 6 | 1 9 3
8 7 9 | 1 3 5 | 6 4 2
1 3 6 | 4 9 2 | 8 7 5
```

926

```
2 3 5 | 9 8 1 | 7 4 6
9 1 6 | 7 4 3 | 2 5 8
7 8 4 | 2 6 5 | 3 1 9
6 5 2 | 1 3 9 | 4 8 7
1 7 3 | 8 5 4 | 9 6 2
8 4 9 | 6 7 2 | 1 3 5
4 9 1 | 5 2 8 | 6 7 3
3 6 8 | 4 9 7 | 5 2 1
5 2 7 | 3 1 6 | 8 9 4
```

927

```
4 8 5 | 1 3 2 | 9 6 7
9 7 6 | 4 8 5 | 3 2 1
2 3 1 | 6 9 7 | 8 4 5
7 2 8 | 9 1 3 | 4 5 6
3 5 9 | 7 4 6 | 1 8 2
1 6 4 | 2 5 8 | 7 9 3
6 9 2 | 3 7 4 | 5 1 8
8 4 3 | 5 2 1 | 6 7 9
5 1 7 | 8 6 9 | 2 3 4
```

928

```
4 6 2 | 1 5 3 | 8 9 7
9 5 3 | 8 7 6 | 2 4 1
1 8 7 | 2 9 4 | 6 3 5
6 7 8 | 5 3 2 | 4 1 9
2 4 5 | 6 1 9 | 3 7 8
3 1 9 | 4 8 7 | 5 2 6
7 2 6 | 9 4 5 | 1 8 3
8 9 4 | 3 6 1 | 7 5 2
5 3 1 | 7 2 8 | 9 6 4
```

929

```
7 6 9 | 2 3 4 | 1 5 8
2 5 1 | 7 9 8 | 6 3 4
4 8 3 | 6 5 1 | 7 9 2
9 1 7 | 3 8 6 | 4 2 5
8 4 2 | 5 1 7 | 3 6 9
5 3 6 | 4 2 9 | 8 1 7
1 7 4 | 9 6 2 | 5 8 3
6 9 5 | 8 7 3 | 2 4 1
3 2 8 | 1 4 5 | 9 7 6
```

930

```
2 9 1 | 8 6 4 | 7 5 3
6 8 4 | 3 7 5 | 1 9 2
7 5 3 | 1 2 9 | 4 8 6
9 4 8 | 2 3 7 | 5 6 1
3 6 7 | 5 1 8 | 9 2 4
5 1 2 | 9 4 6 | 3 7 8
4 2 9 | 7 8 3 | 6 1 5
8 3 5 | 6 9 1 | 2 4 7
1 7 6 | 4 5 2 | 8 3 9
```

931

```
2 9 4 | 8 5 7 | 6 1 3
3 6 1 | 9 4 2 | 5 8 7
5 8 7 | 6 3 1 | 9 4 2
8 5 9 | 4 1 3 | 2 7 6
4 3 2 | 7 6 8 | 1 5 9
1 7 6 | 2 9 5 | 8 3 4
6 4 5 | 1 7 9 | 3 2 8
7 2 3 | 5 8 6 | 4 9 1
9 1 8 | 3 2 4 | 7 6 5
```

932

```
1 7 3 | 4 8 6 | 2 5 9
9 4 5 | 2 7 1 | 6 3 8
6 8 2 | 9 5 3 | 4 1 7
7 9 8 | 1 4 2 | 3 6 5
4 3 6 | 8 9 5 | 1 7 2
2 5 1 | 6 3 7 | 9 8 4
3 6 7 | 5 2 9 | 8 4 1
5 2 4 | 3 1 8 | 7 9 6
8 1 9 | 7 6 4 | 5 2 3
```

933

```
5 7 8 | 4 3 1 | 9 6 2
1 3 4 | 2 9 6 | 8 5 7
2 6 9 | 5 7 8 | 3 4 1
7 1 6 | 9 8 5 | 2 3 4
8 4 5 | 3 1 2 | 6 7 9
3 9 2 | 7 6 4 | 5 1 8
4 8 3 | 1 5 9 | 7 2 6
6 2 7 | 8 4 3 | 1 9 5
9 5 1 | 6 2 7 | 4 8 3
```

934

```
5 4 6 | 7 1 9 | 2 3 8
1 3 8 | 4 6 2 | 5 7 9
9 7 2 | 8 3 5 | 4 1 6
2 9 5 | 3 7 6 | 8 4 1
8 1 3 | 5 2 4 | 9 6 7
7 6 4 | 9 8 1 | 3 2 5
6 8 7 | 2 9 3 | 1 5 4
3 5 1 | 6 4 8 | 7 9 2
4 2 9 | 1 5 7 | 6 8 3
```

935

```
8 2 7 | 4 5 1 | 3 6 9
9 1 5 | 6 7 3 | 2 8 4
6 3 4 | 2 9 8 | 5 1 7
3 5 6 | 1 2 9 | 4 7 8
4 9 1 | 5 8 7 | 6 3 2
2 7 8 | 3 6 4 | 1 9 5
7 4 3 | 9 1 5 | 8 2 6
1 6 9 | 8 4 2 | 7 5 3
5 8 2 | 7 3 6 | 9 4 1
```

936

```
6 9 2 | 5 1 8 | 3 4 7
3 5 8 | 7 4 9 | 2 1 6
1 7 4 | 2 6 3 | 5 8 9
7 3 6 | 1 8 5 | 9 2 4
2 4 5 | 6 9 7 | 1 3 8
9 8 1 | 3 2 4 | 7 6 5
4 2 9 | 8 7 1 | 6 5 3
5 1 7 | 4 3 6 | 8 9 2
8 6 3 | 9 5 2 | 4 7 1
```

937

```
1 2 6 | 8 9 4 | 5 3 7
5 9 4 | 2 7 3 | 1 6 8
3 7 8 | 5 1 6 | 9 2 4
9 8 2 | 6 5 1 | 7 4 3
7 1 3 | 9 4 2 | 8 5 6
4 6 5 | 7 3 8 | 2 1 9
2 4 1 | 3 8 9 | 6 7 5
6 5 9 | 4 2 7 | 3 8 1
8 3 7 | 1 6 5 | 4 9 2
```

938

```
2 7 5 | 4 8 1 | 9 3 6
6 1 4 | 3 9 5 | 7 8 2
8 9 3 | 2 6 7 | 4 1 5
9 3 2 | 7 4 8 | 6 5 1
1 4 6 | 5 3 9 | 8 2 7
5 8 7 | 1 2 6 | 3 4 9
7 6 1 | 8 5 3 | 2 9 4
4 5 8 | 9 7 2 | 1 6 3
3 2 9 | 6 1 4 | 5 7 8
```

939

```
8 4 9 | 5 6 7 | 3 1 2
5 6 2 | 3 1 9 | 4 8 7
7 1 3 | 8 2 4 | 6 5 9
3 5 6 | 7 4 8 | 9 2 1
4 9 7 | 2 5 1 | 8 6 3
1 2 8 | 6 9 3 | 7 4 5
9 8 1 | 4 3 2 | 5 7 6
6 3 4 | 1 7 5 | 2 9 8
2 7 5 | 9 8 6 | 1 3 4
```

940

```
8 3 2 | 1 4 7 | 9 6 5
1 5 7 | 9 6 8 | 4 2 3
9 4 6 | 2 3 5 | 7 8 1
7 9 8 | 4 5 3 | 6 1 2
5 6 4 | 8 2 1 | 3 9 7
3 2 1 | 6 7 9 | 8 5 4
4 1 5 | 3 9 6 | 2 7 8
2 8 9 | 7 1 4 | 5 3 6
6 7 3 | 5 8 2 | 1 4 9
```

941

1	9	3	4	2	7	6	5	8
5	6	4	8	1	3	7	2	9
2	8	7	5	9	6	3	4	1
6	5	8	1	7	2	4	9	3
4	1	2	9	3	5	8	7	6
7	3	9	6	8	4	5	1	2
8	7	1	3	5	9	2	6	4
3	2	6	7	4	1	9	8	5
9	4	5	2	6	8	1	3	7

942

2	9	1	4	8	6	3	5	7
4	3	8	7	1	5	6	9	2
5	6	7	2	9	3	1	4	8
7	1	6	3	4	8	9	2	5
8	2	9	5	7	1	4	3	6
3	4	5	9	6	2	8	7	1
6	5	2	8	3	4	7	1	9
1	7	4	6	5	9	2	8	3
9	8	3	1	2	7	5	6	4

943

5	2	3	9	1	6	7	4	8
8	6	1	4	7	2	5	9	3
9	4	7	3	5	8	1	2	6
2	8	5	6	9	4	3	1	7
1	9	6	5	3	7	2	8	4
7	3	4	8	2	1	9	6	5
4	5	9	1	8	3	6	7	2
3	7	8	2	6	9	4	5	1
6	1	2	7	4	5	8	3	9

944

7	1	2	8	3	4	5	9	6
3	9	6	7	5	2	1	8	4
4	8	5	1	9	6	2	7	3
8	3	1	6	7	9	4	5	2
5	2	7	3	4	1	9	6	8
6	4	9	2	8	5	3	1	7
2	7	4	5	1	8	6	3	9
9	5	3	4	6	7	8	2	1
1	6	8	9	2	3	7	4	5

945

6	5	3	9	8	2	1	7	4
8	4	9	7	1	3	5	2	6
7	2	1	4	5	6	9	3	8
1	6	8	3	4	9	2	5	7
5	9	4	1	2	7	6	8	3
3	7	2	5	6	8	4	1	9
9	1	5	8	3	4	7	6	2
2	8	7	6	9	1	3	4	5
4	3	6	2	7	5	8	9	1

946

6	1	7	5	9	3	2	4	8
4	5	2	8	6	7	9	1	3
3	8	9	4	1	2	7	5	6
2	7	5	3	4	9	6	8	1
8	3	6	7	5	1	4	2	9
1	9	4	2	8	6	5	3	7
9	2	1	6	3	4	8	7	5
5	4	3	9	7	8	1	6	2
7	6	8	1	2	5	3	9	4

947

2	6	1	5	9	7	4	8	3
5	3	7	1	8	4	9	6	2
4	8	9	3	6	2	7	5	1
1	7	6	2	4	8	3	9	5
3	5	4	9	7	1	6	2	8
9	2	8	6	3	5	1	7	4
6	9	2	4	5	3	8	1	7
7	1	3	8	2	6	5	4	9
8	4	5	7	1	9	2	3	6

948

9	6	8	5	2	1	3	7	4
1	2	3	6	4	7	5	8	9
4	7	5	3	8	9	6	1	2
6	5	2	7	9	8	4	3	1
7	1	9	4	6	3	8	2	5
8	3	4	2	1	5	9	6	7
2	9	1	8	5	6	7	4	3
5	8	7	1	3	4	2	9	6
3	4	6	9	7	2	1	5	8

949

3	6	1	8	7	5	2	9	4
2	4	8	3	9	1	7	6	5
7	5	9	4	2	6	1	8	3
8	3	7	6	4	9	5	2	1
6	1	2	5	8	7	4	3	9
5	9	4	1	3	2	8	7	6
1	8	6	7	5	3	9	4	2
9	7	5	2	6	4	3	1	8
4	2	3	9	1	8	6	5	7

950

7	2	3	9	4	8	6	5	1
8	1	6	2	7	5	9	3	4
5	4	9	3	1	6	2	8	7
9	5	8	7	6	4	3	1	2
4	3	7	1	5	2	8	6	9
2	6	1	8	3	9	4	7	5
6	8	5	4	2	7	1	9	3
1	9	2	5	8	3	7	4	6
3	7	4	6	9	1	5	2	8

951

3	2	7	5	1	4	8	9	6
1	8	6	2	9	7	4	5	3
4	9	5	6	3	8	7	1	2
2	6	8	9	7	5	3	4	1
7	5	3	8	4	1	2	6	9
9	4	1	3	2	6	5	8	7
8	1	2	4	6	3	9	7	5
6	3	4	7	5	9	1	2	8
5	7	9	1	8	2	6	3	4

952

3	2	1	4	6	9	5	8	7
5	6	4	7	3	8	1	2	9
8	7	9	1	2	5	6	4	3
1	9	2	8	5	3	7	6	4
6	8	7	9	4	2	3	5	1
4	5	3	6	7	1	2	9	8
9	4	6	5	1	7	8	3	2
7	3	8	2	9	6	4	1	5
2	1	5	3	8	4	9	7	6

953

7	6	2	3	5	9	1	8	4
1	3	5	8	7	4	6	9	2
8	9	4	1	2	6	7	5	3
9	4	7	5	1	3	8	2	6
2	1	6	9	8	7	3	4	5
3	5	8	6	4	2	9	7	1
4	8	1	7	3	5	2	6	9
5	7	9	2	6	1	4	3	8
6	2	3	4	9	8	5	1	7

954

5	1	7	9	2	4	3	8	6
2	9	3	1	6	8	5	4	7
8	6	4	7	5	3	2	1	9
7	5	1	4	3	2	9	6	8
9	3	2	8	7	6	1	5	4
6	4	8	5	1	9	7	3	2
3	7	6	2	8	5	4	9	1
4	2	5	6	9	1	8	7	3
1	8	9	3	4	7	6	2	5

955

4	5	1	2	6	9	3	8	7
6	8	7	4	5	3	1	2	9
3	2	9	7	1	8	6	4	5
2	7	3	9	8	6	4	5	1
5	1	8	3	7	4	2	9	6
9	4	6	5	2	1	8	7	3
1	3	2	8	9	5	7	6	4
7	9	4	6	3	2	5	1	8
8	6	5	1	4	7	9	3	2

956

1	6	3	9	8	7	4	2	5
5	2	4	1	3	6	8	9	7
8	7	9	4	2	5	1	6	3
2	9	5	7	4	1	6	3	8
7	3	8	6	5	2	9	1	4
4	1	6	8	9	3	7	5	2
6	4	2	3	1	8	5	7	9
3	8	7	5	6	9	2	4	1
9	5	1	2	7	4	3	8	6

957

8	4	6	2	9	1	3	5	7
5	2	1	4	7	3	9	6	8
7	9	3	5	8	6	1	4	2
1	7	9	6	3	4	2	8	5
4	5	2	9	1	8	7	3	6
6	3	8	7	2	5	4	9	1
2	8	7	3	5	9	6	1	4
9	1	4	8	6	2	5	7	3
3	6	5	1	4	7	8	2	9

958

3	4	1	5	9	2	8	7	6
8	9	6	7	1	4	2	5	3
7	5	2	6	8	3	1	4	9
9	2	4	8	6	5	7	3	1
1	6	8	2	3	7	5	9	4
5	7	3	9	4	1	6	2	8
2	3	9	1	5	8	4	6	7
6	1	7	4	2	9	3	8	5
4	8	5	3	7	6	9	1	2

959

5	4	6	8	3	1	2	7	9
1	3	8	2	7	9	6	5	4
9	2	7	6	4	5	1	8	3
8	1	4	7	9	3	5	6	2
7	9	5	1	2	6	4	3	8
2	6	3	4	5	8	7	9	1
4	8	9	5	1	7	3	2	6
6	7	2	3	8	4	9	1	5
3	5	1	9	6	2	8	4	7

960

4	1	3	8	6	7	5	9	2
7	2	6	1	5	9	3	8	4
5	8	9	2	4	3	6	7	1
6	7	2	9	3	1	4	5	8
1	3	4	5	8	6	7	2	9
8	9	5	7	2	4	1	6	3
9	4	7	6	1	2	8	3	5
2	5	1	3	7	8	9	4	6
3	6	8	4	9	5	2	1	7

961

```
6 9 3 4 2 5 8 7 1
5 8 2 6 1 7 4 9 3
7 4 1 3 8 9 6 2 5
1 7 8 2 9 4 3 5 6
4 5 9 8 3 6 2 1 7
2 3 6 7 5 1 9 4 8
3 2 4 1 7 8 5 6 9
8 1 5 9 6 2 7 3 4
9 6 7 5 4 3 1 8 2
```

962

```
7 4 3 2 5 1 6 8 9
6 9 2 4 7 8 1 5 3
8 5 1 9 3 6 2 7 4
1 6 8 7 9 2 3 4 5
9 3 7 6 4 5 8 2 1
4 2 5 1 8 3 7 9 6
5 1 6 8 2 4 9 3 7
3 8 9 5 1 7 4 6 2
2 7 4 3 6 9 5 1 8
```

963

```
1 7 6 8 4 2 5 3 9
3 2 4 5 1 9 7 6 8
9 5 8 3 7 6 4 1 2
7 4 5 1 2 3 8 9 6
2 8 3 6 9 5 1 4 7
6 1 9 7 8 4 3 2 5
5 9 2 4 3 7 6 8 1
4 6 1 9 5 8 2 7 3
8 3 7 2 6 1 9 5 4
```

964

```
8 7 3 2 1 4 9 5 6
4 6 1 5 3 9 7 8 2
9 2 5 6 7 8 4 1 3
3 5 2 4 6 7 1 9 8
7 8 9 1 5 2 6 3 4
1 4 6 9 8 3 2 7 5
5 9 4 3 2 1 8 6 7
2 3 7 8 9 6 5 4 1
6 1 8 7 4 5 3 2 9
```

965

```
2 8 6 9 5 7 1 3 4
1 3 5 2 8 4 6 9 7
7 4 9 6 3 1 5 8 2
4 1 7 8 6 9 3 2 5
6 5 8 3 4 2 7 1 9
3 9 2 7 1 5 4 6 8
8 7 1 5 9 3 2 4 6
5 6 3 4 2 8 9 7 1
9 2 4 1 7 6 8 5 3
```

966

```
9 6 2 8 5 3 1 4 7
1 5 3 4 7 9 8 6 2
8 7 4 6 2 1 9 5 3
4 3 7 5 9 6 2 8 1
2 1 5 7 8 4 3 9 6
6 9 8 3 1 2 5 7 4
7 4 9 2 3 8 6 1 5
3 8 6 1 4 5 7 2 9
5 2 1 9 6 7 4 3 8
```

967

```
4 6 5 2 7 9 8 3 1
1 9 8 6 3 5 2 4 7
3 7 2 8 4 1 6 9 5
2 5 3 4 1 6 7 8 9
6 4 1 9 8 7 5 2 3
9 8 7 3 5 2 4 1 6
5 3 6 1 2 8 9 7 4
8 1 9 7 6 4 3 5 2
7 2 4 5 9 3 1 6 8
```

968

```
5 4 3 6 9 7 1 8 2
8 1 6 3 2 4 7 9 5
2 7 9 8 1 5 4 6 3
6 3 1 9 7 2 8 5 4
9 2 7 4 5 8 6 3 1
4 8 5 1 6 3 9 2 7
1 5 2 7 8 9 3 4 6
3 6 8 5 4 1 2 7 9
7 9 4 2 3 6 5 1 8
```

969

```
2 7 6 1 9 5 4 3 8
9 5 3 8 6 4 7 1 2
4 8 1 7 2 3 6 9 5
6 9 5 3 7 2 8 4 1
8 4 7 6 5 1 3 2 9
1 3 2 4 8 9 5 7 6
5 1 8 9 4 7 2 6 3
3 2 4 5 1 6 9 8 7
7 6 9 2 3 8 1 5 4
```

970

```
3 8 1 7 2 9 6 5 4
5 9 4 3 8 6 2 7 1
7 6 2 1 4 5 9 3 8
6 3 8 9 7 1 4 2 5
1 7 9 2 5 4 8 6 3
2 4 5 6 3 8 7 1 9
4 1 6 5 9 2 3 8 7
9 5 3 8 6 7 1 4 2
8 2 7 4 1 3 5 9 6
```

971

```
8 1 2 5 6 9 3 4 7
4 5 3 2 8 7 1 6 9
6 9 7 3 1 4 2 8 5
5 4 1 9 3 2 6 7 8
2 3 9 8 7 6 4 5 1
7 8 6 1 4 5 9 3 2
1 7 4 6 9 8 5 2 3
3 6 5 7 2 1 8 9 4
9 2 8 4 5 3 7 1 6
```

972

```
1 8 5 9 3 4 6 7 2
3 6 7 8 2 5 1 4 9
4 9 2 1 6 7 5 8 3
8 5 4 2 7 6 3 9 1
2 3 6 4 1 9 8 5 7
9 7 1 5 8 3 4 2 6
5 1 9 6 4 2 7 3 8
6 4 3 7 9 8 2 1 5
7 2 8 3 5 1 9 6 4
```

973

```
8 5 4 1 2 7 9 3 6
3 2 6 5 4 9 1 7 8
9 1 7 3 6 8 2 4 5
6 3 1 4 9 2 5 8 7
5 9 8 6 7 3 4 2 1
4 7 2 8 1 5 3 6 9
1 6 9 7 3 4 8 5 2
7 8 3 2 5 1 6 9 4
2 4 5 9 8 6 7 1 3
```

974

```
3 8 4 9 1 7 5 6 2
1 6 5 3 8 2 9 7 4
7 2 9 4 6 5 1 8 3
2 4 3 1 9 8 6 5 7
9 7 8 6 5 4 2 3 1
5 1 6 7 2 3 8 4 9
8 9 7 5 3 1 4 2 6
6 3 2 8 4 9 7 1 5
4 5 1 2 7 6 3 9 8
```

975

```
9 7 3 2 4 8 1 6 5
4 6 2 1 3 5 7 9 8
1 8 5 6 7 9 3 2 4
3 5 7 8 9 2 6 4 1
6 4 8 5 1 3 9 7 2
2 9 1 7 6 4 5 8 3
5 3 9 4 2 7 8 1 6
7 1 4 3 8 6 2 5 9
8 2 6 9 5 1 4 3 7
```

976

```
8 9 1 3 7 4 5 6 2
3 2 5 9 1 6 4 7 8
7 4 6 2 8 5 9 3 1
2 7 8 6 9 1 3 5 4
4 1 3 7 5 8 2 9 6
6 5 9 4 3 2 1 8 7
5 6 2 8 4 9 7 1 3
1 3 4 5 6 7 8 2 9
9 8 7 1 2 3 6 4 5
```

977

```
2 9 6 5 3 4 1 7 8
4 8 1 2 9 7 3 5 6
5 7 3 6 1 8 4 9 2
1 6 8 3 2 5 9 4 7
9 2 4 7 6 1 5 8 3
3 5 7 4 8 9 6 2 1
6 4 2 9 7 3 8 1 5
7 1 9 8 5 6 2 3 4
8 3 5 1 4 2 7 6 9
```

978

```
6 7 4 8 9 2 3 5 1
5 9 1 7 3 6 8 2 4
2 3 8 4 5 1 9 7 6
1 8 5 6 7 3 2 4 9
9 6 7 5 2 4 1 3 8
4 2 3 1 8 9 7 6 5
3 1 2 9 4 5 6 8 7
7 4 9 2 6 8 5 1 3
8 5 6 3 1 7 4 9 2
```

979

```
2 8 3 7 4 5 1 9 6
4 5 1 2 6 9 8 3 7
7 9 6 8 1 3 2 5 4
6 4 9 3 7 2 5 1 8
1 2 8 9 5 6 7 4 3
3 7 5 4 8 1 6 2 9
9 1 2 6 3 8 4 7 5
8 3 7 5 2 4 9 6 1
5 6 4 1 9 7 3 8 2
```

980

```
2 3 5 4 7 8 6 1 9
1 8 6 5 9 2 7 3 4
7 4 9 3 1 6 5 8 2
5 9 3 1 6 7 2 4 8
8 7 1 9 2 4 3 5 6
4 6 2 8 3 5 1 9 7
3 2 8 7 5 9 4 6 1
6 1 4 2 8 3 9 7 5
9 5 7 6 4 1 8 2 3
```

981

8	4	3	5	2	7	9	1	6
5	1	2	6	9	8	7	3	4
9	6	7	1	4	3	5	8	2
4	5	9	7	6	1	8	2	3
7	3	6	4	8	2	1	9	5
2	8	1	9	3	5	6	4	7
3	9	5	2	1	6	4	7	8
1	7	8	3	5	4	2	6	9
6	2	4	8	7	9	3	5	1

982

6	4	2	8	1	5	3	7	9
1	5	3	9	6	7	2	8	4
7	8	9	4	3	2	5	6	1
2	9	8	1	5	6	4	3	7
4	6	1	7	8	3	9	5	2
5	3	7	2	4	9	8	1	6
8	7	4	3	9	1	6	2	5
3	2	6	5	7	4	1	9	8
9	1	5	6	2	8	7	4	3

983

3	8	4	1	9	5	6	7	2
9	6	5	2	7	8	3	1	4
7	1	2	4	3	6	9	8	5
8	3	9	6	2	4	7	5	1
2	7	6	3	5	1	8	4	9
4	5	1	7	8	9	2	6	3
5	9	3	8	1	7	4	2	6
6	2	8	5	4	3	1	9	7
1	4	7	9	6	2	5	3	8

984

8	6	2	5	4	9	3	7	1
5	4	7	1	2	3	6	8	9
1	9	3	6	8	7	5	2	4
4	2	8	3	5	1	7	9	6
6	5	1	7	9	8	2	4	3
3	7	9	4	6	2	8	1	5
2	8	5	9	3	4	1	6	7
7	3	4	2	1	6	9	5	8
9	1	6	8	7	5	4	3	2

985

2	6	9	8	7	1	4	5	3
5	4	7	3	2	9	1	6	8
1	8	3	5	4	6	9	2	7
9	1	6	2	3	4	7	8	5
4	5	8	6	1	7	3	9	2
3	7	2	9	8	5	6	4	1
7	9	4	1	5	2	8	3	6
8	2	1	4	6	3	5	7	9
6	3	5	7	9	8	2	1	4

986

4	5	2	1	6	9	8	3	7
9	8	1	4	7	3	6	2	5
7	6	3	8	2	5	4	1	9
2	3	5	9	4	1	7	8	6
8	7	4	6	5	2	1	9	3
1	9	6	3	8	7	5	4	2
6	1	7	2	3	4	9	5	8
3	4	8	5	9	6	2	7	1
5	2	9	7	1	8	3	6	4

987

6	5	4	9	2	7	1	3	8
3	2	1	8	5	4	6	9	7
8	7	9	1	3	6	2	5	4
1	4	8	5	6	2	9	7	3
2	9	5	7	8	3	4	6	1
7	3	6	4	9	1	5	8	2
5	6	2	3	4	8	7	1	9
9	1	3	2	7	5	8	4	6
4	8	7	6	1	9	3	2	5

988

8	5	6	7	3	4	2	9	1
9	2	4	8	1	5	6	7	3
1	3	7	9	2	6	5	8	4
6	8	2	1	5	7	3	4	9
4	9	1	3	6	8	7	5	2
5	7	3	2	4	9	8	1	6
3	6	9	5	8	1	4	2	7
7	4	8	6	9	2	1	3	5
2	1	5	4	7	3	9	6	8

989

4	3	1	8	9	6	7	2	5
7	6	9	5	2	1	4	3	8
5	8	2	7	4	3	9	6	1
9	5	6	3	1	2	8	7	4
2	4	8	6	7	9	1	5	3
1	7	3	4	8	5	6	9	2
8	9	4	2	3	7	5	1	6
3	1	5	9	6	8	2	4	7
6	2	7	1	5	4	3	8	9

990

4	3	6	7	9	8	5	2	1
7	8	5	2	6	1	3	4	9
2	1	9	5	4	3	8	6	7
3	5	7	6	8	2	9	1	4
8	9	4	1	7	5	6	3	2
1	6	2	9	3	4	7	5	8
6	2	8	3	1	7	4	9	5
5	7	3	4	2	9	1	8	6
9	4	1	8	5	6	2	7	3

991

8	1	3	5	6	2	9	7	4
9	7	5	8	4	1	3	2	6
4	2	6	9	7	3	1	5	8
7	3	8	6	1	9	5	4	2
5	4	2	7	3	8	6	9	1
1	6	9	2	5	4	8	3	7
2	9	4	3	8	6	7	1	5
3	8	7	1	2	5	4	6	9
6	5	1	4	9	7	2	8	3

992

7	8	3	5	1	6	9	4	2
5	4	1	3	2	9	7	8	6
2	9	6	4	7	8	1	5	3
3	7	8	9	4	1	6	2	5
1	2	9	6	3	5	4	7	8
6	5	4	7	8	2	3	1	9
9	6	2	1	5	4	8	3	7
8	1	7	2	6	3	5	9	4
4	3	5	8	9	7	2	6	1

993

9	8	7	3	2	4	6	5	1
2	4	6	5	9	1	8	7	3
5	3	1	6	8	7	9	2	4
3	1	8	7	6	5	4	9	2
4	5	9	2	3	8	7	1	6
6	7	2	4	1	9	5	3	8
1	9	4	8	5	3	2	6	7
7	6	3	9	4	2	1	8	5
8	2	5	1	7	6	3	4	9

994

6	5	4	3	9	2	8	7	1
8	3	7	5	1	6	2	4	9
2	1	9	4	7	8	6	3	5
3	9	8	1	4	5	7	6	2
7	6	1	8	2	9	4	5	3
4	2	5	7	6	3	9	1	8
5	4	3	9	8	7	1	2	6
9	7	6	2	3	1	5	8	4
1	8	2	6	5	4	3	9	7

995

7	1	9	8	4	2	6	5	3
5	3	6	9	1	7	4	2	8
4	8	2	6	3	5	7	9	1
6	9	8	3	5	1	2	4	7
1	5	4	7	2	9	8	3	6
2	7	3	4	6	8	9	1	5
9	2	7	5	8	3	1	6	4
8	6	5	1	9	4	3	7	2
3	4	1	2	7	6	5	8	9

996

4	5	6	8	7	3	1	9	2
2	7	8	9	1	6	4	5	3
3	1	9	5	4	2	6	7	8
9	4	3	6	2	8	7	1	5
8	6	1	4	5	7	2	3	9
5	2	7	3	9	1	8	6	4
1	8	5	2	6	9	3	4	7
7	3	4	1	8	5	9	2	6
6	9	2	7	3	4	5	8	1

997

2	4	7	1	9	3	6	8	5
8	5	1	4	6	7	9	2	3
9	6	3	8	2	5	1	4	7
5	1	6	2	7	8	3	9	4
4	9	2	3	5	1	7	6	8
7	3	8	9	4	6	5	1	2
3	2	4	7	1	9	8	5	6
1	8	5	6	3	2	4	7	9
6	7	9	5	8	4	2	3	1

998

4	1	9	5	3	2	6	8	7
5	7	6	8	1	9	2	4	3
3	8	2	7	6	4	1	5	9
8	6	3	2	4	1	9	7	5
2	5	4	9	7	6	3	1	8
1	9	7	3	8	5	4	2	6
6	2	5	1	9	8	7	3	4
7	4	8	6	2	3	5	9	1
9	3	1	4	5	7	8	6	2

999

2	5	8	1	9	3	6	4	7
6	9	7	8	2	4	1	3	5
1	3	4	6	7	5	2	9	8
4	2	3	7	6	8	5	1	9
9	8	6	2	5	1	4	7	3
5	7	1	4	3	9	8	6	2
7	4	5	3	1	2	9	8	6
3	1	2	9	8	6	7	5	4
8	6	9	5	4	7	3	2	1

1000

5	2	6	4	8	1	9	7	3
9	1	3	7	6	5	2	4	8
8	7	4	3	9	2	6	1	5
7	6	5	1	3	9	4	8	2
3	9	8	5	2	4	7	6	1
2	4	1	8	7	6	3	5	9
4	3	2	6	5	8	1	9	7
6	5	9	2	1	7	8	3	4
1	8	7	9	4	3	5	2	6

1001

1	7	9	2	8	3	5	6	4
4	6	2	7	9	5	8	3	1
8	5	3	4	1	6	2	7	9
3	1	4	8	5	2	6	9	7
6	9	8	1	4	7	3	2	5
5	2	7	3	6	9	1	4	8
9	4	5	6	3	1	7	8	2
2	8	6	5	7	4	9	1	3
7	3	1	9	2	8	4	5	6

1002

7	5	4	6	3	8	2	9	1
9	6	8	2	4	1	7	5	3
2	3	1	9	5	7	6	4	8
8	2	5	4	1	9	3	7	6
3	9	6	8	7	5	1	2	4
1	4	7	3	6	2	5	8	9
5	8	9	1	2	3	4	6	7
4	7	3	5	9	6	8	1	2
6	1	2	7	8	4	9	3	5

1003

6	2	4	9	8	3	1	5	7
8	3	7	5	1	6	9	4	2
9	5	1	4	7	2	3	8	6
2	1	5	6	3	4	7	9	8
7	9	8	1	2	5	6	3	4
4	6	3	7	9	8	5	2	1
3	4	6	2	5	1	8	7	9
5	7	2	8	6	9	4	1	3
1	8	9	3	4	7	2	6	5

1004

1	6	9	7	3	8	2	5	4
4	5	3	1	2	9	7	6	8
8	2	7	4	5	6	1	3	9
3	7	2	9	1	4	5	8	6
5	8	6	3	7	2	4	9	1
9	1	4	8	6	5	3	7	2
7	9	5	2	8	1	6	4	3
6	4	1	5	9	3	8	2	7
2	3	8	6	4	7	9	1	5

1005

1	4	3	7	6	8	9	2	5
2	6	5	1	3	9	8	7	4
7	9	8	5	2	4	6	3	1
5	2	1	9	7	3	4	8	6
3	7	6	8	4	5	2	1	9
4	8	9	6	1	2	7	5	3
8	3	7	4	9	1	5	6	2
9	5	2	3	8	6	1	4	7
6	1	4	2	5	7	3	9	8

1006

5	6	2	9	4	7	8	3	1
4	1	8	6	2	3	9	7	5
7	3	9	8	5	1	2	4	6
3	9	7	4	6	8	1	5	2
8	5	1	3	9	2	7	6	4
2	4	6	1	7	5	3	8	9
1	7	4	2	8	6	5	9	3
6	2	5	7	3	9	4	1	8
9	8	3	5	1	4	6	2	7

1007

7	5	1	9	6	2	8	4	3
8	2	6	5	3	4	1	7	9
3	9	4	8	1	7	5	6	2
4	3	8	7	5	6	2	9	1
1	6	2	3	4	9	7	8	5
9	7	5	1	2	8	6	3	4
6	4	3	2	8	1	9	5	7
2	8	7	4	9	5	3	1	6
5	1	9	6	7	3	4	2	8

1008

7	9	2	5	6	8	4	1	3
8	3	4	7	1	2	9	6	5
6	1	5	3	4	9	2	8	7
4	7	3	8	9	6	5	2	1
5	2	8	1	7	3	6	9	4
9	6	1	4	2	5	7	3	8
3	4	9	6	5	1	8	7	2
2	8	7	9	3	4	1	5	6
1	5	6	2	8	7	3	4	9

1009

8	2	3	5	7	9	6	1	4
5	9	1	6	3	4	7	2	8
6	7	4	2	1	8	3	5	9
2	4	5	7	9	1	8	3	6
7	1	8	3	6	5	9	4	2
9	3	6	4	8	2	1	7	5
3	5	7	9	2	6	4	8	1
4	8	9	1	5	7	2	6	3
1	6	2	8	4	3	5	9	7

1010

2	6	8	1	9	5	3	7	4
4	9	5	6	3	7	8	1	2
3	7	1	4	2	8	5	9	6
7	8	2	9	6	4	1	5	3
1	3	4	5	7	2	6	8	9
9	5	6	3	8	1	2	4	7
8	2	9	7	5	6	4	3	1
6	4	3	8	1	9	7	2	5
5	1	7	2	4	3	9	6	8

1011

6	3	8	4	1	7	2	9	5
4	2	5	8	9	6	3	7	1
7	1	9	3	2	5	4	6	8
8	5	3	6	7	2	1	4	9
9	7	4	1	8	3	5	2	6
1	6	2	5	4	9	8	3	7
5	4	6	7	3	1	9	8	2
2	8	7	9	5	4	6	1	3
3	9	1	2	6	8	7	5	4

1012

5	1	7	9	3	6	8	2	4
9	8	6	4	2	1	3	7	5
4	3	2	5	8	7	1	9	6
3	7	9	1	6	5	2	4	8
6	2	4	3	7	8	5	1	9
8	5	1	2	4	9	7	6	3
2	4	5	6	1	3	9	8	7
1	9	8	7	5	4	6	3	2
7	6	3	8	9	2	4	5	1

1013

9	2	3	4	5	6	8	7	1
5	6	8	3	7	1	2	9	4
7	1	4	9	8	2	5	6	3
3	5	7	6	2	8	1	4	9
1	9	2	5	4	3	6	8	7
4	8	6	7	1	9	3	5	2
2	3	9	8	6	7	4	1	5
6	7	5	1	3	4	9	2	8
8	4	1	2	9	5	7	3	6

1014

8	9	2	7	6	1	5	4	3
4	5	6	8	2	3	7	1	9
1	3	7	4	5	9	2	6	8
7	4	1	9	8	5	3	2	6
9	2	8	1	3	6	4	7	5
5	6	3	2	7	4	9	8	1
2	8	5	6	9	7	1	3	4
6	1	9	3	4	2	8	5	7
3	7	4	5	1	8	6	9	2